21世纪经济与管理规划教材·财务管理系列

财务管理案例

（第五版）

祝继高 汤谷良 韩慧博 主编

CASES IN FINANCIAL MANAGEMENT

北京大学出版社
PEKING UNIVERSITY PRESS

图书在版编目(CIP)数据

财务管理案例 / 祝继高, 汤谷良, 韩慧博主编.
5 版. -- 北京：北京大学出版社, 2025.9. -- (21 世纪
经济与管理规划教材). -- ISBN 978-7-301-36679-0
Ⅰ.F275
中国国家版本馆 CIP 数据核字第 2025KW7823 号

书　　　名	财务管理案例（第五版）
	CAIWU GUANLI ANLI（DI-WU BAN）
著作责任者	祝继高　汤谷良　韩慧博　主编
责 任 编 辑	任京雪
标 准 书 号	ISBN 978-7-301-36679-0
出 版 发 行	北京大学出版社
地　　　址	北京市海淀区成府路 205 号　100871
网　　　址	http://www.pup.cn
微信公众号	北京大学经管书苑（pupembook）
电 子 邮 箱	编辑部 em@pup.cn　总编室 zpup@pup.cn
电　　　话	邮购部 010-62752015　发行部 010-62750672　编辑部 010-62752926
印 刷 者	北京圣夫亚美印刷有限公司
经 销 者	新华书店
	787 毫米×1092 毫米　16 开本　12.5 印张　244 千字
	2007 年 4 月第 1 版　2012 年 7 月第 2 版
	2017 年 4 月第 3 版　2021 年 8 月第 4 版
	2025 年 9 月第 5 版　2025 年 9 月第 1 次印刷
定　　　价	45.00 元

未经许可，不得以任何方式复制或抄袭本书之部分或全部内容。
版权所有，侵权必究
举报电话：010-62752024　电子邮箱：fd@pup.cn
图书如有印装质量问题，请与出版部联系，电话：010-62756370

丛书出版说明

教材作为人才培养重要的一环,一直都是高等院校与大学出版社工作的重中之重。"21世纪经济与管理规划教材"是我社组织在经济与管理各领域颇具影响力的专家学者编写而成的,面向在校学生或有自学需求的社会读者;不仅涵盖经济与管理领域的传统课程,还涵盖学科发展衍生的新兴课程;在吸收国内外同类最新教材优点的基础上,注重思想性、科学性、系统性,以及学生综合素质的培养,以帮助学生打下扎实的专业基础和掌握最新的学科前沿知识,满足高等院校培养高质量人才的需要。自出版以来,本系列教材被众多高等院校选用,得到了授课教师的广泛好评。

随着信息技术的飞速进步,在线学习、翻转课堂等新的教学/学习模式不断涌现并日渐流行,终身学习的理念深入人心;而在教材以外,学生们还能从各种渠道获取纷繁复杂的信息。如何引导他们树立正确的世界观、人生观、价值观,是新时代给高等教育带来的一个重大挑战。为了适应这些变化,我们特对"21世纪经济与管理规划教材"进行了改版升级。

首先,为深入贯彻落实习近平总书记关于教育的重要论述、全国教育大会精神、《关于深化新时代学校思想政治理论课改革创新的若干意见》以及《教育强国建设规划纲要(2024—2035年)》,我们按照国家教材委员会《习近平新时代中国特色社会主义思想进课程教材指南》《关于做好党的二十大精神进教材工作的通知》和教育部《普通高等学校教材管理办法》《高等学校课程思政建设指导纲要》等文件精神,将课程思政内容尤其是党的二十大精神融入教材,以坚持正确导向,强化价值引领,落实立德树人根本任务,立足中国实践,形成具有中国特色的教材体系。

其次,响应国家积极组织构建信息技术与教育教学深度融合、多种介质综合运用、表现力丰富的高质量数字化教材体系的要求,本系列教材在形式上将不再局限于传统纸质教材,而是会根据学科特点,添加讲解重点难点的视频音频、检测学习效果的在线测评、扩展学习内容的延伸阅读、展示运算过程及结果的软件应用等数字资源,以增强教材的表现力和吸引力,有效服务线上教学、混合式教学等新型教学模式。

为了使本系列教材具有持续的生命力,我们将积极与作者沟通,争取按学制周期对教材进行修订。您在使用本系列教材的过程中,如果发现任何问题或者有任何意见或建议,欢迎随时与我们联系(请发邮件至 em@pup.cn)。我们会将您的宝贵意见或建议及时反馈给作者,以便修订再版时进一步完善教材内容,更好地满足教师教学和学生学习的需要。

最后,感谢所有参与编写和为我们出谋划策提供帮助的专家学者,以及广大使用本系列教材的师生。希望本系列教材能够为我国高等院校经管专业教育贡献绵薄之力!

北京大学出版社

经济与管理图书事业部

第五版前言

案例教学的核心价值在于引导学生站在实践者视角,通过分析企业真实经营场景,培养把抽象理论转化为解决实际问题的能力。在当前快速变化的商业环境中,中国企业财务管理实践不断涌现新现象、新模式和新挑战,为案例教学提供了丰富的现实素材,也对财务管理人才培养提出了更高的要求。

本书在前四版的基础上,与时俱进地更新案例内容,优化教学设计,力求更好地满足新时代财务管理教学的需求。本书具有如下特色:

(1)理论结合实践。每篇案例"背景知识"系统梳理相关理论与政策,使学生了解财务管理的基本原理和核心理论,明确案例所处的政策环境。结合案例内容和分析,夯实学生的专业判断和分析能力。

(2)真实性与时效性。所选案例均基于中国企业真实事件,并围绕教学需求进行整理,确保案例既真实可靠,又便于课堂讨论。同时,大部分案例为近三年发生的新案例,以体现财务管理领域的最新趋势。

(3)知识覆盖全面。案例涵盖"财务管理"课程的核心知识点,包括公司治理与财务战略、投资与融资决策、营运资金管理、股利政策、并购重组、集团管控等,助力学生构建系统化的知识框架。

(4)开放启发思考。通过"案例分析""讨论题""小案例"引导学生学会多角度分析和树立批判性思维,"案例分析"虽提供编者观点,但更期待学生提出独到见解——答案不唯一,思考即价值。

本书每个案例内容包括五部分,即教学目的与要求、背景知识、案例资料、案例分析、讨论题和小案例。其中,案例"讨论题"旨在引导学生沿着"分析思路"的要点继续思考;"小案例"旨在加深读者对"教学目的与要求"中要点的实践认识;"案例分析"中的观点显示了作者的主张,仅供学生分析借鉴。案例教学的精髓在于通过精心设计的问题情境和讨论框架,激发学生从多维度思考财务问题的复杂性,鼓励开放式探索而非寻求标准答案。

本书各案例编写分工如下:案例一、二、七、十二由祝继高教授执笔,案例十、十

一、十三由汤谷良教授执笔,案例三、四、五、六、八、九由韩慧博副教授执笔。全书终稿由祝继高教授审阅定稿。

感谢北京大学出版社对本书出版的大力协助,同时也感谢张皓月、韩乐赞、郭玥、王婕、唐正洲、张慧琳、姜鑫琪、曲荣姗、朱嘉敏、胡骞文、吴昊等在写作过程中帮助我们收集、整理大量素材。

教育之道,贵在启智;学问之要,重在践行。希望《财务管理案例》(第五版)能够成为财务管理专业师生探索实践智慧的桥梁,帮助学习者在理论与实践的交互中深化认知,在分析与反思的过程中提升能力。

编　者

2025 年 7 月

目录
CONTENTS

案例一　建发股份股权激励　　/ 1

案例二　腾讯控股价值评估　　/ 13

案例三　中国石化的战略型集约化财务管控体系　　/ 35

案例四　中国铁塔的数字化财务体系　　/ 48

案例五　安德利浓缩果汁生产线资本预算　　/ 60

案例六　联影医疗科创板 IPO　　/ 77

案例七　三峡集团发行碳中和债　　/ 92

案例八　长江电力股利政策　　/ 107

案例九　傲农生物债务违约　　/ 121

案例十　中石油司库体系　　/ 137

案例十一　上海电气收购宁笙实业　　/ 152

案例十二　中国平安股票回购　　/ 163

案例十三　兵工集团边界管控体系　　/ 179

参考文献　　/ 189

案例一　建发股份股权激励

教学目的与要求

通过对本案例的学习,学生应理解股权激励的含义,理解股权激励的目的和主要作用、股权激励方案的各项关键要素、股权激励的主要形式等,掌握股权激励方案的实施对国有企业业绩产生的主要影响。

一、背景知识

(一) 股权激励的作用

1. 激励管理层做出符合股东财富最大化的决策

通过授予管理层一定数量的公司股权(或期权),股权激励将管理层的利益与股东的利益紧密结合,激励管理层做出有利于股东财富最大化的决策。通过股权激励,管理层与公司之间的关系从单纯的雇佣关系转变为股权关系,有利于激励管理层投入更大的努力为公司做出贡献。

2. 约束管理层行为,降低代理成本

在所有权和经营权分离的情况下,管理层往往会从自身利益最大化,而非股东利益最大化角度出发进行决策。管理层出于自身利益最大化的考虑,可能会利用信息不对称做出损害股东利益的短视化经营行为,例如增加在职消费、过度投资、降低研发支出等。股权激励通过将管理层利益与股票市场价格挂钩,可以降低管理层利用自身信息优势损害股东利益的可能性。另外,股权激励往往对管理层任职期限和业绩考核提出较高的要求,从而加大其损害股东利益的成本,约束其不当行为。

3. 稳定员工队伍,改善员工福利

通过对公司具有重要价值的核心技术人员、业务骨干等授予股权激励,公司可以激发员工的工作热情,使其参与公司的利润分享,促进公司形成同甘共苦、利益共享的企业文化。同时,由于股权激励会对激励对象的服务期限做出明确限制,从而加大高级管理人员和业务骨干离职的机会成本,因此股权激励对于稳定"关键员工"

也有重要作用。

4. 缓解公司薪酬支付的现金压力

由于股权激励是通过公司未来的价值增值与利润分享为管理层和员工提供激励，因此处于成长期的企业通过股权激励不仅可以吸引高层次人才，也可以为公司缓解薪酬支付的现金压力，还可以激发员工的向心力和凝聚力。这对很多创业期的非上市公司而言尤为重要。

（二）股权激励的主要形式

股权激励方式包括股票期权、限制性股票、股权奖励、超额利润分享、岗位分红激励等，其中使用股票期权和限制性股票激励方式的企业占比较大。

股票期权是指公司授予激励对象在未来一定期限内以预先确定的价格和条件购买本公司一定数量股份的权利。

限制性股票是指激励对象按照股权激励计划规定的条件（如激励对象获授股票的工作年限、业绩条件），获得的转让等部分权利受到限制（规定禁售期限）的本公司股票。

对于公司股权激励计划的设计，关键要素包括激励对象的选择、激励的目的、激励的形式、授予价格或执行价格的确定、业绩条件的设置等。激励对象的选择决定激励的范围，激励的目的明确公司通过股权激励希望取得哪些效果，激励的形式是采用何种金融工具进行激励，授予价格或执行价格的确定决定激励对象的收益水平，业绩条件的设置决定激励对象获取激励的难易程度。公司需要结合自身的激励目的设计合理的股权激励要素，以达成激励目标。

（三）国有企业股权激励的制度背景

为了推动国有企业和资本市场的健康发展，国务院国有资产监督管理委员会和中华人民共和国财政部出台了《国有控股上市公司（境外）实施股权激励试行办法》（国资发分配〔2006〕8号）、《国有控股上市公司（境内）实施股权激励试行办法》（国资发分配〔2006〕175号）、《关于规范国有控股上市公司实施股权激励制度有关问题的通知》（国资发分配〔2008〕171号）、《中央企业控股上市公司实施股权激励工作指引》（国资考分〔2020〕178号）等。上市公司的股权激励主要依照2018年8月证监会修改后实施的《上市公司股权激励管理办法》（证监会令第148号）执行。相较于其他上市公司，国有企业股权激励的相关规定具有一定的特殊性，如表1-1所示。

表 1-1　股权激励相关制度比较

	普适性规定	针对国有企业的特殊规定
主体资格要求	上市公司具有下列情形之一的,不得实行股权激励: (1) 最近一个会计年度财务会计报告被注册会计师出具否定意见或者无法表示意见的审计报告 (2) 最近一个会计年度财务报告内部控制被注册会计师出具否定意见或者无法表示意见的审计报告 (3) 上市后最近 36 个月内出现过未按法律法规、公司章程、公开承诺进行利润分配的情形 (4) 法律法规规定不得实行股权激励的 (5) 中国证监会认定的其他情形	实施股权激励应具备以下条件: (1) 公司治理结构规范,股东会、董事会、经理层组织健全,职责明确。外部董事(含独立董事,下同)占董事会成员半数以上 (2) 薪酬委员会由外部董事构成,且薪酬委员会制度健全,议事规则完善,运行规范 (3) 内部控制制度和绩效考核体系健全,基础管理制度规范,建立了符合市场经济和现代企业制度要求的劳动用工、薪酬福利制度及绩效考核体系 (4) 发展战略明确,资产质量和财务状况良好,经营业绩稳健;近三年无财务违法违规行为和不良记录 (5) 证券监管部门规定的其他条件
激励对象要求	激励对象可以包括上市公司的董事、高级管理人员、核心技术人员或者核心业务人员,以及公司认为应当激励的对公司经营业绩和未来发展有直接影响的其他员工,但不应当包括独立董事和监事。外籍员工任职上市公司董事、高级管理人员、核心技术人员或者核心业务人员的,可以成为激励对象。 单独或合计持有上市公司 5% 以上股份的股东或实际控制人及其配偶、父母、子女,不得成为激励对象。下列人员也不得成为激励对象: (1) 最近 12 个月内被证券交易所认定为不适当人选 (2) 最近 12 个月内被中国证监会及其派出机构认定为不适当人选 (3) 最近 12 个月内因重大违法违规行为被中国证监会及其派出机构行政处罚或者采取市场禁入措施 (4) 具有《中华人民共和国公司法》规定的不得担任公司董事、高级管理人员情形的 (5) 法律法规规定不得参与上市公司股权激励的 (6) 中国证监会认定的其他情形	(1) 股权激励对象原则上限于上市公司董事、高级管理人员以及对上市公司整体业绩和持续发展有直接影响的核心技术人员和管理骨干。上市公司监事、独立董事以及由上市公司控股公司以外的人员担任的外部董事,暂不纳入股权激励计划。证券监管部门规定的不得成为激励对象的人员,不得参与股权激励计划 (2) 上市公司母公司(控股公司)的负责人在上市公司担任职务的,可参加股权激励计划,但只能参与一家上市公司的股权激励计划。在股权授予日,任何持有上市公司 5% 以上有表决权的股份的人员,未经股东大会批准,不得参加股权激励计划

(续表)

	普适性规定	针对国有企业的特殊规定
股权激励定价要求	1. 上市公司在授予激励对象限制性股票时,应当确定授予价格或授予价格的确定方法。授予价格不得低于股票票面金额,且原则上不得低于下列价格较高者: (1) 股权激励计划草案公布前1个交易日的公司股票交易均价的50% (2) 股权激励计划草案公布前20个交易日、60个交易日或者120个交易日的公司股票交易均价之一的50% 上市公司采用其他方法确定限制性股票授予价格的,应当在股权激励计划中对定价依据及定价方式做出说明 2. 上市公司在授予激励对象股票期权时,应当确定行权价格或者行权价格的确定方法。行权价格不得低于股票票面金额,且原则上不得低于下列价格较高者: (1) 股权激励计划草案公布前1个交易日的公司股票交易均价 (2) 股权激励计划草案公布前20个交易日、60个交易日或者120个交易日的公司股票交易均价之一 上市公司采用其他方法确定行权价格的,应当在股权激励计划中对定价依据及定价方式做出说明	根据公平市场价原则,确定股权的授予价格(行权价格)。 (1) 上市公司股权的授予价格应不低于下列价格较高者:① 股权激励计划草案摘要公布前1个交易日的公司标的股票收盘价;② 股权激励计划草案摘要公布前30个交易日内的公司标的股票平均收盘价 (2) 上市公司首次公开发行股票时拟实施的股权激励计划,其股权的授予价格在上市公司首次公开发行上市满30个交易日以后,依据上述原则规定的市场价格确定
股权激励规模要求	1. 上市公司全部在有效期内的股权激励计划所涉及的标的股票总数累计不得超过公司股本总额的10% 2. 非经股东大会特别决议批准,任何一名激励对象通过全部在有效期内的股权激励计划获授的本公司股票,累计不得超过公司股本总额的1% 3. 上市公司在推出股权激励计划时,可以设置预留权益,预留比例不得超过本次股权激励计划拟授予权益数量的20%。上市公司应当在股权激励计划经股东大会审议通过后12个月内明确预留权益的授予对象;超过12个月未明确激励对象的,预留权益失效	1. 在股权激励计划有效期内授予的股权总量,应结合上市公司股本规模的大小和股权激励对象的范围、股权激励水平等因素,在0.1%~10%合理确定。但上市公司全部有效的股权激励计划所涉及的标的股票总数累计不得超过公司股本总额的10%。上市公司首次实施股权激励计划授予的股权数量原则上应控制在上市公司股本总额的1%以内 2. 上市公司任何一名激励对象通过全部有效的股权激励计划获授的本公司股票,累计不得超过公司股本总额的1%,经股东大会特别决议批准的除外

由于国有企业具有一定的主体特殊性,需要承担国有资产保值增值的责任,相关经营活动受到国有资产监督管理机构的监管,因此除了应当符合《上市公司股权激励管理办法》的一般性要求,国有企业还应当遵循国资委颁布的政策中的特殊性要求。

二、案例资料

(一) 公司概况

厦门建发股份有限公司(股票代码:600153,以下简称"建发股份")是厦门建发集团的核心成员,其主营业务是供应链运营和房地产开发。公司业务始于1980年,于1998年在上海证券交易所上市。

建发股份深化供应链增值和资源共享,响应国家"双循环"战略,在多个业务领域形成优势,提供LIFT(Logistics,物流;Information,信息;Finance,金融;Trading,商务)供应链服务(三大核心工作是整合资源、规划方案、运营服务)。除此之外,公司也在积极开拓国内外市场,构建全球化供应链服务体系。建发股份积极融入全国统一大市场,深耕华东、华南区域市场,拓展中西部地区,同时在海外设立超50个海外公司和办事处,与170多个国家和地区有业务往来。因此,公司屡获殊荣,包括被评为"AAA级信用企业""《财富》中国上市公司500强"等。

建发股份2020—2023年的基本财务数据如表1-2所示。

表1-2 建发股份2020—2023年的基本财务数据

项目	2020年	2021年	2022年	2023年
营业收入(亿元)	4 329.49	7 078.44	8 328.29	7 636.78
归属于上市公司股东的净利润(亿元)	45.04	61.40	62.75	131.03
归属于上市公司股东的扣除非经常性损益的净利润(亿元)	37.81	43.07	36.97	24.07
基本每股收益(元)	1.59	2.07	1.92	4.29
经营活动产生的现金流量净额(亿元)	97.19	4.11	154.75	293.95
总资产(亿元)	3 871.56	6 024.59	6 649.38	8 205.51
营业利润占利润总额比重(%)	99.83	98.99	97.03	52.38

资料来源:建发股份2020—2023年年度报告。

建发股份在2022年对外公告了股权激励计划。本次股权激励计划的宗旨是:优化公司治理结构,建立健全中长期激励约束机制。通过股权激励来吸引并维系顶尖人才,同时,充分调动公司董事、高级管理人员、中层管理人员及核心员工的积极性,将股东、公司及核心团队的利益紧密结合,共同推动建发股份实现高质量与可持续发展。

(二)股权激励对象

本次股权激励计划涉及的激励对象不超过213人,具体包括董事、高级管理人员、下属子公司领导班子成员、总部及下属子公司核心员工。所有激励对象必须与公司或公司的控股子公司具有劳动关系或者在公司或公司的控股子公司担任职务。所有参加本次股权激励计划的激励对象不能同时参加其他上市公司股权激励计划。

(三)本次股权激励计划的激励方式及股票来源

本次股权激励计划所采用的激励方式为限制性股票,所涉及的标的股票来源为公司向激励对象定向发行的A股普通股股票。

(四)拟授予激励对象限制性股票的数量

本次激励计划拟授予的限制性股票数量不超过14 317.11万股,总计约占本次股权激励计划公告时公司股本总额(286 342.25万股)的5.00%。本次股权激励计划授予的限制性股票的分配情况如表1-3所示。

表1-3 建发股份限制性股票授予对象及数量

姓名	职务	获授限制性股票数量(万股)	占授予限制性股票总量的比重(%)	占公司目前总股本的比重(%)
郑永达	董事长	60.00	0.42	0.02
叶衍榴	董事	60.00	0.42	0.02
林茂	董事、总经理	60.00	0.42	0.02
陈东旭	董事、副总经理	60.00	0.42	0.02
王志兵	副总经理	60.00	0.42	0.02
江桂芝	副总经理、董事会秘书	60.00	0.42	0.02
许加纳	副总经理、财务总监	60.00	0.42	0.02
中层管理人员及核心骨干人员(1 059人)		11 033.69	77.07	3.85
预留		2 863.42	20.00	1.00
合计		14 317.11	100.00	5.00

资料来源:《厦门建发股份有限公司2022年限制性股票激励计划》。

(五)本次股权激励计划的限售期

本次股权激励计划首次授予的限制性股票限售期分别为自授予登记完成之日起24个月、36个月、48个月,预留授予的限制性股票限售期与首次授予相同。激励对象根据本次股权激励计划获授的限制性股票在解除限售前不得转让、用于担保或偿还债务。激励对象因获授的尚未解除限售的限制性股票而取得的资本公积转增股本、派发股票红利、股票拆细等股份同时按本次股权激励计划进行限售。

本次股权激励计划首次授予和预留授予的限制性股票解除限售批次及各期解除限售时间安排如表 1-4 所示。

表 1-4 建发股份限制性股票解除限售时间安排

解除限售批次	解除限售时间	解除限售比例
第一个解除限售期	自相应批次限制性股票授予登记完成之日起 24 个月后的首个交易日起至相应批次限制性股票授予登记完成之日起 36 个月内的最后一个交易日为止	33%
第二个解除限售期	自相应批次限制性股票授予登记完成之日起 36 个月后的首个交易日起至相应批次限制性股票授予登记完成之日起 48 个月内的最后一个交易日为止	33%
第三个解除限售期	自相应批次限制性股票授予登记完成之日起 48 个月后的首个交易日起至相应批次限制性股票授予登记完成之日起 60 个月内的最后一个交易日为止	34%

(六) 限制性股票授予价格

本次股权激励计划首次授予限制性股票的授予价格为每股 5.63 元, 即满足授予条件后, 激励对象可以每股 5.63 元的价格购买公司向激励对象增发的公司 A 股普通股股票。

本次股权激励计划首次授予限制性股票的授予价格不低于公司股票票面金额(1 元), 且不低于下列价格较高者:

(1) 本次股权激励计划草案公告前 1 个交易日公司股票交易均价的 60%;

(2) 本次股权激励计划草案公告前 20 个交易日、前 60 个交易日或者前 120 个交易日公司股票交易均价之一的 60%。

(七) 限制性股票解除限售条件

公司必须同时满足下列条件, 方可依据本次股权激励计划对授予的限制性股票进行解除限售。

(1) 公司未发生如下任一情形: ① 最近一个会计年度财务会计报告被注册会计师出具否定意见或者无法表示意见的审计报告; ② 最近一个会计年度财务报告内部控制被注册会计师出具否定意见或者无法表示意见的审计报告; ③ 上市后最近 36 个月内出现过未按法律法规、《公司章程》公开承诺进行利润分配的情形; ④ 法律法规规定不得实行股权激励的;⑤ 证监会认定的其他情形。

(2) 激励对象未发生如下任一情形:① 最近 12 个月内被证券交易所认定为不适当人选;② 最近 12 个月内被中国证监会及其派出机构认定为不适当人选;③ 最近 12 个月内因重大违法违规行为被中国证监会及其派出机构行政处罚或者采取市场禁入措施;④ 具有《中华人民共和国公司法》规定的不得担任公司董事、高级管理人员情形的;⑤ 法律法规规定不得参与上市公司股权激励的;⑥ 证监会认定的其他情形。

(3) 满足公司层面业绩考核要求。本次股权激励计划授予的限制性股票,在 2022—2024 年三个会计年度中,分年度进行业绩考核并解除限售,每个会计年度考核一次,以达到公司业绩考核目标作为激励对象的解除限售条件。本次股权激励计划首次授予及预留授予的限制性股票解除限售业绩考核目标如表 1-5 所示。

表 1-5　建发股份公司层面业绩考核指标

解除限售期	业绩考核指标
首次授予及预留授予的第一个解除限售期	(1) 2022 年度每股收益不低于 1.25 元/股,且不低于同行业均值或对标企业 75 分位值水平 (2) 以 2020 年度营业收入为基准,2022 年度营业收入增长率不低于 30%,且不低于同行业均值或对标企业 75 分位值水平 (3) 2022 年度营业利润占利润总额的比重不低于 90%
首次授予及预留授予的第二个解除限售期	(1) 2023 年度每股收益不低于 1.30 元/股,且不低于同行业均值或对标企业 75 分位值水平 (2) 以 2020 年度营业收入为基准,2023 年度营业收入增长率不低于 45%,且不低于同行业均值或对标企业 75 分位值水平 (3) 2023 年度营业利润占利润总额的比重不低于 90%
首次授予及预留授予的第三个解除限售期	(1) 2024 年度每股收益不低于 1.35 元/股,且不低于同行业均值或对标企业 75 分位值水平 (2) 以 2020 年度营业收入为基准,2024 年度营业收入增长率不低于 60%,且不低于同行业均值或对标企业 75 分位值水平 (3) 2024 年度营业利润占利润总额的比重不低于 90%

注:(1) 同行业公司按照证监会《上市公司行业分类指引》"批发和零售业—批发业"标准划分,对标企业选取该行业分类中与公司主营业务较为相似的 A 股上市公司且不包括 ST 公司,再加入主营业务相近的厦门象屿。在年度考核过程中,若行业样本出现退市、主营业务发生重大变化、证监会行业分类发生变化等情况,或者出现偏离幅度过大的样本极值,则公司董事会将剔除或更换该样本。

(2) 在年度考核过程中,若公司在证监会的行业分类发生变化,则公司董事会将根据变更后的证监会行业分类更换同行业公司和对标企业。

(3) 每股收益是指基本每股收益。在股权激励有效期内,若公司发生资本公积转增股本、派发股票红利、增发、配股、可转债转股等行为,则计算每股收益时,所涉及的公司股本总数不做调整,以 2020 年年底股本总数为计算依据。

(4) 业绩考核目标相关财务数据均不含公司土地一级开发业务中的"后埔—枋湖旧村改造项目"和"钟宅畲族社区旧村改造项目"。

资料来源:《厦门建设股份有限公司 2022 年限制性股票激励计划》。

本次股权激励计划包含两个层面的评估标准：一是建发股份公司整体业绩考核，二是个人绩效考核。公司整体业绩考核聚焦于三个关键指标，包括每股收益、营业收入增长率以及营业利润占利润总额的比重。每股收益是衡量公司盈利潜能与市场估值的关键标尺，营业收入增长率则直观地展现了公司的成长潜力与市场占有情况，而营业利润占利润总额的比重揭示了公司主营业务收入对公司整体盈利的贡献程度。

综上所述，建发股份在制定业绩考核标准时，充分考虑了当前的运营环境及长远的发展蓝图，确保了考核体系的合理性与针对性。

（八）限制性股票数量及授予价格的调整方法

若在本次股权激励计划公告当日至激励对象完成限制性股票股份登记期间，建发股份有资本公积转增股本、派送股票红利、股份拆细、配股、缩股等事项，则应对限制性股票数量进行相应的调整。

若在本次股权激励计划公告当日至激励对象完成限制性股票股份登记期间，建发股份有资本公积转增股本、派送股票红利、股份拆细、配股、缩股或派息等事项，则应对限制性股票的授予价格进行相应的调整。

三、案例分析

（一）股权激励对象的范围和股份规模反映了公司对人才队伍的重视程度，有利于加强员工的归属感，提升其工作积极性

在规划股权激励对象时，公司应优先考虑那些对公司做出显著贡献的管理和技术人才。尽管全员股权激励在法律上未被禁止，但根据《上市公司股权激励管理办法》，股权激励对象通常涵盖董事、高级管理人员、核心技术人员、核心业务人员以及对公司业绩和未来发展具有直接影响的其他员工，而独立董事和监事则不在此列。此外，单独或合计持有公司5%以上股份的股东或实际控制人及其直系亲属，也不符合激励对象的资格要求。鉴于股权激励成本较高，公司普遍倾向于将资源集中于关键管理层和核心骨干人员，而非全员覆盖。

对于国有企业，股权激励对象原则上限于上市公司董事、高级管理人员以及对上市公司整体业绩和持续发展有直接影响的核心技术人员及管理骨干。上市公司监事、独立董事以及由上市公司控股公司以外的人员担任的外部董事，暂不纳入股权激励计划。

从建发股份本次股权激励计划的激励对象来看,涉及的激励对象共计1 066人,其中以中高层管理人员和核心骨干人员为主,表明公司对中高层管理人员和核心骨干人员的充分重视。而建发股份通过股权激励方式有针对性地稳固其核心团队、提升相关人员的归属感及工作积极性,减少公司的人才流失,这有利于帮助维持公司的行业地位,同时也有助于提升公司的市场竞争力。

(二) 股权激励的业绩考核标准是判断股权激励目的的关键因素

股权激励的业绩考核标准体现了股权激励的目的,业绩考核标准制定得越高,越能体现股权激励的"激励"属性;反之,较低的业绩考核标准往往意味着更多的"福利"属性。业绩考核标准既可以使用绝对标准,又可以使用相对标准。绝对标准是设定固定的业绩标准,只要达到设定的业绩考核最低标准,即为合格。相对标准是进行横向比较,即与同行业竞争对手的同期业绩相比较。

建发股份的股权激励计划包含公司层面业绩考核和个人层面绩效考核两个层面的评估标准。对于公司股东而言,最关心的主要是公司层面的业绩考核。在公司层面,建发股份采用每股收益、营业收入增长率和营业利润占利润总额的比重作为公司整体的业绩考核指标。其一,这种考核基准属于绝对标准和相对标准相结合的形式,这不仅有利于为投资人建立一个明确的增长预期,还有利于反映公司的真实盈利能力。结合建发股份过去的发展速度,2022年度公司每股收益为1.92元,高于同行业均值(0.60元)、对标企业75分位值(0.71元);以2020年度营业收入为基准,公司2022年度营业收入增长率为93.99%,高于同行业均值(28.79%)、对标企业75分位值(44.54%);2022年度营业利润占利润总额的比重为98.55%,不低于90%,以上三项指标的完成情况都远超其业绩要求。其二,该业绩要求均是以2020年为基准列示增长率,而不是以环比的形式列示增长率。一个重要的原因是,如果以环比增长率为业绩考核标准,则高管人员将没有动力去获得业绩考核标准以上的更高业绩,因为这样会导致下一期的业绩更难以达标。

(三) 股权激励有利于降低公司的代理成本

由于所有权和经营权分离、信息不对称等情况的存在,经营者与股东之间经常产生代理问题。经营者作为受托方可能会为了谋求自身利益最大化而损害股东的利益。公司通过股权激励方式,将股价上升带来的收益与经营者分享,使经营者与公司成为联结更密切的利益共同体。这有利于引导经营者减少机会主义行为、提升对公司的责任意识、增强达成股权激励的业绩要求的动力,进而有效提升公司的治理效能,助力公司达成财务管理目标。

（四）股权激励对公司未来经营业绩的影响

第一，股权激励会激发高管人员的工作积极性，使其努力达成股权激励的业绩要求，从而有利于公司未来经营业绩的提升。

第二，股权激励会对公司未来的会计报表产生影响。按照《企业会计准则第11号——股份支付》（财会〔2006〕3号）的规定，会计上应按照授予日限制性股票的公允价值，确认股权激励计划的股份支付费用，该费用将在股权激励计划的实施过程中一次性计入发生当期或者采用恰当方法在等待期内分摊并计入经常性损益。

第三，股权激励还可能影响管理层的机会主义行为。由于有明确的业绩目标，当管理层通过正常的经营无法达成预期的业绩目标时，可能会做出一些短视化行为以提升当期业绩，包括粉饰会计报表、放宽信用政策、降低广告费用和研发费用等支出来提高公司的短期业绩，因此我们应客观看待股权激励对公司未来经营业绩的双向影响，充分发挥其正向作用，只有这样才能达成股权激励的目标。

讨论题

1. 结合建发股份最新的财务数据，分析该股权激励计划在第一个解除限售期和第二个解除限售期的完成情况。
2. 国有企业与非国有企业在股权激励计划的设置方面为什么有所不同？
3. 国有企业应该如何科学制定股权激励的业绩考核指标？

小案例

老白干酒：2022年限制性股票激励计划

2022年4月，河北衡水老白干酒业股份有限公司（以下简称"老白干酒"）推出了其限制性股票激励计划。

此次激励计划首次授予的激励对象总人数不超过213人，包括在老白干酒任职的核心管理、技术和销售人员。此次激励计划采用的激励工具为限制性股票，所涉及的标的股票来源为老白干酒定向发行的老白干酒普通股。

此次激励计划的设置是为了进一步建立、健全公司长效激励机制，吸引和留住优秀人才，充分调动核心骨干员工的积极性，有效地将股东利益、公司利益和员工个人利益结合在一起。

其中，老白干酒公司层面业绩考核要求如表1-6所示。

表 1-6 老白干酒公司层面业绩考核指标

解除限售期	业绩考核指标
第一个解除限售期	2022年净资产收益率不低于10%,且不低于对标企业75分位值或同行业平均业绩水平 2022年净利润较2020年复合增长率不低于15%,且不低于对标企业75分位值或同行业平均业绩水平 2022年主营业务收入占比不低于95%
第二个解除限售期	2023年净资产收益率不低于10%,且不低于对标企业75分位值或同行业平均业绩水平 2023年净利润较2020年复合增长率不低于15%,且不低于对标企业75分位值或同行业平均业绩水平 2023年主营业务收入占比不低于95%
第三个解除限售期	2024年净资产收益率不低于10%,且不低于对标企业75分位值或同行业平均业绩水平 2024年净利润较2020年复合增长率不低于15%,且不低于对标企业75分位值或同行业平均业绩水平 2024年主营业务收入占比不低于95%

资料来源:《河北衡水老白干酒业股份有限公司2022年限制性股票激励计划》。

老白干酒于2024年发布了第一个解除限售期解锁暨上市流通公告。在公司层面的业绩考核中,2022年公司净资产收益率为11.73%,且不低于对标企业75分位值或同行业平均业绩水平;相较于2020年,2022年公司净利润复合增长率为32.30%,且不低于对标企业75分位值或同行业平均业绩水平;2022年公司主营业务收入占比99.20%,主营业务收入占比不低于95%。老白干酒公司层面的业绩考核条件已达到考核要求。

在个人层面的绩效考核中,老白干酒207名激励对象考核结果获得优秀等级的共183人,获得称职等级的共24人。根据考核方案中考核结果的规定,207名激励对象均达到解除限售条件,解除限售系数均为1。

本次共有207名激励对象符合解除限售条件,可解除限售的限制性股票数量为6 984 000股,占老白干酒总股本的0.76%。

讨论题:你认为老白干酒设置的业绩考核指标属于绝对指标还是相对指标?公司层面业绩考核指标的设置是否合理?

案例二　腾讯控股价值评估

教学目的与要求 》》

本案例对财务上通行的现金流量贴现法、市净率法、市盈率法(市场法)进行探讨,分析各种价值评估方法的理论模型、适用环境及其优缺点。通过对本案例的学习,学生应掌握企业在实际操作过程中,如何根据自身需求选择恰当的价值评估方法,以建立可靠的价值评估模型与程序。

一、背景知识

(一) 企业价值及其形式

在市场经济环境下,企业可以作为商品或交易对象进行买卖,且具有能买卖的价格,即市价。市价的实质就是企业内在价值(值多少钱)的市场反映。一般而言,企业价值是股东价值、债权价值、顾客价值、员工价值的集合。财务管理上对企业价值主要定位在股东价值上,认为股东价值是债权价值、顾客价值等其他利益相关者价值的基础。

决定企业价值大小的因素,包括企业生产能力、行业特征、企业盈利模式、新技术开发、管理组织能力、企业文化、客户关系、并购重组、资本市场的成熟程度与波动状况等。由于每一种因素的变动都会对企业价值造成影响,因此企业价值具有很大的波动性和不确定性。

企业价值具有多种不同的表现形式,如账面价值、内含价值、市场价值等。账面价值是指以会计的历史成本原则为计量依据确认企业价值,对企业进行评价。其中,资产负债表能集中反映企业在某一特定时点的价值状况,揭示企业所掌握的资源、所负担的债务及所有者在企业中的权益,资产负债表上总资产减去总负债计算得出的净资产价值,即为企业的账面价值。内含价值是指企业预期未来现金流以适当的贴现率折现的现值。其大小取决于未来经济景气程度的预期、企业所处生命周期阶段、现阶段的市场销售情况、企业正在酝酿的扩张计划或缩减计划以及市场利率变动趋势等因素。投资者进行投资决策的依据总是投资品的内含价值。市场价值是指出售企业所能取得的价格。当企业在市场上出售时,其买卖价格即为该企业的市场价值。市场价值通常不等于账面价值,其大小受制于市场的供需状况,但从本质上看,市场价值由内含价值决定。

以上三种价值概念的关系如图2-1所示。可以看出,第一,一般情况下,企业内含价值会高于账面价值,因为内含价值既包括会计信息可验证的历史成本部分,又包括企业未来获利能力与新增投资收益的折现价值。第二,内含价值为理论预期概念,是对未来现金流的贴现,投资者对企业未来盈利与风险信息的预期形成了内含价值。该价值指标具有一定的主观判断色彩,而且其价值水平一旦确定就具有一定的稳定性。第三,市场价值是现实可以获得的价值概念,它是真实可交易的价格,代表了企业某一具体时点的财富。市场价值由市场状态决定,围绕内含价值上下波动。

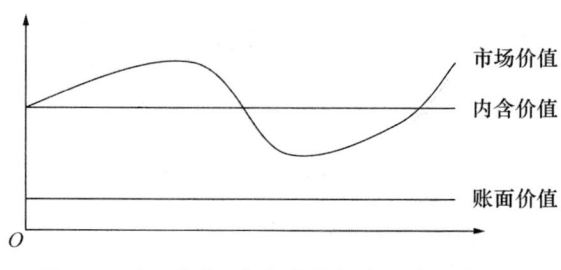

图 2-1　账面价值、内含价值与市场价值的关系

(二) 企业价值评估及其意义

企业价值评估是指综合考虑企业内部条件与获利能力、宏观经济环境以及投资者的主观预期等多方面因素,对企业的内含价值进行估算和评价的过程。企业价值评估是财务理论体系的重要组成部分,其核心是以恰当的技术方法估算企业的持续经营价值,进而为企业价值最大化目标的实现提供建设性意见。企业价值评估的意义主要集中在两个方面:一是在企业财务投融资决策中,企业价值评估是与企业各项重大决策密切相关的,如企业新的投资项目、IPO(首次公开募股)与再融资策略、股票期权政策等;二是在企业并购分析中,企业价值评估在企业并购分析中具有核心作用。

(三) 企业价值评估方法

财务理论提供了企业价值评估的多种方法,不同的方法具备不同的适用条件,在价值评估实践中既可以单独使用又可以交叉使用。以下主要说明几种主要价值评估方法的基本原理。

1. 市净率法(账面净值调整法)

市净率(P/B)法一般以企业的账面净资产价值为基础,通过对目标可比企业或同行业企业的市净率进行调整后来确定企业价值和价格。计算公式如下:

$$企业价值 = 企业的账面净资产价值 \times 市净率 \qquad (1)$$

市净率是每股净资产能在资本市场交易的价格,一般以倍数表示。估值使用的账面净资产价值是指资产负债表上总资产减去负债的剩余部分,也即账面净值。市净率既可以直接根据企业或同行业企业的现行市净率确定,又可以根据企业的行业特点、成长性、获利能力以及股权交易双方讨价还价的能力等因素确定。采用市净率进行估值强调以会计的历史成本原则为计量依据确认企业价值,较少关注资产的收益状况。本方法的优点是数据可以直接根据企业的报表资料取得,具有客观性强、计算简单、资料易得等特点。然而,本方法不适用于资产的重置成本变动较快的企业,也不适用于固定资产较少、商誉或知识资本较多的服务业企业。

2. 市销率法

市销率(P/S)法以企业的销售收入为基础,利用目标可比企业或同行业企业的市销率进行估算,来确定企业价值和价格。计算公式如下:

$$企业价值 = 企业的销售收入 \times 市销率 \qquad (2)$$

市销率法的优点是不会出现负值,对于亏损企业或资不抵债的企业,也可以计算出一个有意义的价值乘数。同时,该指标具有较高的稳定性与可靠性,不容易被操纵。本方法的局限性在于不能反映成本的变化,而成本是影响企业现金流量和价值的重要因素之一,所以市销率法通常适用于销售成本率较低的企业。

3. 市盈率法或 EV/EBITDA 倍数法

作为企业的盈利倍数水平,市盈率(P/E)反映了投资者对每股收益所愿支付的价格,可以用于估计企业价值,即确定了企业的市盈率以及运用此倍数的特定盈利水平,就可以计算出企业价值。计算公式如下:

$$企业价值 = 估值收益指标 \times 标准市盈率 \qquad (3)$$

市盈率也被称为收益倍数,指普通股每股市价为每股收益的倍数。计算公式如下:

$$市盈率(收益倍数) = 每股市价/每股收益 = 股票市值/净利润 \qquad (4)$$

即使非上市公司不存在市盈率,但在评估时可借助与公司具有可比性的上市公司的市盈率或公司所属行业的平均市盈率,再根据平均市盈率以及公司的盈利能力对公司进行估值,所以应用市盈率法的关键是公司间的可比性。采用市盈率法估算企业价值,以投资为出发点,着眼于未来经营收益,将股票价格与当前企业盈利状况相联系,数据结果比较直观。

EV/EBITDA 倍数法与市盈率法在使用方法和原则上相近,只是选取的指标口径有所不同。从指标计算上来看,EV/EBITDA 倍数使用企业价值(EV),即投入企业的所有资本的市场价值代替市盈率法中的股票市值,使用息税折旧及摊销前利润(EBITDA)代替市盈率法中的净利润。企业所有投资者的资本投入包括股东的投入和债权人的投入,而 EBITDA 反映了上述所有投资者所获得的税前收益水平。市盈率是股票市值和预期净利润的比值,但 EV/EBITDA 反映了投入资本的市场价值与未来一年企业收益间的比例关系。因此,市盈率和 EV/EBITDA 倍数反映的都是市场价值与收益指标间的比例关系,只不过前者是从股东的角度出发,而 EV/EBITDA 倍数则是从全体投资者的角度出发。在 EV/EBITDA 倍数法下,要最终得到对股票市值的估计,还必须减去债权的价值。EV/EBITDA 倍数和市盈率等相对估值法的用法相同,当其倍数相对于行业平均水平或历史水平较高时,通常说明市值高估,较低则说明市值低估,不同行业或板块有不同的估值(倍数)水平。但 EV/EBITDA 倍数较市盈率有明显优势,因为相较于将所有因素都综合在一起的净利润指标,EBITDA 剔除了诸如财务杠杆使用状况、折旧政策变化、长期投资水平等非经营因素的影响,因而也更为清晰地展现了企业真正的经营绩效,有利于投资者排除各种干扰,更为准确地把握企业核心业务的经营状况。EV/EBITDA 倍数法适用于:① 充分竞争行业的企业;② 没有巨额商誉的企业;③ 净利润亏损,但毛利、营业利润并不亏损的企业。

4. PEG 指标法

PEG 指标(市盈率相对盈利增长比率)是用企业的市盈率除以企业的盈利增长率。PEG 指标是吉姆·史莱特(Jim Slater)发明的一个股票估值指标,后由彼得·林奇(Peter Lynch)发扬光大。PEG 指标是在市盈率估值的基础上发展起来的,它弥补了市盈率对企业动态成长性估计的不足。计算公式如下:

$$PEG = 市盈率/企业年盈利增长率 \qquad (5)$$

PEG 指标能够将市盈率和企业业绩成长性相对比,对企业的业绩做出准确的预期。通常情况下,PEG 是用企业的市盈率除以企业未来 3 或 5 年的每股收益复合增长率。比如,一只股票当前的市盈率为 20 倍,其未来 5 年预期每股收益复合增长率为 20%,那么这只股票的 PEG 就是 1。

当 PEG 等于 1 时,表明市场赋予该股票的估值可以充分反映其未来业绩的成长性。当 PEG 大于 1 时,表明该股票的价值可能被高估,或市场认为这家企业的业绩成长性会高于预期。通常,成长型股票的 PEG 都会大于 1,甚至在 2 以上,投资者愿意给予其高估值,表明这家企业未来很有可能会保持业绩的快速增长。当 PEG

小于1时,要么是市场低估了该股票的价值,要么是市场认为其业绩成长性可能比预期的要差。通常,价值型股票的PEG都会小于1,以反映低业绩增长的预期。

5. 股利贴现模型

股利贴现模型(DDM)是以企业未来特定时期内的股利为基础,按一定贴现率计算现值,借以评估企业价值的方法。这是一种收入资本化的估值思路,按照这种思想,任何资产的内在价值都是由拥有这种资产的投资者在未来获得的现金流决定的。因此,股利贴现模型的估值公式如下:

$$P = \sum_{t=1}^{n} \frac{D_t}{(1+K)^t} + \frac{F}{(1+K)^n} \tag{6}$$

式中,D_t为在时间t内以现金形式表示的每股股利,K为在一定风险程度下的贴现率,F为待n期股票出售时的预期价格;P为每股股票的内在价值。在这种情况下,投资者投资于股票,不仅希望得到股利收入,还希望在未来出售股票时从股票价格的上涨中获得资本利得。企业的价值就取决于未来的盈利能力(预期股利水平)和贴现率的选择。

6. 自由现金流贴现模型

自由现金流贴现(DCF)模型,也称拉巴波特模型(Rappaport Model),是通过自由现金流量的资本化方法来确定企业的内含价值。自由现金流贴现模型的基本思想是,企业未来产生的自由现金流量就是企业最真实的收益。从本质上来说,估值是估计企业未来获取的所有现金流的现值合计。

企业自由现金流贴现模型的估值公式如下:

$$TV_a = \sum \frac{FCF_t}{(1+WACC)^t} + \frac{V_t}{(1+WACC)^t} \tag{7}$$

式中,TV_a为企业价值,FCF_t为在t时期内企业的自由现金流量,V_t为t时刻企业的终值,WACC为加权平均资本成本或贴现率。

通常运用5年或10年自由现金流贴现模型(结合一个10年后的终值),以考察资产的投资价值或内含价值。现金流量贴现法通常只单独考虑企业本身的情况,贴现价值可能对贴现率及资产期末价值的假设高度敏感。这种估值模型较适用于现金流量稳定的企业,或是处于早期发展阶段的企业。尽管早期亏损,但可以确保企业日后的高速增长机会能够被体现出来。

二、案例资料

（一）公司概况

1998年11月11日，马化腾与张志东共同在广东省深圳市创立了深圳市腾讯计算机系统有限公司（股票代码：00700，股票简称"腾讯控股"），随后许晨晔、陈一丹、曾李青相继加入。借助国内互联网发展的浪潮，腾讯控股一步步发展成为全球知名的互联网帝国。

最初，腾讯控股的业务是拓展无线网络寻呼系统，而后马化腾受到国外技术的启发，创立了OICQ，也就是QQ的前身。2010年3月5日，腾讯QQ用户数达到里程碑，其最高同时在线用户数首次突破1亿。这一成就标志着自互联网时代开启以来，全世界单一应用程序同时在线人数首次突破1亿。

腾讯控股坚持把"连接一切"作为战略目标，提供社交平台与数字内容两项核心服务。本着通过互联网服务提升人类生活品质的使命，腾讯控股先后搭建了即时通信工具QQ、移动社交和通信服务工具微信、门户网站腾讯网、腾讯游戏等中国领先的网络平台。腾讯的服务涵盖多个领域，包括社交平台（如QQ、微信及微博）、金融服务（如财付通、微信支付和QQ钱包）、娱乐产品（如腾讯游戏、腾讯视频和QQ音乐）、咨讯新闻（如腾讯网及其新闻客户端）和工作工具（如QQ浏览器、QQ邮箱、腾讯电脑管家）等。

2004年6月16日，腾讯控股于香港联合交易所主板挂牌上市，每股定价为3.7港元。作为首个在香港主板上市的内地互联网公司，其市值约为62亿港元。2013年8月5日，腾讯控股的收盘价为每股370.8港元，这一价格已经达到其2004年上市时发行价的100倍之多。此时，腾讯控股的市值已增至约6 865.26亿港元，相当于大约5 421亿元人民币。2017年11月21日，腾讯控股再次创下纪录，成为亚洲第一家市值超过5 000亿美元的企业。

2024年6月4日，腾讯控股市值高达4 600亿美元，是市值最高的中国互联网公司，并且在全球互联网公司市值榜上位列第四，成为全球范围内首屈一指的互联网公司。

腾讯控股的成长深刻地改变了亿万网民的交流方式与日常生活，并为中国互联网行业开辟了更为广阔的发展前景。

（二）业务架构

腾讯控股本部采用事业群制度，共有六大事业群，即微信事业群 WXG、平台与内容事业群 PCG、互动娱乐事业群 IEG、云与智慧产业事业群 CSIG、企业发展事业群 CDG 和技术工程事业群 TEG。

WXG、PCG 和 IEG 是面向用户的事业群。WXG 负责微信及其生态平台的打造；PCG 负责文娱内容，明星产品有 QQ、腾讯视频等；IEG 负责游戏板块，明星产品有王者荣耀、和平精英等。

CSIG、CDG 和 TEG 的主要用户是企业。CSIG 负责腾讯云、智慧零售等板块的产品线，为其他企业提供服务；CDG 是公司新业务孵化和专业支撑的重要平台，类似于业务中台；TEG 是公司内部的技术支撑中台。

（三）盈利模式

图 2-2 展示了腾讯控股 2018—2023 财年的营业收入，分别为 3 126.94 亿元、3 772.89 亿元、4 820.64 亿元、5 601.18 亿元、5 545.52 亿元、6 090.15 亿元，六年平均增长率为 17.49%。

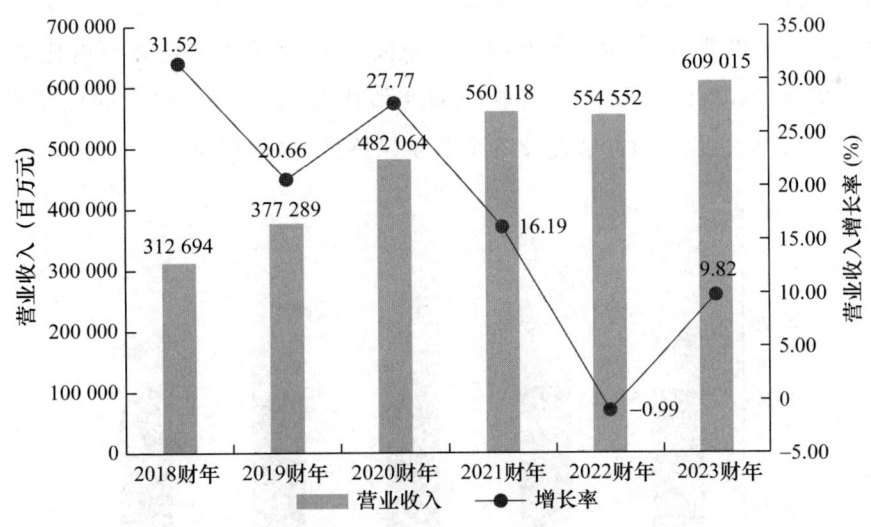

图 2-2 腾讯控股 2018—2023 财年营业收入及增长率

资料来源：腾讯控股 2018—2023 财年年度报告。

根据腾讯控股 2019—2023 财年年度报告披露的数据，其营业收入构成如表 2-1 所示。其中，增值服务收入主要包括提供网络游戏及社交网络服务产生的收入。网络游戏收入主要包括游戏虚拟道具销售收入，社交网络收入主要包括订购各种网络平台的增值服务收入,以及归属于社交网络业务的游戏收入。用户主要通过网络支付渠道直接支付增值服务费用。网络广告收入主要包括来自媒体广告以及社交及其他广告的收入。金融科技及企业服务收入主要包括提供金融科技服务及云服务产生的收入。金融科技服务收入主要包括支付、理财服务及其他金融科技服务的佣金,一般基于交易金额或保留金额的价值按百分比确定。云服务主要按订购或消费基准收费。其他业务包括投资、为第三方制作与发行电影及电视节目、内容授权、商品销售及若干其他活动。

表 2-1 腾讯控股 2019—2023 财年营业收入构成变化 单位:百万元

业务板块	2019 财年	2020 财年	2021 财年	2022 财年	2023 财年
增值服务	199 991	264 212	291 572	287 565	298 375
网络广告	68 377	82 271	88 666	82 729	101 482
金融科技及企业服务	101 355	128 086	172 195	177 064	203 763
其他	7 566	7 495	7 685	7 194	5 395
收入总额	377 289	482 064	560 118	554 552	609 015

资料来源:腾讯控股 2019—2023 财年年度报告。

根据营业收入构成数据,可以总结出腾讯控股盈利模式的特点。

1. 增值服务为主要稳定的盈利来源

从图 2-3 可以看出,在腾讯控股四大业务板块中,增值服务收入所占比重最大。2019—2023 财年,腾讯控股核心商业分部增值服务收入占总收入的比重分别为 53%、55%、52%、52% 及 49%,连续五个财年保持稳定,均在 50% 左右。

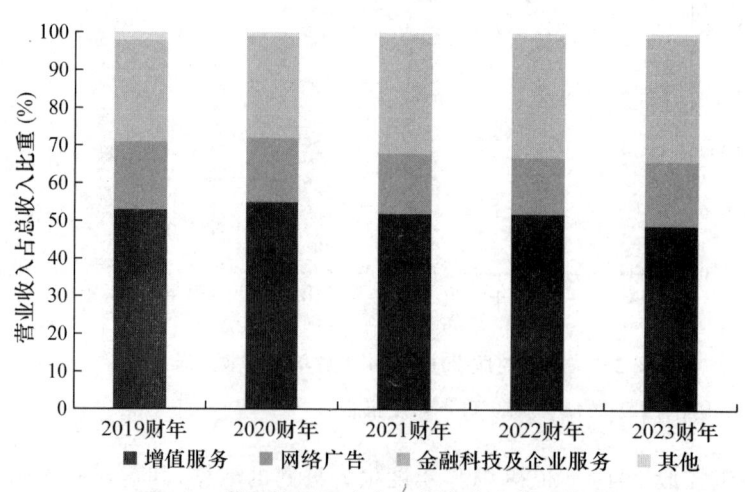

图 2-3 腾讯控股四大业务板块营业收入情况

资料来源:腾讯控股 2019—2023 财年年度报告。

2. 游戏业务延续强劲势头

从表2-2可以看出,腾讯控股增值服务收入的主要来源为游戏收入,腾讯游戏为整个集团带来了巨大的经济收入。一方面,腾讯控股本土市场游戏业务迎来复苏;另一方面,得益于《绝地求生》《无畏契约》《胜利女神:妮姬》等产品的出众表现,腾讯控股国际市场游戏业务营收大幅增长。在国内和国际游戏市场仍未完全走出低迷的情况下,腾讯游戏的表现着实非常亮眼,游戏巨头名不虚传。腾讯游戏作为腾讯控股的增长引擎,正在展现出愈发强大的驱动力。

表 2-2 腾讯控股 2019—2023 财年增值服务收入构成　　　　　　　单位:亿元

项目	2019 财年	2020 财年	2021 财年	2022 财年	2023 财年
游戏收入	1 147	1 561	1 743	1 707	1 799
本土市场游戏收入	—	—	1 288	1 239	1 267
国际市场游戏收入	—	—	455	468	532
社交网络收入	853	1 081	1 173	1 169	1 185
增值服务收入总计	2 000	2 642	2 916	2 876	2 984

资料来源:腾讯控股 2019—2023 财年年度报告。

3. 金融科技及企业服务或成为新的收入增长点

从图2-4可以看出,2019—2023财年腾讯控股的金融科技及企业服务收入一直在持续增长,发展态势强劲。腾讯控股金融科技及企业服务收入增长的原因是商业支付活动增加以及理财服务及消费贷款服务增长。新冠疫情过后,消费特别是线下消费有所恢复,带动移动支付交易规模和频率高速增长。另外,移动支付对用户的渗透依然在增加,比如老年人群体也会在一定程度上带动规模增长。

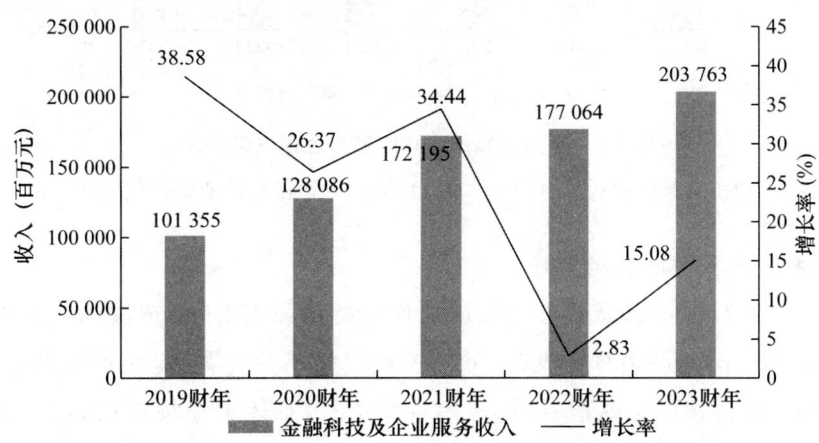

图 2-4　腾讯控股金融科技及企业服务收入及增长率

资料来源:腾讯控股 2019—2023 财年年度报告。

在腾讯控股业绩增长较慢的 2022 财年，金融科技及企业服务收入依然在缓慢提升，甚至超过了腾讯游戏带来的营业收入。根据腾讯控股公布的 2023 财年数据，金融科技及企业服务业务板块营业收入达 2 037.63 亿元。金融科技及企业服务已经成为腾讯控股的重要业务板块，并逐渐成为新的收入增长点。

（四）盈利预测

1. 行业发展前景

游戏行业保持蓬勃发展的态势

近年来，随着全球经济的复苏和科技的进步，中国游戏市场规模持续扩大。从图 2-5 和图 2-6 可以看出，虽然受到新冠疫情的冲击，但是除 2022 年外中国游戏市场规模基本保持扩大趋势，游戏用户规模保持稳定增长。2023 年，用户消费意愿和能力回升，游戏市场规模有望继续保持快速增长。2023 年，中国游戏市场的实际销售收入达到 3 029.64 亿元，同比增长 13.95%，首次超过 3 000 亿元大关。同时，游戏用户规模也攀升至 6.68 亿，同比增长 0.61%，创下历史新高。

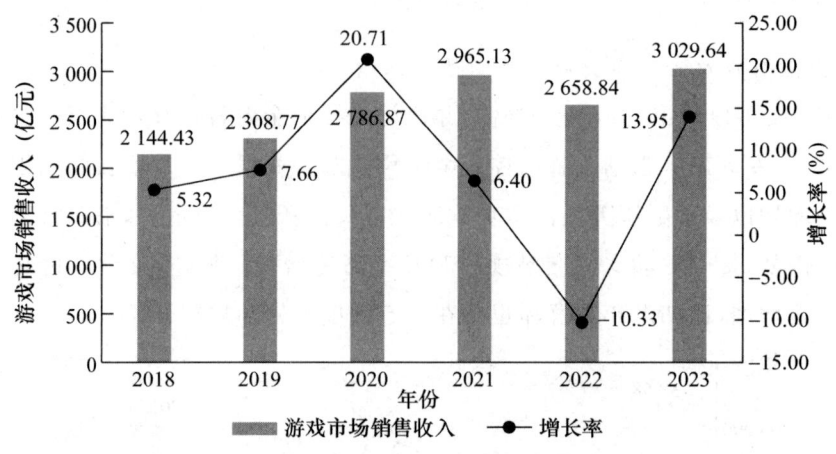

图 2-5　中国游戏市场实际销售收入及增长率

资料来源：中国音数协游戏工委 2018—2023 年度《中国游戏产业报告》。

金融科技行业发展态势良好

2017—2022 年，中国金融科技市场规模保持增长态势，呈现波动发展趋势（见图 2-7）。2022 年，在政策导向扶持、数字基础设施不断完善、应用场景创新持续驱动下，中国金融科技加速落地，市场规模持续增长，总体市场规模达到 5 423 亿元。在金融机构数字化转型的趋势下，预计到 2029 年，中国金融科技市场规模将突破 1.2 万亿元，2024—2029 年的复合增长率预计为 12%。

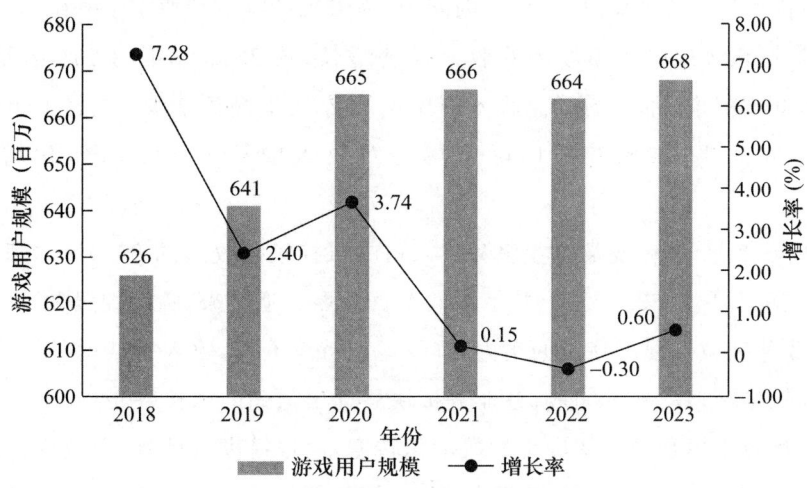

图 2-6　中国游戏用户规模及增长率

资料来源：中国音数协游戏工委 2018—2023 年度《中国游戏产业报告》。

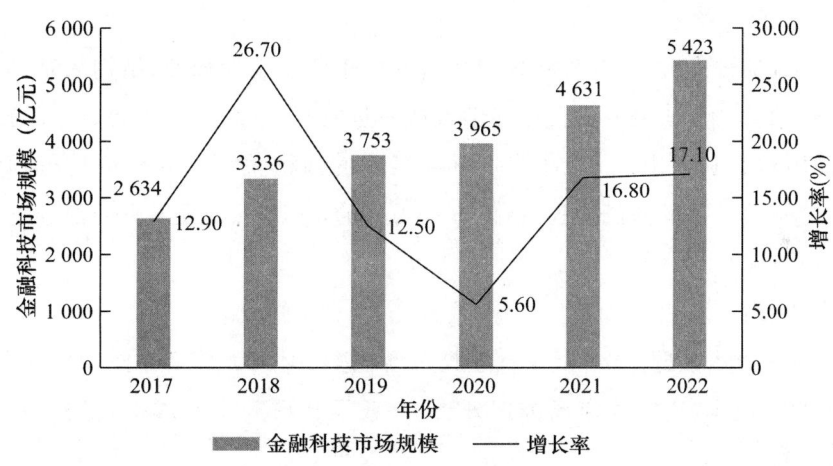

图 2-7　中国金融科技市场规模及增长率

资料来源：华经产业研究院。

2. 腾讯控股发展前景

2019—2023 年,腾讯控股的增值服务、网络广告和金融科技及企业服务等业务板块均取得了较快增长。

2019 年,中国游戏市场实际营业收入为 2 308.77 亿元,而腾讯控股拿下了 49.7％的游戏市场份额,显示出其在中国游戏产业的领先地位。2023 年,中国游戏市场的实际营业收入增长至 3 029.64 亿元,而腾讯控股在游戏市场的份额增加到了 59.4％。《绝地求生》《无畏契约》《胜利女神:妮姬》《王者荣耀》《金铲铲之战》等产品高开高走,为腾讯控股带来了可观的收益。腾讯控股在游戏领域所展现出的出色的

案例二　腾讯控股价值评估　23

产品研发能力以及 IP(知识产权)原创能力,为未来持续盈利奠定了基础。

而且,腾讯控股国际市场游戏收入显著增长,从 2019 财年的 264 亿元增长至 2023 财年的 532 亿元,占游戏总收入的比重从 23%提高到 30%,刷新了历史记录。在这四年时间里,腾讯控股国际市场游戏收入增长了 102%,年化增长率高达 19.1%。

2019 财年,金融科技及企业服务收入占腾讯控股总收入的 26.9%。到 2023 财年,这一比重上升至 33.5%,上升了 6.6 个百分点。近年来,腾讯控股在 To B(企业对企业)业务领域表现出强大的实力,营收占比持续上升,收入不断增长。这表明腾讯控股的战略转型已基本完成,各业务板块展现出强劲的增长势头。

腾讯控股积极参与实体经济的数字化转型,通过提供云计算、大数据、人工智能等技术服务,帮助企业提高效率、降低成本、创新商业模式。随着产业互联网的快速发展,腾讯控股 To B 业务的优势和潜力将进一步显现。腾讯控股加大了在人工智能、云计算、大数据等领域的投入和布局,为未来的可持续发展奠定了坚实的基础。

3. 盈利预测结果

对腾讯控股价值评估的盈利预测是以其历年营业收入来源、结构为基础进行的简单预测。实操中,估值人员会更加细致地考量宏观环境、行业形势、公司盈利模式潜力等动因对盈利的影响,结合三张财务报表的勾稽关系建立模型进行预测。在此,仅以带领学生了解估值流程、估值方法为目的,对腾讯控股未来的盈利进行简单预测。

基本假设:

(1) 营业收入按照 2023 财年营业收入增长率 10%(为计算方便,取 10%)增长。

(2) 收入成本、销售及市场推广开支、一般及行政开支等成本费用与营业收入比例保持稳定。

(3) 不考虑通货膨胀因素。

表 2-3 列示了腾讯控股 2024 年相关指标预测情况。

表 2-3 腾讯控股盈利预测   单位:百万元

项目	2019 财年	2020 财年	2021 财年	2022 财年	2023 财年	2024 财年预测
营业收入	377 289	482 064	560 118	554 552	609 015	669 917
收入成本	-209 756	-260 532	-314 174	-315 806	-315 906	-347 497
毛利	167 533	221 532	245 944	238 746	293 109	322 420
销售及市场推广开支	-21 396	-33 758	-40 594	-29 229	-34 211	-37 632
一般及行政开支	-53 446	-67 625	-89 847	-106 696	-103 525	-113 878

(续表)

项目	2019 财年	2020 财年	2021 财年	2022 财年	2023 财年	2024 财年预测
其他收益(亏损)净额	19 689	57 131	149 467	124 293	−1 389	−1 528
利息收入	6 314	6 957	6 650	8 592	13 808	15 189
财务成本	−7 613	−7 887	−7 114	−9 352	−12 268	−13 495
分占联营公司及合营公司盈利/(亏损)净额	−1 681	3 672	−16 444	−16 129	5 800	6 380
税前利润	109 400	180 022	248 062	210 225	161 324	177 456
所得税费用	−13 512	−19 897	−20 252	−21 516	−43 276	−47 604
净利润	95 888	160 125	227 810	188 709	118 048	129 853

注:腾讯控股财政年度截止日期为12月31日。
资料来源:腾讯控股2019—2023财年年度报告。

(五)估值方法与估值结果

1. 相对估值

预测市盈率通常选取市场上与上市公司处于同一行业的可比或可参照的上市公司的平均市盈率,考虑所处行业、市场、企业规模、财务指标等,本案例选取了两家互联网公司——北京三快在线科技有限公司(以下简称"美团")和网易(杭州)网络有限公司(以下简称"网易")作为可比公司。三家公司2023年的主要财务数据如表2-4所示。

表2-4 三家公司2023年主要财务数据

	项目	腾讯控股	美团	网易
规模	资产总额(亿元)	15 772.46	2 930.30	1 859.25
	净资产(亿元)	8 736.81	1 519.56	1 280.84
财务指标	资产负债率(%)	44.61	48.14	31.11
	营业收入增长率(%)	9.82	25.82	7.23
	总资产周转率	0.39	1.03	0.58
	净资产收益率(%)	15.06	9.87	25.69
	基本每股收益(元)	12.19	2.23	9.15

资料来源:东方财富统计数据。

截至2024年8月,可比公司市盈率、市净率、市销率近12个月数据如表2-5所示。

表 2-5 可比公司主要指标

项目	美团	网易	平均
市盈率	38.30	13.90	26.10
市净率	3.85	3.28	3.57
市销率	2.08	4.04	3.06

资料来源：东方财富统计数据。

市盈率法

$$公司价值＝预测市盈率×公司未来12个月净利润$$

由于腾讯控股业务涉及多个板块，难以找到单一的可比公司。因此，我们将两家可比公司的平均值作为预测市盈率。

$$腾讯控股的公司价值＝26.10×129\,853＝3\,389\,163.3（百万元）$$

根据可比公司市盈率估值，腾讯控股的公司价值在3.4万亿元左右。但是根据两家可比公司市盈率估值的结果可能存在较大的偏差，腾讯控股实际市盈率在21倍左右。如果按照腾讯控股2023财年平均市盈率20.91倍计算，则腾讯控股的公司价值为 $20.91×129\,853＝2\,715\,226.23$（百万元）。两种市盈率选取方法估算出的结果相差较大，所以在对公司进行估值时，如何选择最合适的市盈率非常关键。

市净率法

$$公司价值＝预测市净率×公司未来账面净资产价值$$

应用市净率法预测公司价值首先需要判断公司未来的市净率，这里按照两家可比公司市净率的平均值3.57计算。2019—2023财年，腾讯控股净资产的平均增长率为22%，假设保持该增长速度，预计2024财年公司的账面净资产＝ $873\,681×(1+22\%)=1\,065\,891$（百万元）。

$$腾讯控股的公司价值＝3.57×1\,065\,891＝3\,805\,230.87（百万元）$$

市销率法

$$公司价值＝预测市销率×公司未来营业收入$$

我们依旧选取两家可比公司市销率的平均值进行预测，可比公司市销率的平均值为3.06，腾讯控股2024财年营业收入预计为669\,917百万元。

$$腾讯控股的公司价值＝3.06×669\,917＝2\,049\,946.02（百万元）$$

由于腾讯控股的业务分属于不同的领域，事实上选取一家公司整体比较并不十分恰当，腾讯控股更适合将业务分开估值然后汇总。各个部分根据不同的收入情况等选择合适的估值方法，这样最终估值结果会更加科学合理。

2. 绝对估值：自由现金流贴现模型

第一步：预测下一个十年的自由现金流量。

$$企业自由现金流量 = (税后净营业利润 + 折旧及摊销) - (资本性支出 + 营运资本增加)$$

我们根据年报中最容易获得的项目，对上述公式予以简化：

$$企业自由现金流量 = 经营活动净现金流量 - 资本性支出$$

腾讯控股过去五年(2019—2023财年)自由现金流复合增长率为31%，过去三年(2021—2023财年)自由现金流复合增长率为19%。出于谨慎性考虑，我们选择五年复合增长率和三年复合增长率的平均值25%作为未来十年第一阶段腾讯控股的自由现金流增速。

假设：

(1) 前五年经营活动净现金流量按照过去五年复合增长率和过去三年复合增长率的平均值增长，后五年增速减按过去五年复合增长率和过去三年复合增长率的平均值的80%计算。

(2) 前五年资本性支出按照过去五年复合增长率和过去三年复合增长率的平均值增长，后五年增速减按过去五年复合增长率和过去三年复合增长率的平均值的80%计算。

基于以上假设计算出未来十年的自由现金流量，如表2-6所示。

表2-6　腾讯控股未来十年自由现金流量预测　　　　　　　　单位：百万元

年份	自由现金流量	年份	自由现金流量
2024	247 586	2029	725 350
2025	309 483	2030	870 420
2026	386 854	2031	1 044 504
2027	483 567	2032	1 253 405
2028	604 459	2033	1 504 086

第二步：计算腾讯控股的加权平均资本成本(WACC)。

$$WACC = K_b \times b_b \times (1-T) + K_e \times b_e$$

其中，K_b为债务资本成本，K_e为权益资本成本，b_b为负债总额所占比重，b_e为权益总额所占比重，T为所得税税率。

腾讯控股2019—2023财年资本结构如表2-7所示，假设后续按照腾讯控股过去五年资本结构的平均水平，即负债占比46%、权益占比54%计算。

表 2-7　腾讯控股 2019—2023 财年资本结构

项目	2019 财年	2020 财年	2021 财年	2022 财年	2023 财年	平均
负债总额(百万元)	465 162	555 382	735 671	795 271	703 565	
负债占比(b_b)(%)	49	42	46	50	45	46
权益总额(百万元)	488 824	778 043	876 693	782 860	873 681	
权益占比(b_e)(%)	51	58	54	50	55	54
资产总额(百万元)	953 986	1 333 425	1 612 364	1 578 131	1 577 246	

资料来源:腾讯控股 2019—2023 财年年度报告。

(1) 债务资本成本计算。腾讯控股 2019—2023 财年利息费用率如表 2-8 所示,假设债务资本成本按照过去五年公司平均利息费用率 1.4% 计算。

表 2-8　腾讯控股 2019—2023 财年利息费用率

项目	2019 财年	2020 财年	2021 财年	2022 财年	2023 财年
利息费用(百万元)	7 690	7 449	7 918	9 985	11 885
负债总额(百万元)	465 162	555 382	735 671	795 271	703 565
利息费用率(%)	1.65	1.34	1.08	1.26	1.69

资料来源:腾讯控股 2019—2023 财年年度报告。

(2) 权益资本成本计算。我们选择资本资产定价模型来计算腾讯控股的权益资本成本,需要考虑的因素有无风险收益率(R_f)、β 系数、市场平均收益率(R_m),计算公式如下:

$$K_e = R_f + \beta \times (R_m - R_f) \tag{8}$$

假设无风险收益率采用 2023 年 12 月 29 日美国十年期国债收益率 3.866%,β 系数采用腾讯控股过去五年平均 β 值 1.5578,市场平均收益率为 18.270%。

$$K_e = 3.866\% + 1.5578 \times (18.270\% - 3.866\%) = 26.3\%$$

(3) WACC 计算。

$$\begin{aligned} \text{WACC} &= K_b \times b_b \times (1-T) + K_e \times b_e \\ &= 46\% \times 1.4\% \times (1-25\%) + 54\% \times 26.3\% = 14.69\% \end{aligned}$$

所得税税率按照过去五年平均水平 25% 计算。

(4) 腾讯控股的公司价值计算。

$$\text{Value} = \sum_{t=1}^{10} \text{DCF}_t \times (P/F, i, t)$$

其中,Value 为公司价值,DCF_t 为公司第 t 年的预测自由现金流量,i 为加权平均资本成本。

腾讯控股的公司价值 = 247 586 × (P/F, 14.69%, 1) + 309 483 × (P/F, 14.69%, 2) + 386 854 × (P/F, 14.69%, 3) + 483 567 × (P/F, 14.69%, 4) + 604 459

$\times(P/F,14.69\%,5)+725\,350\times(P/F,14.69\%,6)+870\,420\times(P/F,14.69\%,7)+1\,044\,504\times(P/F,14.69\%,8)+1\,253\,405\times(P/F,14.69\%,9)+1\,504\,086\times(P/F,14.69\%,10)=3\,039\,768.8(百万元)$

3. 估值结果分析

为了使公司估值结果更为稳健,我们把每种情况下的最小值作为最终的估值结果。不同估值方法得出的公司价值如表 2-9 所示,估值结果的差异主要来自原始指标不同,度量不同内容的指标间的差异会对公司价值造成影响。例如,市盈率法下对公司价值起决定作用的因素是公司的市盈率和净利润,而自由现金流贴现法下则是未来自由现金净流量与折现率决定了公司的价值。不同指标选择、不同估值方法对最终估值结果的影响很大,本案例估算腾讯控股的公司价值在不同方法下差异可达 1.86 倍。这些估值方法考虑了不同方面的因素对公司价值的影响,在实践中我们可以依据特定情况选择最为合适的方法。

表 2-9 不同估值方法下腾讯控股的公司价值

估值方法	公司价值(亿元)
相对估值法	
市盈率法	33 891.63
市净率法	38 052.31
市销率法	20 499.46
绝对估值法	
自由现金流贴现模型	30 397.69

三、案例分析

1. 估值方法是建立在一定的参数设定基础上的

每种估值方法背后隐含着不同的前提假设,得出的估值结果有可能大相径庭。在上述估值方法使用过程中我们可以发现,相对估值是以同行业类似企业的市场估值水平为基础,通过锚定不同的基准指标(包括净利润、净资产、营业收入、用户数量等)来确定目标企业的估值。其基准指标不同,估值结果会出现巨大的差异。本案例中,市销率法下的估值结果仅为市净率法下估值结果的 54%,这种差异来源于不同估值方法下前提假设的不同。

自由现金流贴现模型的关键是估值参数的估计,包括对未来营业收入、成本费用、投资、融资等行为的预测,其准确程度取决于这些假设条件与未来实际经营成果的吻合程度。因此,估值模型及其估值参数往往需要不断地摸索,并且根据经济环境的变化随时调整,只有这样才能使估值结果更加合理。

2. 企业价值评估是企业财务决策的基本依据

现代企业管理的核心在于财务决策,涵盖投资、融资以及股利分配等方面的决策。这些财务决策必须聚焦于企业的未来发展,合理把握企业在可预计年度内的效率及其成长性。从财务决策的角度分析,做出财务决策的基础是全面掌握企业当前的状况,尤其是未来创造价值的能力与结果,分析财务决策对企业价值可能造成的影响,并预测决策实施后的企业价值。

本案例实际上是一个针对腾讯控股的盈利预测,对于互联网企业而言,股票市场对这些企业给予了相当高的估值。针对其不确定性较高的未来创造价值的能力,应结合当前宏观经济发展以及行业具体情况对其进行盈利预测,选择可靠的估值方法或结合多种方法估算企业价值,估值结果是企业未来扩股定价的基本依据。

如果腾讯控股目前或将来有融资打算,那么根据上述估值分析,发行价格若设定过高,则再融资计划可能会失败;反之,若设定过低,则可能会损害现有股东的利益,导致再融资计划因无法获得现有股东的支持而失败。在追求企业价值最大化的财务目标下,财务决策过程实际上就是分析融资决策对企业价值可能产生的影响。在这一过程中,企业价值直接成为评估财务融资决策的基础,也是方案选择的重要标准。

3. 估值的要义:资产(投资)的未来盈利(现金流)能力决定企业价值

估值需要预测未来及评估企业未来的盈利能力,企业经营和业务分析毋庸置疑地成为价值评估的起点。在进行业务分析时,需要解答三个关键问题——企业的业务是否具备长期稳定性,企业是否拥有特许经营权,以及企业是否具有长期竞争优势。拥有长期稳定的业务是一个企业成功的基础,也是企业建立竞争优势的关键。企业竞争力的形成需要时间的积累和长期的检验,一个频繁更换主营业务的企业往往难以让人信服其能在某一领域内构建起竞争优势。企业的竞争优势是在长期经营过程中,通过不断强化现有优势和持续创新逐步建立起来的,也能在短期内避免被竞争对手学习和复制。

在本案例中,腾讯控股作为互联网公司,一个重要的特点就是在增值服务、网络广告和金融科技及企业服务等业务板块多元发展,这导致对腾讯控股的估值更加困难。但是,腾讯控股稳定的盈利能力也减小了估值的复杂程度。因此,除根据宏观经济与行业发展进行预测外,还需要具体分析企业的竞争优势等能为企业创造未来盈利的源动力。

4. 价值评估模型的适用范围及选择

市销率指标等于每股市价除以每股销售收入，该指标能够向投资者展示每股销售收入可以支撑的股价水平，或者单位销售收入所反映的股价。市销率通过将企业的股价或市值除以其每股销售收入来判断企业估值的高低。这一指标不仅有助于分析企业收益基础的稳定性和可靠性，还能有效反映其收益的质量。

市销率法的优点是，销售收入相对稳定，波动较小。销售收入不受折旧、存货以及非经常性收支的影响，不像利润那样容易被操控，并且收入一般不会出现负值，即使在净利润为负的情况下也能适用。因此，市销率法可以与市盈率法形成有效补充。

市销率法的缺点是，它不能体现企业的成本控制能力。即使成本上升导致利润下降，只要销售收入保持不变，市销率也依然不变。此外，随着企业销售收入规模的扩大，市销率往往会下降，因此销售收入规模较大的大型企业的市销率通常较低。使用市销率来评估企业潜在价值时，实际上是判断其未来盈利能力能否显著增长，较低的市销率可能意味着存在增长潜力。

虽然自由现金流贴现模型被视作最具理论意义的价值评估方法，但它并不适用于所有企业和任何情况。下述七类公司不适宜采用自由现金流贴现模型进行价值评估，或应用时至少需要一定程度的调整：① 处于财务困境的公司；② 收益呈现周期性波动的公司；③ 持有未充分利用资产的公司；④ 拥有专利权的公司；⑤ 正在进行重组的公司；⑥ 涉及并购活动的公司；⑦ 非上市公司。对于前六类公司，不适用自由现金流贴现模型的主要原因是未来自由现金流量难以预测；而对于第七类公司，则是因为其风险难以估量。

在实际中，管理者面临多种评估标准，关于应采用哪种评估标准的争论往往偏离了这些标准的根本目的。评估标准的真正目的是辅助管理者做出能够创造价值的决策，并引导全体员工朝着创造价值的方向共同努力。

讨论题

1. 企业内含价值的本质是什么？
2. 如何选择不同的企业价值评估方法？
3. 如何优化腾讯控股估值？尝试分板块分别对腾讯控股的业务进行估值。

小案例

饱经沧桑却逆风飞扬的携程集团

携程集团有限公司(以下简称"携程集团")是全球领先的一站式旅行平台,核心业务包括无线应用、酒店预订、机票预订、旅游度假、商旅管理、旅游资讯服务等,可以为用户提供全方位的旅游方案。2024年6月4日美股收盘后,中国互联网上市公司的最新市值排名发布。数据显示,携程集团的市值已经达到344.1亿美元,在短时间内超越了百度,位列第六,已经成为中国在线旅游龙头企业。在25年的漫长发展史中,携程集团饱经沧桑、历尽磨炼,却依然做到了逆风飞扬。

"非典"的冲击

1999年10月28日,梁建章、季琦、沈南鹏和范敏四位志在改变中国旅游业态的年轻人共同创立了携程集团。其中,季琦担任总裁,梁建章担任首席执行官,沈南鹏担任首席财务官,范敏担任执行副总裁。这四位创始人后来被誉为著名的"携程四君子"。彼时,全球互联网投资的高潮刚刚兴起。站在旅游行业的风口上,携程集团的发展突飞猛进。

2003年,"非典"的肆虐让旅游业一夜停摆。从4月份开始,携程集团的营业额骤降,经营利润直接跌破了公司红线。携程集团变成了无人问津的滞销品,没有一家公司愿意收购,无奈之下,梁建章只能坚持经营,一方面开拓新的业务来源争取现金收入,另一方面苦练内功,提升自我。

"非典"实际上两个多月就过去了,携程集团惊险逃过一劫,迎来了疫情后旅游业V字形的报复性反弹,业绩飞涨,甚至直接冲上了纳斯达克。2003年12月9日,携程集团在美国纳斯达克成功上市,首个交易日股价上涨88.6%。通过此次股票发行,携程集团共筹集资金7 560万美元。

OTA大战的赢家

2012—2015年,是OTA(在线旅游)大战的四年,携程集团、艺龙、去哪儿三家旅游业企业展开激烈竞争,为了争夺市场份额,不惜以牺牲利润为代价。在机票预订上,为了应对"战争",携程集团拿出10亿美元打价格战。携程集团的另一个举措是集中资源发力移动端,成立无线事业部,作为突围的一个关键点。在集团内部,无线业务被称为"二次创业"。

最终,这场战役携程集团胜出。2014年,携程集团以现金方式投资超2亿美元成为同程第二大股东,并投资入股途牛。2015年,携程集团收购了艺龙和去哪儿网。直到2017年,同程与艺龙合并,携程集团成为大股东,逐步确立了其在国内旅游行业的领导地位。

新冠疫情的冲击

2020年,新冠疫情暴发,面对旅游行业的萧条,许多公司因疫情导致的大规模赔偿而陷入困境,携程集团却又一次给出了令人意外的答案。2021年4月19日,携程集团正式在香港联合交易所挂牌上市,首日开盘价为281港元/股。截至收盘时,携程股价定格在280.2港元/股,市值达到1772.8亿港元。

财报数据显示,受新冠疫情冲击,2020年携程集团的归母净利润跌至—32.47亿元。但是携程集团展现出了超强的抗挫折反弹能力,处于强力复苏的状态。2022年携程集团开始恢复盈利,归母净利润为14.03亿元,2023年归母净利润高达99.18亿元,增长了六倍多。

携程集团能抵抗疫情冲击依然保持坚挺有两方面原因:一是携程集团高端客户的黏性高,公司自成立起就积累了大量高端客户;二是携程集团在技术和创新上的高投入,让公司形成了明显区别于传统旅游业企业的优势。携程集团成为一家高科技企业,在人工智能、大数据、云计算和虚拟现实等方面的技术都处于同行领先的位置。

作为中国互联网上市公司中市值最高的在线旅游企业,2024年6月4日携程集团市值已达344.1亿美元,其背后的估值方法和逻辑值得探讨和借鉴。股权投资中常用的估值方法包括市盈率法、市净率法、自由现金流贴现法,这些似乎都不足以充分解释携程集团价值的飞速增长。

1. 市盈率法

市盈率法是国内风险投资常用的估值方法,计算公式为:企业价值＝预测市盈率×企业未来12个月利润。预测市盈率可选取行业/对标企业的市盈率,但如果企业本身缺乏可对标对象,或当下可预见的时间内净利润为负,那么使用市盈率法进行估值就失去了意义。

在调整财务报表之后,我们发现携程集团2019—2023年实现的净利润分别为70.11亿元、—32.47亿元、—5.500亿元、14.03亿元、99.18亿元,盈利为负时无法使用市盈率法对其进行有效估值。

2. 市净率法

市净率是企业市场价值与账面净资产价值的比值,这虽然解决了部分企业发展前期利润长期为负的问题,但是没有体现互联网行业最为重视的用户带来的网络效应。携程集团作为一家互联网公司,最重要的资产无疑是其活跃用户。而这一部分最重要的资源却无法记载在资产负债表中,故使用市净率法也不具备充分的说服力。

对携程集团的估值说明：市场并未将其作为一个传统的硬件厂商来看待其当前盈利情况，而是充分参考了其商业生态中作为互联网平台的美好未来。

3. 自由现金流贴现法

采用自由现金流贴现法估值的前提是未来现金流是可预测的。对于传统企业，在估值时倾向于认为某种趋势会持续下去，简化地用过去的表现估计未来。但是对于一些高新技术企业，这种方法存在一定的局限性。众所周知，携程集团作为一家互联网公司，产生现金流的数量和时间都很难预测。因此，以自由现金流贴现法估值的结果很可能是一种"精确的错误"。

讨论题：你认为携程集团适合使用什么估值方法？

案例三　中国石化的战略型集约化财务管控体系

教学目的与要求

通过对本案例的学习,学生应了解世界一流财务管理体系的政策背景与主要内容,理解中国石化财务管控体系的内涵、基本框架与实现路径,理解其财务数智化转型与财务共享服务的主要特点。

一、背景知识

（一）世界一流财务管理体系的政策背景

2022年2月,中央全面深化改革委员会第二十四次会议审议通过了《关于加快建设世界一流企业的指导意见》；随后,国务院国资委下发贯彻落实通知,并配套出台了《关于中央企业加快建设世界一流财务管理体系的指导意见》（以下简称《指导意见》）,该文件对中央企业财务管理体系建设的总体要求、主要任务、组织实施进行了全面细致的阐述。

财务管理作为企业管理的中心环节,是企业实现基业长青的重要基础和保障。随着党的十九大报告提出"培育具有全球竞争力的世界一流企业"的要求,国资委高度重视中央企业的财务管理工作,并出台了一系列制度,指导企业持续加强资金管理、推行全面预算管理、完善财务信息化等工作。

同时,新一轮科技革命和产业变革深入发展,数据已成为新的生产要素,财务管理工作面临新的机遇和挑战。为进一步开展对标世界一流管理提升行动,指导中央企业立足新发展阶段要求和信息技术变革大势,加快提升财务管理能力水平,更好支撑企业实现高质量发展,国资委研究制定了《指导意见》。《指导意见》的提出,标志着建设世界一流财务管理体系有了总规划、任务书、路线图,表达了国家加快建设世界一流财务管理体系的坚定决心——建设世界一流企业,必须同步建设世界一流财务管理体系。

(二)建设世界一流财务管理体系的主要内容

《指导意见》共分五个部分,其中主体内容是"1455"框架,即围绕一个目标,推动四个变革,强化五项职能,完善五大体系。

1. 围绕一个目标

《指导意见》明确提出了建设世界一流财务管理体系的目标,更好统筹发展和安全,更加注重质量和效率,更加突出"支撑战略、支持决策、服务业务、创造价值、防控风险"功能作用,以"规范、精益、集约、稳健、高效、智慧"为标准。以数字技术与财务管理深度融合为抓手,固根基、强职能、优保障,加快构建世界一流财务管理体系,有力支撑服务国家战略,有力支撑建设世界一流企业,有力支撑增强国有经济竞争力、创新力、控制力、影响力、抗风险能力。

2. 推动四个变革

推动财务管理理念变革、组织变革、机制变革、功能手段变革四个变革,这是推进财务管理转型升级的理论基础。

理念变革:财务管理理念需从传统的以核算为中心转变为以价值创造为中心,强调财务管理在企业战略制定、决策支持、业务服务等方面的重要作用。

组织变革:优化财务组织结构,推动财务职能向业务前端延伸,实现业财融合,提升财务管理的效率和效果。

机制变革:完善财务管理机制,建立科学合理的财务管理流程和制度,确保财务管理的规范性和有效性。

功能手段变革:充分利用大数据、人工智能、移动互联网、云计算、区块链等新技术,推动财务管理从信息化向数字化、智能化转型。

3. 强化五项职能

以财务管理主要对象"票、账、表、钱、税"为维度,强化核算报告、资金管理、成本管控、税务管理、资本运作五项职能,这是推进财务管理转型升级的抓手和切口。

核算报告:确保会计信息的真实准确,并依据各类信息输出多维度经营分析报告,支撑战略、支持决策。

资金管理:加强资金集中管理和统筹调度,提高资金使用效率和安全性。

成本管控:优化成本控制体系,降低企业运营成本,提升企业盈利能力。

税务管理:依法合规进行税务筹划和管理,降低税务风险,提高税务效率。

资本运作:加强资本运作能力,通过并购重组、资本运作等方式优化资源配置,提升企业价值。

4. 完善五大体系

完善全面预算管理、合规风控、财务数智、财务管理能力评价、财务人才队伍建设五大体系,这是实现财务管理体系有效运行的根本保障,也是推进财务管理转型升级的主线和重点。

全面预算管理体系:建立全面预算管理体系,实现预算的全过程控制和管理,确保企业资源的合理配置和有效利用。

合规风控体系:加强合规管理和风险控制,建立健全内部控制体系,防范各类财务风险。

财务数智体系:推动财务数字化转型,实现财务数据的实时采集、处理和分析,提升财务管理的智能化水平。

财务管理能力评价体系:建立财务管理能力评价体系,对财务管理水平进行定期评估和考核,推动财务管理能力的持续提升。

财务人才队伍建设体系:加强财务人才队伍建设,培养具有国际视野、精通业务、有领导力的"财务+IT"复合型人才,为财务管理水平的提升提供人才保障。

(三)《指导意见》的意义

《指导意见》的发布对中央企业财务管理体系建设具有深远影响:推动财务管理体系转型升级,通过推动四个变革,强化五项职能,完善五大体系,将有力推动中央企业财务管理体系向数字化、智能化、价值创造型转变;提升财务管理水平,通过加强制度宣贯、聚焦财务数字化转型、完善财务人才培训体系等措施,将显著提升中央企业的财务管理水平。

《指导意见》的发布为中央企业加快建设世界一流财务管理体系指明了方向,提供了行动指南。中央企业应积极响应政策要求,结合自身实际,制定切实可行的实施方案,推动财务管理水平的持续提升,为企业的持续健康发展提供有力保障。

二、案例资料

(一)案例概况

中国石油化工集团有限公司(以下简称"中国石化")成立于1998年7月,是国家在原中国石油化工总公司基础上重组成立的特大型石油石化企业集团,是国务院国资委直属的副部级中央企业。中国石化是中国最大的成品油和石化产品供应商、世界第一大炼油公司、第二大化工公司,加油站总数位居世界第二,在2024年《财富》世界500强企业排名中位列全球第5、中国第2。

中国石化的主营业务范围广泛,涵盖石油、天然气的勘探、开采、储运(含管道运输)、销售和综合利用,石油炼制,成品油储存、运输、批发和零售,石油化工及其他化工产品的生产、销售、储存、运输等多个领域。公司拥有一系列大型炼油厂和石化生产基地,产品种类丰富,包括汽油、柴油、燃料油、石脑油等多个种类。

此外,中国石化还在新能源领域积极布局,致力于氢气、太阳能、风能、地热能等新能源产品的生产、销售、储存、运输,以及新能源汽车充换电业务及相关服务。在财务表现方面,中国石化近年来保持了稳健的增长态势。尽管面临市场波动等挑战,但公司依然坚持创新驱动发展战略,不断推进管理体制、机制、制度及方法创新,努力提升核心竞争力和可持续发展能力。

(二)公司战略与财务转型目标

中国石化贯彻党中央、国务院决策部署,结合企业实际,制定了分"三步走"、到2050年全面建成世界领先洁净能源化工公司的战略部署,同步构建战略型集约化财务管控体系,有力支撑战略目标落地。

2021年,中国石化提出推动企业世界领先的"1363"发展蓝图,包括一个方略、三项重要职责、六大发展战略和三步走实现远景目标。中国石化实施世界领先发展方略;将保障国家能源安全、引领中国的石化工业高质量发展和担当国家战略科技力量的三项重要职责统一归结为打造世界领先洁净能源化工公司的远景目标;推行价值引领、市场导向、创新驱动、绿色洁净、开放合作、人才强企六大发展战略,构建以能源资源为基础、以洁净油品和现代化工为两翼、以新能源新材料新经济为重要增长极的"一基两翼三新"产业格局;分三步走实现远景目标,到2025年取得实质性进展,到2035年基本建成,到2050年全面建成世界领先洁净能源化工公司。同年,为配合世界领先发展方略,中国石化财务工作会议在总结多年来财务工作经验的基础上,坚持继承巩固、创新提升,提出构建战略型集约化财务管控体系,作为财务转型新目标,培育财务服务战略、集成共享高效的管理理念。

(三)中国石化战略型集约化财务管控体系的构建

2021年,中国石化部署构建战略型集约化财务管控体系,与国资委建设世界一流财务管理体系高度契合、深度融合。

1. 战略型集约化财务管控体系的内涵

战略型集约化财务管控体系的本质在于财务服务战略,对同质化业务实施集中管理,对差异化业务则进行授权管理。此体系中的"战略型财务"意味着财务活动需紧密对接并支持公司战略,涵盖全局规划、长期布局、应变策略、竞争态势及风险管理等关键要素。战略管理作为实现公司使命与目标的动态过程,要求深入分析内外部环境,制定并执行战略决策,同时监控与评估战略成效。战略型财务管控则在此基础上,融合战略管理精髓,既聚焦战略导向,又强调精准控制,从更高层面指导财务管理活动。

中国石化提出构建战略型财务管控体系,就是要加强理念引导,从战略出发,回到战略中来,以清晰明确的管理架构、目标分解和考核激励,推动战略目标落地。[①] 该体系要求财务系统的工作重心和最终目的都指向集团公司的战略,各层级财务工作、财务管理各专业条线、每一名财会人员都要服从和服务于战略目标的实现。

"集约化财务"则侧重于提升财务职能的运行效率,通过集中资源(包括人力、资金、物资及管理)进行高效配置,体现了现代企业追求效率与质量的发展趋势。"集"意味着资源的集中与统一配置,"约"则强调在集中过程中追求节俭、高效。中国石化提出构建集约化财务管控体系,是在战略型财务管控体系的框架下,主要财务管理工作和手段都遵循集约化原则来组织实施,通过将公司多年来在预算管理、资金管理、财会共享、资产管理、资本运作、财税价格、财务风险管控、财会队伍建设等方面的管理实践进行再梳理,以集约化、系统化视角界定各级工作职责,确定工作流程,保障战略目标实现。[②]

2. 战略型集约化财务管控体系的框架

中国石化构建了"1238"战略型集约化财务管控体系总框架(见图3-1):锚定一个目标(建设战略型集约化财务管控体系),实施两类管控(战略型财务管控,对接战略、支撑落地;集约化财务管控,集中要素、高效运行),强化三大硬约束(以资产创效能力不断提升、自由现金流长期平衡和资产负债率稳健可控为硬约束条件,确保战略执行不犯根本性、战略性和方向性错误),整合八项功能(以集约化视角,系统整合全面预算、资金集中、财会共享、资产管理、资本运作、税收价格、风险管控、队伍建设八项财务功能),支撑服务公司发展战略,助力建设世界领先洁净能源化工公司。

---

① 张少峰:《构建战略型集约化财务管控体系——中国石化打造世界一流企业财务管理体系的探索与实践》,《中国管理会计》2022年第4期。
② 汤谷良:《"对标世界一流企业"彰显中国企业管理制度的创新发展》,《中国管理会计》2021年第2期。

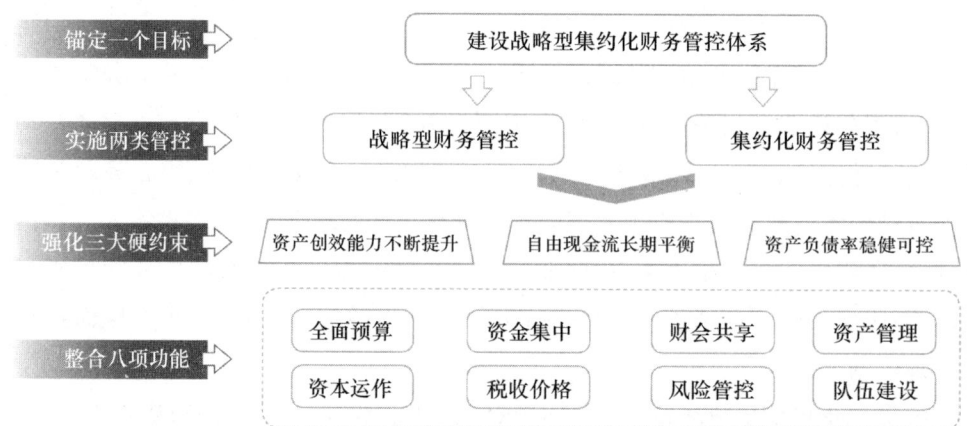

图 3-1　中国石化"1238"战略型集约化财务管控体系总框架

资料来源：张少峰：《构建战略型集约化财务管控体系——中国石化打造世界一流企业财务管理体系的探索与实践》，《中国管理会计》2022年第4期。

（四）深化战略型财务管控的实践路径

中国石化创新制定战略财务价值量化"七步法"，编制各层级战略型财务管控方案，有效推动公司财务管理由"后视镜"转向"望远镜"，为公司战略决策和战略执行提供有效支撑。长期价值量化模型是承接战略的关键举措，也是战略型财务管控的重要抓手。中国石化建立财务测算模型，与公司战略贯通，推动战略长期价值量化；与年度计划贯通，引导资源最优配置；与考核评价贯通，联动高质量发展指标体系，谋划战略最佳实现路径，推动企业战略落地。中国石化在试点推进过程中，逐渐形成了七步循环工作法（见图 3-2）。

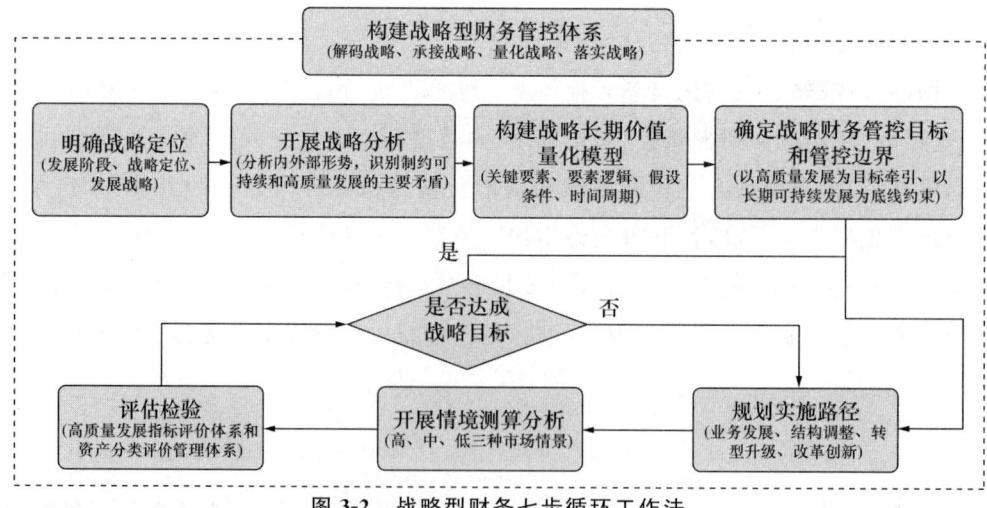

图 3-2　战略型财务七步循环工作法

资料来源：张少峰：《构建战略型集约化财务管控体系——中国石化打造世界一流企业财务管理体系的探索与实践》，《中国管理会计》2022年第4期。

1. 明确战略定位

在世界领先洁净能源化工公司战略目标的引领下,由总部牵头描绘全景产业链和全线价值链,各业务板块紧密对接"十四五"规划,明确各自在未来15年内的战略目标与发展目标,构建与战略目标高度契合的产业布局与转型发展方向。确保全集团上下一心、协同并进,共同致力于打造世界领先洁净能源化工公司。

2. 开展战略分析

战略财务规划的前提在于深入的战略分析。面对新发展阶段的机遇与挑战,公司需全面审视外部环境,包括产业变革趋势、行业动态、市场竞争格局等,准确把握影响经营环境的关键外部因素,识别机遇与潜在风险,并预设高、中、低三种市场情景以应对不确定性;同时,需结合内部历史数据与发展趋势,深入分析公司生产运营特性、资源条件及核心竞争力,从而揭示制约长期可持续和高质量发展的核心问题与主要矛盾。

3. 构建战略长期价值量化模型

基于各板块的业务特点,构建分板块的油田、炼化、销售、总部长期价值量化模型。将战略目标与业务规划转化为具体的财务指标,实现业务发展与价值提升的双重平衡。中国石化按照产业链、价值链搭建效益测算模型,先后建立了日效益快速测算模型,以及天然气产供储销、成品油自产和外采、成品油出口和外采、互供化工轻油等边际效益测算模型,充分调动了全产业链的积极性,有效提升了资源配置效益。

4. 确定战略财务管控目标和管控边界

依据产业布局与长期发展战略,对未来三个五年的关键财务指标,如自由现金流、净利润、归母净利润、国有资本增值率、单位成本及资产负债率等进行测算和规划,确保关键财务指标符合可持续与高质量发展的要求;同时,设定底线目标作为财务管控的约束条件与管控边界。

5. 规划实施路径

围绕战略财务目标,结合长期价值量化模型,描绘未来关键经营指标的演变趋势,通过财务指标体现资源约束下的预期收益与风险状况。有针对性地提出改革发展的具体路径,明确关键指标的预测结果与实现条件,确保战略目标的有效落地。

6. 开展情境测算分析

预测行业未来走向,采用价值量化模型,设定高、中、低三种市场情景,对核心要素进行细致的量化。以战略财务管控设定的底线目标为基准,深入对比分析各项业务的发展规模、盈利潜力及现金流生成能力,旨在甄选出最佳的策略方案。通过充分讨论与协商,确保决策的一致性与有效性。

7. 评估检验

采用科学的评价体系全面评估战略长期价值量化指标的达成情况,识别目标偏差、执行偏差及预测偏差,优化实施路径,形成闭环管理循环。中国石化已建立起一套以战略目标为导向的高质量发展指标评价体系,涵盖资本获利、科技创新、持续发展、跨国经营、企业运营、风险防控、绿色发展和社会贡献8个能力维度,30项集团公司一级指标,并以此为基础,逐渐分解为4 600项明细指标,实现"集团—板块—企业"三级指标全覆盖。

(五)高效率推进集约化财务管控

持续推进财务转型,为中国石化财务管理打下了坚实的基础,集约化财务管控取得了明显成效。中国石化主要财务管理工作和手段均遵循同质化业务集中、差异化业务放权原则组织实施,以集约化、系统化视角梳理各项财务实践,系统优化提升财务核心工作的效率和效益,保障战略目标的实现。

1. 财务数智化转型

2018年以来,中国石化以"管理流程化、流程标准化、操作智能化"为目标,利用RPA(机器人流程自动化)、人工智能等技术,探索财务智能应用场景。流程自动化方面,中国石化集团共享服务有限公司发布"享当当"RPA机器人,广泛应用于凭证制证、数据检查、流程优化等场景,实现了跨业务系统的流程自动处理,业务自动化率显著提升。分析多维化方面,中国石化在预算、司库、风险管理等系统中开发指标监控、效益模拟和风险预警等智能应用。从2023年开始,中国石化以构建"111"财务数智体系为切入点,全面启动财务数智化转型,推动数据应用的场景化、模型化和生态化。

中国石化以"两个重点、一条路径和两个创新"为重点,推动财务数智体系建设。在建设重点上聚焦流程重复管控一体化和经营决策科学化,在建设路径上坚持业务操作在线化、数据管理集中化和数据应用生态化,在建设方法上突出创新人才组织体系和创新信息系统架构(见图3-3)。中国石化具体分三个阶段推动财务数智体系建设:第一阶段,通过业财信息系统建设,实现业务操作在线化;第二阶段,通过数据服务平台建设,实现数据管理集中化;第三阶段,通过数据和模型的高效应用,实现数据应用生态化。

中国石化构建集操作层、数据层和智能层于一体的财务数智体系——辰光财务智能应用平台,实现了智能应用的集中管理、共享调用和远程投放,搭建起企业级智能应用生态,不断提炼和分享最佳管理实践,推动企业管理水平整体提升。

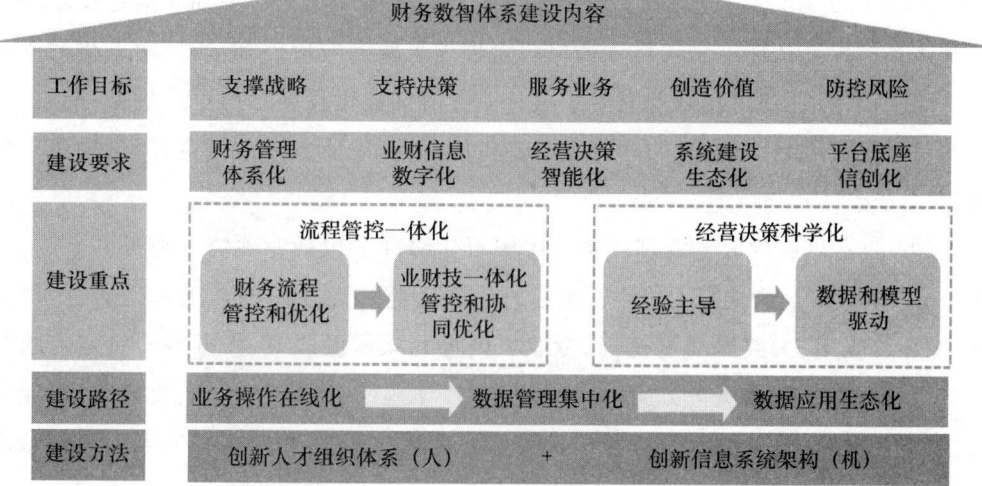

图 3-3 中国石化财务数智体系总体架构

2. 财务共享服务

2012 年,中国石化财务工作会议提出推动财务转型,探索建立共享服务中心;2013 年,中国石化着手建设财务共享,按照初创试点、全面推广、优化升级的策略稳扎稳打;2017 年中国石化成立中央企业首家多职能一体化共享服务公司;2018 年境内 215 家子公司全面上线财务共享。经过持续更新迭代,共享服务公司先立足中国石化,后走出中国石化,为内外部客户提供一体化共享服务解决方案。

(1) 打造高效率的业务运行体系。为确保服务品质,中国石化通过明确服务质量标准,清晰界定包括总账管理、应付账款管理、应收账款管理、资产管理、资金管理、成本控制、费用报销等在内的财务核算服务标准,以及财务报告编制、会计档案管理等基础服务标准,同时拓展至管理咨询、决策辅助、数据分析等增值服务领域。此外,公司还搭建了高效的信息系统,建立了以财务共享服务自助系统(FSS)、财务共享服务运营系统(FSO)、费用报销管理系统(ERS)为基础的共享操作平台,与会计核算系统(ERP、AIC)、相关业务管理系统(CMIS、TMS 等)紧密衔接,实现了信息的快速传递与业务的高效处理。在流程优化方面,中国石化财务共享创新采用"AI＋RPA"模式,实现了增值税发票信息"零时间"交换,提高了发票记账、认证、对账工作效率。中国石化以人机结合设计理念为核心,聚焦个性化应用场景,运用光学字符识别(OCR)、人工智能(AI)、机器人流程自动化(RPA)、自然语言处理(NLP)等智能技术,构建了一套数据结构自动解析、业务场景自主判别、会计凭证自动编制的财务共享体系智能化终端。

(2) 构建严格的质量控制体系。为提升管理标准化水平,中国石化借鉴国际标准化组织(ISO)的标准,对内部管理流程进行了全面梳理,并于 2019 年成功通过了 ISO 9001 质量管理体系、ISO 27001 信息安全管理体系及 ISO 20000 信息技术服务管理体系的国际认证。公司将六西格玛管理理念融入质量控制,通过常态化的业务审核与全面的风险防控,有效提升了财务业务的标准化程度和初审准确率;同时,推行质量对标机制,针对常见问题制定改进措施,并开展业务无差错竞赛,激励员工提升工作质量。

(3)打造卓越的服务管理体系。中国石化明确了包括专项资金财务共享、报表手工数据收集、规则内资金拨付、业务风险联动监控等在内的八项基础服务,以及 RPA 开发应用、大数据深度挖掘、专业咨询等九项拓展服务,根据客户特定需求与业务特性提供定制化服务方案,持续增值客户体验。公司还建立了快速响应、业务交接、双重负责、业务融入及服务承诺等五大机制,确保客户需求得到及时、有效、高质量的响应,全面提升服务品质、效率与水平。

三、案例分析

中国石化战略型集约化财务管控体系的构建是一项系统工程,涉及战略与财务转型目标的契合、体系内涵与框架的完善、实践路径的深化以及集约化财务管控的高效推进等多个方面。这一体系的构建不仅提升了中国石化的财务管理水平,还为其成为世界领先洁净能源化工公司提供了有力的支撑。

(一)战略与财务转型目标的契合性

中国石化提出的"1363"发展蓝图,清晰地描绘了其成为世界领先洁净能源化工公司的愿景。这一战略目标的设定,不仅体现了企业对国家能源安全的担当,还彰显了其在石化工业高质量发展中的重要作用。在此背景下,中国石化适时提出构建战略型集约化财务管控体系,作为财务转型的新目标,这一举措具有高度的前瞻性和战略性。中国石化通过战略型集约化财务管控体系的构建,将财务管理活动紧密对接到公司战略上,确保了财务资源的有效配置和战略目标的顺利实现。这种以战略为导向的财务管理模式,不仅提升了财务管理的层次和水平,还增强了企业财务活动的战略性和前瞻性。

战略型集约化财务管控体系的内涵在于其"战略导向"和"集约化"的双重特性。战略导向要求财务管理活动必须紧密围绕公司战略展开,确保财务决策与公司整体战略的一致性。而集约化强调通过资源的集中管理和高效配置,提升财务职能的运行效率。这种体系既注重战略的长远性,又兼顾管理的精细化和效率化,这一理念的确立为整个财务管控体系的构建奠定了坚实的基础。

中国石化构建的"1238"战略型集约化财务管控体系总框架,不仅涵盖了财务管理的各个方面,还体现了层次清晰、逻辑严密的特点。一个目标(建设战略型集约化财务管控体系)明确了体系建设的方向;两类管控(战略型财务管控和集约化财务管控)分别对应了战略导向和效率提升的要求;三大硬约束(资产创效能力、自由现金流、资产负债率)确保了战略执行的稳健性;八项功能(全面预算、资金集中、财会共享等)则是对财务管理具体工作的全面整合。这一框架的提出,不仅使财务管控体系更加系统化和条理化,还为后续的实施工作提供了清晰的指导和依据。

(二) 战略财务管控的实践路径

中国石化在深化战略财务管控方面,采取了长期价值量化模型这一重要抓手。通过建立价值量化模型,将公司战略量化为具体的财务目标,实现了战略与财务的紧密衔接。这一做法不仅增强了战略的可操作性和可衡量性,还为后续的资源配置和考核评价提供了依据。七步循环工作法的提出,更是为战略财务管控的实施提供了具体的操作路径。从明确战略定位到开展战略分析,再到构建战略长期价值量化模型、确定战略财务管控目标和管控边界、规划实施路径、开展情境测算分析、评估检验等各个环节,都体现了战略导向和财务管控的紧密结合。这种系统化的工作方法,不仅确保了战略目标的顺利实现,还提升了财务管控的效率和效果。

(三) 财务数智化转型的引领作用

在集约化财务管控方面,中国石化积极推进财务数智化转型,通过"管理流程化、流程标准化、操作智能化",提升了财务管理的自动化和智能化水平。RPA、人工智能等技术的应用,使得财务操作更加高效和准确。同时,中国石化还构建了"111"财务数智体系,聚焦流程管控一体化和经营决策科学化,推动了数据应用的场景化、模型化和生态化。这一举措不仅提升了财务管理的效率,还为企业决策提供了更加科学和准确的数据支持。

(四) 财务共享服务的成功实践

在财务共享服务的实践中,中国石化注重创新和应用智能技术。通过"AI+RPA"模式的应用,提高了发票记账、认证、对账工作效率。此外,公司还构建了智能化终端,实现了数据结构自动解析、业务场景自主判别、会计凭证自动编制等功能,进一步提升了财务共享服务的智能化水平。

财务共享服务是中国石化集约化财务管控的又一重要举措。通过多年的探索和实践,中国石化成功建立了央企首家多职能一体化共享服务公司,为内外部客户提供一体化共享服务解决方案。这一模式的建立,不仅提升了财务服务的效率和质量,还降低了企业的运营成本。同时,财务共享服务还通过明确服务质量标准、搭建高效的信息系统、优化流程等措施,确保了服务品质和客户满意度。

讨论题

1. 世界一流财务管理体系的主要构成内容包括哪些?
2. 中国石化是如何确保财务管控体系与公司的整体战略紧密衔接的?
3. 七步循环工作法如何确保战略目标的顺利实现和财务管理的有效性?

小案例

中国能建的财务管理体系构建

中国能源建设集团有限公司(以下简称"中国能建")是能源电力和基础设施建设领域的国家队、主力军,目前共涉及传统能源、新能源及综合智慧能源、水利、生态环保、综合交通、市政、房建、房地产(新型城镇化)、建材(水泥、砂石骨料等)、民爆、装备制造、资本(金融)"六全"(全电力、全城市、全交通、全水、全生态环保、全数字)领域的十二大业务。

结合对世界一流财务管理体系在政策导向、行业发展、自身状况、科技发展等方面的分析与研判,并经过广泛的对标调研,中国能建初步搭建了以价值创造为导向的战略适配型财务管理体系的总体框架。

财务管理体系的总体思路是:以习近平新时代中国特色社会主义思想为指引,贯彻落实国务院国资委《指导意见》"1455"框架总体要求,从公司"1466"[①]发展战略出发,立足数字化转型新阶段,全面贯彻新发展理念,构建新发展格局,以建立与世界一流企业相适应的世界一流财务管理体系为总体目标,围绕高质量发展和科学管理两大主题,统筹发展和安全、质量与效率两大关系,坚持"守牢底线、精益求精、开放协同、创新赋能"四大理念,突出"绩效优、理念新、管理细、平台强、团队精、底线

---

① 中国能建的"1466"发展战略是指一个愿景、四条主线、六个一流、六个重大突破。一个愿景:中国能建致力于成为行业领先、世界一流的企业。四条主线:在践行国家战略上走在前列,在推动能源革命上走在前列,在加快高质量发展上走在前列,在建设美好生活上走在前列。六个一流:一流的能源一体化方案解决商,一流的工程总承包商,一流的基础设施投资商,一流的生态环境综合治理商,一流的城市综合开发运营商,一流的建材、工业产品和装备提供商。六个重大突破:在推动能源革命和能源转型发展上取得重大突破,在加快高质量发展上取得重大突破,在深化系统改革上取得重大突破,在全面加强科学管理上取得重大突破,在全面提升企业核心竞争力与组织能力上取得重大突破,在加强党的全面领导和党的建设上取得重大突破。

牢"六大标准,全面构建以价值创造为导向的战略适配型世界一流财务管理体系。

财务管理体系由目标管理体系、基础功能体系、运营管控体系、制度标准体系、能力评价体系和支撑保障体系六大子体系组成,体现了构建战略财务、运营财务和基础财务"三位一体",集约型、价值型、智慧型"三型合一"财务管理新格局的理念思路。各个体系既相对独立,又交叉融合、互为补充,共同推动财务管理体系的良性高效运转。

讨论题:构建公司财务管理体系的目的是什么?

案例四　中国铁塔的数字化财务体系

教学目的与要求

财务数字化转型是企业面临的重要课题之一。通过对本案例的学习，学生应了解典型的数字化财务体系的背景与基本特点，掌握业财一体化的基本含义与主要内容，理解财务数字化转型对企业的重要意义。

一、背景知识

（一）企业财务数字化的背景

大数据、云计算、云共享、区块链、人工智能等数字技术正在推动整个社会经历数字化变革。《中华人民共和国国民经济和社会发展第十四个五年规划和2035年远景目标纲要》提出"加快数字化发展　建设数字中国"。2020年8月，国务院国资委办公厅发布《关于加快推进国有企业数字化转型工作的通知》，指出将数字化转型作为改造提升传统动能、培育发展新动能的重要手段，不断深化对数字化转型艰巨性、长期性和系统性的认识。

企业数字化转型的本质是通过整合多种数字技术对企业经营活动进行重要变革的过程，具体体现在企业组织架构、管理方式和企业文化等多方面的变革。近年来，数字化转型正迅速融入企业经营过程，推动企业实现客户、产品、资产、服务等各个要素之间的数字化打通与连接，为企业实现低成本、高效率、优服务的价值管理目标提供了新的解决方案。

财务数字化是企业数字化转型的重要组成部分之一。企业财务数字化是将财务管理过程中的各种信息、数据和操作通过数字化手段进行管理，以提高财务管理的效率、准确性和可靠性。随着数字技术迭代红利的持续释放，新一代数字技术逐步渗透到企业财务管理流程之中，使得传统的财务管理理念和流程发生了巨大的变化，对财务管理的变革与创新提出了新的要求。实务中，企业需要结合自身业务特点与管理需求，构建适合的数字化财务体系。

基于数字化转型的财务体系应具备三个特点：一是数据资源汇通。体系内需确保系统间的无缝连接与数据的全面流通，打破系统间的隔阂，充分利用技术优势，以技术和数据为引擎，实现数据的深度挖掘、实时分析处理，确保数据资源的高效利用。二是财务与业务深度融合。财务职能需向前端业务延伸，促进业务与财务之间的深度协同。通过流程优化与再造，以及统一规则与标准的制定，实现财务活动紧密跟随业务动态，同时确保业务活动符合财务规范。三是管理智慧化。通过引入和应用前沿技术，借助智能化手段，提升财务管理活动的智能化决策水平，极大地释放数据资源的价值。

（二）数字化财务对企业的意义

1. 财务管理方式的变革

传统财务主要依赖于手工核算，需要大量的人工操作，流程烦琐且容易出错。数字化财务通过自动化采集、处理和分析财务数据，实现了流程的简化，降低了错误率，提高了工作效率。例如，使用软件自动执行费用报销、发票处理和财务报告等任务。传统财务往往侧重于财务报表的生成和处理，对数据的利用有限。数字化财务强调数据的重要性，通过收集、分析和解释大量数据来支持决策，使财务管理更加精准和智能化。

2. 财务管理效率的提升

数字化财务系统能够实时生成财务报告，帮助管理者快速做出决策；同时，通过实时监控企业的财务状况，能够及时发现并化解潜在的财务风险。数字化财务系统通常与其他业务系统（如企业资源计划、客户关系管理系统）集成，实现数据共享和流程协同，从而提高了财务管理的整体效率。

3. 财务管理理念的创新

数字化财务强调全面共享和深度协同，能够实现业务、财务和管理的一体化融通，优化资源配置。数字化财务利用人工智能和机器学习技术，能够分析财务数据、预测趋势、识别异常，并提供见解和建议，为企业的经营决策提供更有力的支持。

4. 风险管控能力的提高

数字化财务系统通过将规则内置，可以减少人为因素的干扰，帮助企业遵守税务和财务法规，降低合规风险。同时，数字化财务系统可以帮助企业建立风险预警机制，及时发现和解决潜在风险。通过对风险管理实践的持续改进，企业可以不断提高风险管理水平，从而更好地应对各种风险挑战。

(三) 业财一体化

业财一体化也被称为业财融合，是企业利用信息技术手段，以业务流程的重新梳理为基础，将业务数据和财务数据有机整合，使财务工作能够深度嵌入业务活动的过程。在互联网和数据技术飞速发展的环境下，业财一体化将企业经营中的业务流程、资金运动过程和数据流程有机融合，建立业务活动驱动的一体化信息收集、处理、分析流程，使财务数据和业务数据融为一体。

业财一体化的实施需要以下三项内容作为支撑：

一是信息系统的集成。业财一体化通过应用程序编程接口（API）等技术手段将企业内部的其他业务系统（如客户关系管理系统、供应链管理系统）与财务系统进行集成。例如，客户关系管理系统中的客户订单信息可以通过应用程序编程接口实时传输到财务系统，便于财务部门及时进行收款和财务分析等工作。

二是统一的数据标准。建立统一的数据标准是业财一体化的关键。企业要确保业务数据和财务数据的格式、编码等一致，以便于数据共享和分析。

三是业务流程再造。在业务流程再造过程中，企业会重新设计业务流程，确保业务数据与财务数据的无缝对接。这有助于实现业务数据与财务数据的实时同步和一致性，为业财一体化提供坚实的数据基础。

业财一体化作为一种新的管理模式，通过连通业务数据与财务数据，为企业管理者提供更及时、更充分、更有价值的决策依据。业财一体化的管理模式能够帮助企业实现业务管理与财务管理的双融合，二者互通互联。一方面，业务数据向财务数据的自动推送，能够降低财务信息的加工成本，提高财务管理的工作效率。另一方面，将企业财务数据转化为业务部门的有效指标、建议等，有助于指导企业日常工作的开展，进一步提升企业经济效益。

同时，业财一体化通过对业务流程与财务流程的梳理和再造，可以实现业务流程的标准化，强化组织、部门、个体之间更广泛的内外协作，增强产业链的协同作用。借助业财一体化，经营者可以及时了解业务活动的实时运行情况，及时发现潜在风险，提高其风险应对能力。

二、案例资料

中国铁塔股份有限公司（以下简称"中国铁塔"）是在落实"网络强国"战略、深化国有企业改革、促进电信基础设施资源共享的背景下，由中国移动通信集团有限公司、中国联合网络通信集团有限公司、中国电信集团有限公司联合出资成立的国有大型通信基础设施服务企业。公司主要从事通信铁塔等基站配套设施和高铁地铁公网覆盖,大型室内分布系统的建设、维护和运营,以及向不同行业客户提供站址应用服务、信息服务和能源服务。中国铁塔于 2014 年 7 月注册成立,总部设在北京,在全国设立了 31 个省级分公司和各地市级分公司,目前已经发展成为全球规模最大的通信基础设施服务商。公司于 2018 年 8 月在香港联合交易所主板上市(股票代码:0788.HK)。截至 2024 年年底,公司总资产超过 3 300 亿元,净资产超过 2 000 亿元,运营管理塔类站址数量超过 210 万个。

(一)中国铁塔数字化探索进程

自 2014 年成立以来,中国铁塔坚持为行业创造价值,实现了跨越式发展。随着公司业务不断发展壮大,中国铁塔的财务体系建设始终坚持战略引领、顶层设计、价值导向要求,逐步完成体系搭建,实现业财一体化,加强精益化管理,迭代发展智慧升级(见图 4-1)。

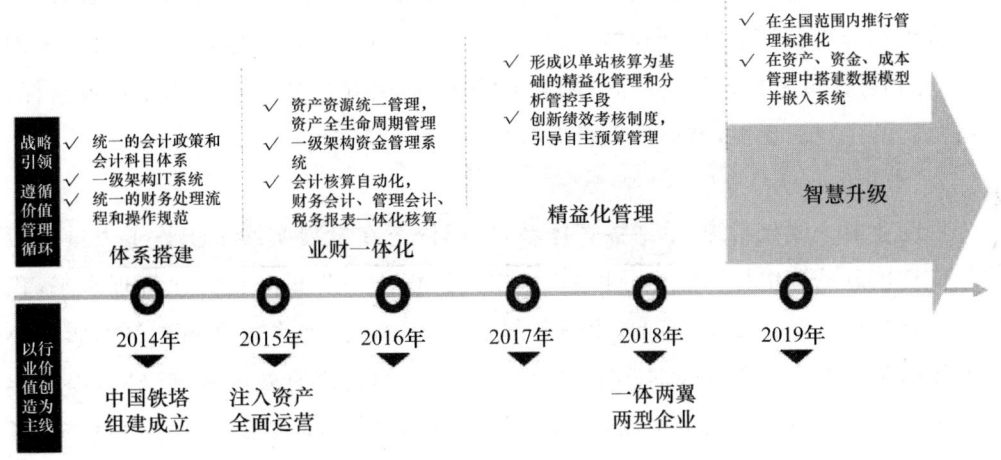

图 4-1 中国铁塔财务数字化的发展历程

1. 体系化设计阶段(2014—2015 年)

中国铁塔在成立初期本着高效集约的管理理念,围绕网络核算、逻辑集中、数据共享的建设目标,建立了统一的会计政策和会计科目体系、基于业财一体化的一级架构 IT 系统、统一的财务处理流程和操作规范,实现了总部、省分公司、地市分公司的核算统一以及全公司财务会计与管理会计的规则统一,通过加强顶层设计和高起点建设,达成了许多成熟大公司想做但难以实现的目标,为后续财务管理能力提升和管理会计应用发展奠定了坚实的基础。

2. 一体化建设阶段(2015—2016 年)

根据"集约、扁平、高效、专业"的财务管控要求,基于财务一级架构 IT 系统,各级财务部门与业务部门积极联动,打通业务流程、打破专业壁垒,推动业财一体化融合发展。在资产管理方面,中国铁塔紧密围绕公司资产运营特点,按照"六个一"(一套制度、一个流程、一套标准、一个系统、一本账、一套表)的标准,实现公司全部资产资源统一管理、高度融合,构建资产全生命周期管理体系,为提高资产的运营服务能力和运营效益打下了基础。在资金管理方面,中国铁塔搭建一级架构的资金管理系统,形成了总部集中统一管理资金,省、市公司"收入实时自动上划、支出实时透支拨付、零余额"收支两条线管理模式,有效保障了资金安全,提高了资金使用效率。在会计核算方面,中国铁塔实现了会计核算自动化及财务会计、管理会计、税务报表一体化核算;同时,结合公司资产管理及成本管理的特点,中国铁塔探寻精益化管理思路,初步建立了单站核算体系,在此基础上积极探索公司价值提升的有效途径。

3. 数字化应用阶段(2017—2019 年)

单站核算是中国铁塔实现精益化管理的基石。公司不断深化单站核算下的数据规范,探索单站核算结果在价值提升方面的应用,形成了以单站核算为基础的精益化管理和分析管控手段。同时,结合公司"两型企业"战略目标,创新绩效考核制度,弱化预算完成考核,强化目标引领和薪酬激励,引导分公司自主确定预算目标,发挥"人"的主观能动性,推进预算管理向"经营主导"转变。

4. 智慧化升级阶段(2019 年至今)

借助业财一体化系统、单站核算体系,中国铁塔在发展实践中积累了大量的数据。依靠信息系统优势和数据分析能力,中国铁塔进一步提升精益化管理水平,积极探索智慧运营。自 2019 年起,由财务部牵头,中国铁塔组织相关部门针对影响公司业绩的关键因素和管理薄弱环节,总结先进分公司行之有效的管理经验,提炼形成管理标准化模板并嵌入系统流程,使得管理有标准、决策有依据、操作有系统、考核有对标,有效促进了分公司补短板、争先进。同时,中国铁塔不断开展数据建模工作,充分挖掘系统中沉淀的业财数据价值,并借助系统功能实现数据的实时调度和模型的灵活调整,为日常经营提供了科学量化的决策依据。

(二)以数字化运营支撑业财融合

标准化的业务流程和规范的数据标准是推动公司业财融合的重要基础。中国铁塔从成立伊始就着重推动这两项工作。一方面,公司统一梳理全部业务流程规范,从需求承接、订单签订、项目立项、项目施工、验收交付、客户起租、收入计量到运营维护全面实现流程标准化,这为数字化管理奠定了坚实的基础。另一方面,公司建立了统一规范的财务管理制度和数据对接标准。中国铁塔按照自上而下实行全公司一套制度、一个流程、业财一体化的总体思路，构建具有共享、开放、互联等数字化特点的全公司一级架构 IT 系统支撑平台。

1. 资产管理数字化

资产管理数字化的基础是统一数据标准体系。为实现数据标准化管理，中国铁塔成立了专门的数据管理中心，负责梳理组织架构、站址编码、项目编码、物资服务编码、供应商编码、业主编码、客户编码等关键主数据，借助主数据信息管理系统明确主数据入口，由主数据信息管理系统分发给各业务系统使用，确保数据标准化。以站址编码为例，站址编码用来标识每个铁塔站址的名称、类型、经度、纬度、所在地址等基本信息以及可以归集在该站址的所有事项，站址编码由公司公共数据库统一管理，做到了一点管理、各系统同步使用，并贯穿公司全业务、全流程。除此以外，公司还建立了物资服务编码、项目编码、客户编码、供应商编码、业主编码等统一的数据标准和接入规则。在此基础上，中国铁塔探索对每一个资产单元进行标识码管理，实现了"一站一个身份证""一物一个资产码"，全公司 202 万座铁塔有 202 万个身份证，2500 万套设备对应 2500 万个资产码。实物资产管理数字化是实现数字化运营的重要前提。

2. "互联网＋运营维护监控"平台

借助集中统一的运营维护监控平台（见图 4-2），中国铁塔对遍布全国的铁塔动力设备及环境进行统一监控和运营维护，构建了"一级平台、集中管理、属地维护"的运营维护监控体系。平台基于物联网架构，使用了创新的动环监控数据采集器（FSU），统一接口协议标准，采用移动互联网的接入方式，实现了快速、高效、低成本安装，同时能够对底层网元设备进行遥调、遥控、遥信、遥测等操作。公司总部和省、市分公司通过统一的管理平台实施运营维护监控，所有的资产资源实现数字化，全国塔站可视、可管、可控。

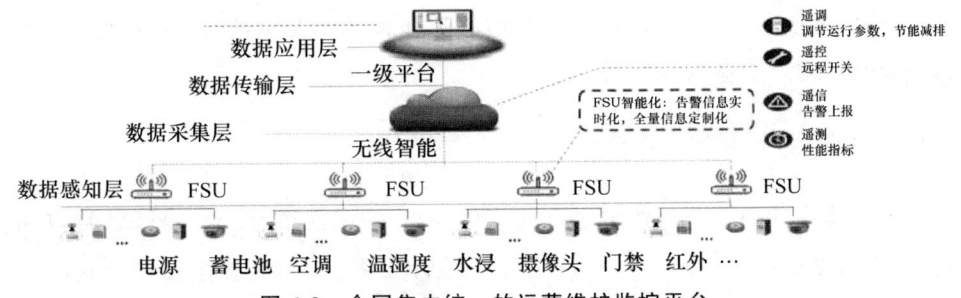

图 4-2 全国集中统一的运营维护监控平台

资料来源：佟吉禄等：《深化业财一体化建设 构建数字化运营体系——中国铁塔财务数字化建设和运营实践》，载于中国企业改革与发展研究会编：《中国企业改革发展优秀成果 2019（第三届）上卷》，中国商务出版社 2019 年版。

通过运营维护监控平台,借助各类传感器,中国铁塔可以实时对各站址的运行情况进行集中监控,随时获悉基站的温度、电力状况等基础信息。如果发现问题,则平台会自动发出警报,进行故障的快速收集、分析和处理。警报由总部通过App(手机软件)直接派单至一线维护人员,维护人员据此上站,上站后发生的维修、发电等费用,通过与财务系统对接,实现该站址相应维护成本、修理成本和发电成本的自动归集。智能化的运营维护监控平台有效保证了公司高效率、低成本地进行海量资产运营。

3. "互联网+商务"采购管理平台

通过自主研发、自主运营"在线商务平台",中国铁塔创新采购管理模式。中国铁塔采用电商模式构建全国一级采购管理平台,将供应商及各类运营物资、运营服务全部纳入电子商务系统,总部对供应商进行统一认证、统一准入、统一价格、统一支付,利用电商模式形成全国统一市场,全国各地分公司的物资采购统一通过电子商务平台下单。采购管理平台化使得供应商集中度大幅提高,缩短了采购周期,大幅降低了采购成本。通过平台化采购,供应商生态链得以优化,公司实现了采购全过程数字化,支持各级采购人员高质量、高效率、低成本地开展阳光采购。

4. "互联网+模块化"工程建设管理平台

中国铁塔创新工程建设管理模式,建设"互联网+模块化"工程建设管理平台。工程项目模块化是根据工程项目的构成,在管理平台上将项目统一划分为塔桅、塔基等产品模块,并在各模块下给出各子模块的名称、工作内容、计量单位及基准价格等标准化格式和内容,据此开展线上采购和审计等管理工作,模块化管理有力推动了工程建设的快速上量。模块化管理聚焦质量、进度、造价三大管理要素,坚持以"模块化组合方案+商务平台采购"为抓手,合理控制造价;以标准化工序、工艺管理为抓手,强化质量管控;以"常态化监督检查机制+内外部审计"为手段,实现常态化、规范化工程管控;通过业务层面、IT支撑层面持续优化,实现工程文档归集电子化、财务转资电子化,让一线人员摆脱烦琐的流程和案头工作,同时实现成本自动归集、自动转资,支撑财务自动核算。

(三)"价值+数字"驱动型

基于一体化管理平台和业财融合的管理环境,中国铁塔结合自身经营特点和管理需求,探索单站核算、对标评价、自主预算等管理手段,在精益化管理的基础上寻找价值管理方法。

1. 管理精益化——建立单站核算会计体系

为了准确反映各站址的成本和效益情况,公司通过将业务系统与财务系统对接,把业务系统中的数据直接对应到每个单站,同时财务系统中以每个站址为核算对象,准确归集资产、收入、成本,全国数百万个站址对应着数百万张利润表。以单站核算为基础的精益化管理结合公司运营维护监控平台,可以为管理层随时提供各站址的运营状态和损益情况。在单站核算的基础上,各层级责任主体都能清晰地展示其业绩数据,实现"一个站址一张利润表、一个经营责任人一张利润表、一个经营主体一张利润表"。

单站核算通过对单站各类指标进行分类、分档、分区比较,对相同类别的站址进行分析、评价,通过分析站址投资、站址收入、站址成本、站址利润等指标,反映出每一个站址的投资建设、运营管理能力。公司通过对标,能够极大地鼓励先进、鞭策后进,从而有效增强公司的运营管理能力,使公司整体投入产出水平和价值获得显著提升。

2. 以单站核算为中心,精准支撑运营管理

以单站核算为基础的精益化管理,为公司的运营管理提供了有力支撑。

首先,依托单站核算体系加强过程管控,定位问题督导改进。各分公司通过细化单站造价、场租、维护费项目透视业务开展成效,借此督导业务部门规范和改善业务管理,同时依托对标管理,建立投资标杆和成本定额,聚焦收支倒挂、收支不匹配、单站亏损等异常站址,摸清差距,找到短板,促进价值提升。

其次,依托单站核算体系支撑预算编制,实现预算精准管理。以单站核算为基础,区分存量站址和增量站址,分别进行预算编制。对于存量站址,据实编制收入成本预算;对于增量站址,坚持订单驱动,动态配置成本和投资,既保证预算资源对业务发展的有效支持,又坚持收支合理匹配的预算管控原则。

最后,依托单站核算体系支撑考核管理,落实经营主体责任。每个单站对应于各分公司的责任中心,可以清晰地反映各责任中心的业绩差异,有利于业绩考评。

公司坚持精益化管理,依托单站核算体系强化过程管控、成本对标评价等管理措施,通过单站核算对经营发展进行全面体检,精细化收入管理、收支配比、经济效益评价及全面运营、投资评价和预算管理。借助于透明、高效的互联网管理模式,公司精准集约使用资金,促进降本增效。

三、案例分析

(一)中国铁塔的共享理念

从字面理解,共享即共同拥有,一起享用。中国铁塔的发展模式具有典型的共

享经济特征,塔类资产由原来三家电信企业(中国移动、中国联通、中国电信)各自拥有、各自使用,变为一家拥有、多家使用,甚至被全社会使用。因此,共享是中国铁塔的"初心",也是其价值创造的源泉。从建立至今,中国铁塔从初期的塔类资源共享逐步扩展到社会资源共享、能源共享、管理平台共享等多个维度,拓展了共享理念的范畴。

1. 行业资源共享

中国铁塔通过统筹原来三家电信企业的塔类资源以及后续新建资源,使行业资源由三家电信企业自建自用变为共享使用。首先,塔类资源共享有效降低了电信运营商的建设、维护、管理等成本,有利于统一建设规划,方便对接政府、社会及各业主。其次,塔类资源共享有利于推进网络质量的提升和服务质量的改善,使通信需求进一步得到满足。最后,塔类资源共享有利于优化电信企业的投资结构,使其加大对新技术、新业务的投资。在共享理念的指引下,中国铁塔集中运营后端通信基础设施业务,与负责前端业务开发的电信企业不形成竞争关系。电信企业前端竞争,后端合作,各电信运营商基于更公平、更低成本的基础设施建设推动市场竞争,有利于促进形成理性的竞合关系。

2. 与社会资源的双向共享

一方面,中国铁塔的塔类资源向社会其他领域开放,变通信塔为社会塔,利用公司分布于全国的塔类资源为其他行业提供多样化的信息服务,如高铁高速监控、森林防火监控、土地资源监控、气象环境监控、卫星信号增强、渔业/海事监测、地震监测等。多用途共享在提高塔类资源利用效率的同时提高了公司的经济效益。另一方面,中国铁塔大量吸收社会资源用于满足网络通信覆盖的需求。公司充分利用社会资源(如灯杆、电杆、物业场所等),由"单点建塔"向"移动覆盖综合解决方案"转变,利用现有社会资源有利于降低投资规模,节约资本支出。公司已经形成铁塔基站向社会开放、社会资源为我共享的双向发展思路。

3. 能源共享

为保障全国站址的 24 小时全天候供电,中国铁塔建立了充足的电力能源保障体系。借助在能源储备方面的管理经验和技术优势,坚持共享协同,公司积极开展能源经营业务试点运营,初步形成了包括备电、发电、充电、换电的综合产品体系,培育了能源经营业务的发展能力。公司以基站电力保障能力和动力电池运营经验为基础,积极探索能源的社会化经营和服务。当客户出现正常断电或意外断电时,公司为其提供备用应急电源服务,公司还为企业及个人客户提供电池电力耗尽时的充电服务。2019 年,公司设立铁塔能源有限公司,将能源共享打造为公司战略发展的重要方向之一,积极布局前景广阔的社会能源保障服务市场。

4. 管理平台共享

中国铁塔由总部和省分公司、地市分公司组成，但各省、地市分公司经营模式基本相同，同质性较强。基于这种管理特点，中国铁塔构建了扁平化和集中化的一级架构管理体制，实行制度、规范、流程自上而下的一体化管理。公司通过标准化、统一化的"互联网+N"运营平台，实现数据在业务系统与财务系统间高效、准确的传输，形成信息化系统垂直穿透。这有助于形成透明、高效、固化的流程和作业体系，也是实现业务系统驱动财务处理自动化的关键。

（二）结合公司的业务特点，以平台化管理提升业财融合效果

中国铁塔的业务特点是资产高度分散、全国业务同质性高、商务模式重在共享、专业化运营资产，这些业务特点决定了公司必须将低成本、高效率的运营模式作为生存和发展的基石。

根据公司的业务特点，中国铁塔打造了统一的管理平台，将业务系统与财务系统融会贯通。通过全国统一的管理平台，总部能够及时了解全国各地实时的业务与财务情况，利用信息的实时传递，对发现的问题及时跟踪、督促改进。各分公司依托统一的管理平台能够及时对标查找问题、分析原因，从降低建设成本、促进资产延寿、优化运营成本等多维度提高经营管理水平，进而提高盈利能力。依托统一的管理平台，总部协助各分公司主动适应变化，学会依托系统和数据管理好企业。依托统一的管理平台进行的单站核算、资产全生命周期管理、预算管理等，有效提升了管理会计工具的应用效果，增强了公司的创收盈利、提质增效能力。可见，平台化管理模式有助于提高大型企业集团的信息透明度和决策效率，强化管理会计的实施效果。

（三）业财融合是创新管理会计的核心，要渗透于生产经营全过程

中国铁塔的管理会计创新是以业财融合为基础实现的，有效的业财融合细化了精益化管理的颗粒度，增强了预算管理的管控效果，提升了财务工作的效率，为更好地实施业绩管理提供了基础。中国铁塔通过打造业财融合系统，将财务渗透到各个业务领域。收入、场租、电费、维护费等业务明细同时作为财务明细，业务人员在业务系统操作完毕，业务明细数据和财务明细数据自动同步生成，实现了真正的业财一体化和会计核算自动化。依托业财融合系统的支撑，中国铁塔用有限的人力支撑了海量的工作，极大地提升了会计核算效率。

(四)业财融合需要有明确的公司战略为导向

业财融合是公司战略落地的客观需要。中国铁塔的业财融合为公司战略提供了更加高效、透明的管理环境,有效提升了管理会计工具整合的实施效果。另外,只有以明确的战略为导向,才能更好地发挥业财融合的功效。中国铁塔的业财融合基于共享的基因,服务于公司的成长与价值创造,彰显公司专业化的运营能力,为公司打造"低成本、高效率、优服务"的综合竞争力提供了有力支持。

(五)集中统一的IT支撑是基础

中国铁塔基于自身的IT团队在业务系统软件研发能力方面的优势,开发出适合公司运营特点的IT系统,为公司的数字化运营提供了坚实的基础。公司IT建设坚持自主开发、统一平台、资源共享、业务主导、服务基层的原则。自有人员掌握核心技术,部分代码开发测试可以采用劳务方式解决。公司IT部门坚持服务基层的理念,既支撑整体管理,又服务基层实际,既是总部的IT部门,又为省、地市分公司提供IT服务。在系统设计理念上,IT系统设计坚持业务部门主导,结合一线实际进行流程设计,主导业务流程验证,这为公司的业财融合提供了坚实的保障。

讨论题

1. 如何理解共享理念在中国铁塔的应用?
2. 数字化财务会给企业带来哪些转变?
3. 如何理解业财一体化对企业的作用?

小案例

首钢集团的财务数字化转型

首钢集团有限公司(以下简称"首钢集团")作为跨行业、跨地区、跨所有制、跨国经营的综合性企业集团,财务管理和控制活动复杂程度高,因此迫切需要拥有一个统一、规范、集成的财务管理信息系统实现管理与控制。

在经济转型升级过程中,集团经营规模快速扩大,分散式的财务管理模式为集团型企业发展和管控带来了新挑战。首钢集团以促进财务数字化转型为重点,以业财融合端到端流程为起点,横向建立战略财务、业务财务和共享财务分工协作机制,纵向建立分层级、分类型的财务管理体系,推进财务数字化转型战略。

财务数字化转型的主要实践:

（一）构建业务标准化管理体系

在确保制度合规的基础上，首钢集团建立了财务"六统一"，即统一会计制度、统一业务流程、统一会计科目、统一会计凭证、统一财务报告、统一评价体系六个方面的业务标准化管理体系，以提高财务数据的质量。

（二）搭建业财资税一体化管控平台

秉持业务主导、业务先行的原则，首钢集团优先完成"六统一"业务标准化管理体系设计，系统落地遵循全局谋划、统一部署、分步实施、有序推进的原则，上线安排分两步走：第一步为试点实施，第二步为重点推广、全面覆盖。集团有序集成投资管理、资产管理、主数据管理、人力资源管理等横向业务管理系统，全面部署集团级一体化管控平台。

业财一体化管控平台打通了集团业务价值链，扩展了以前基于财务核算的数据范畴，为管理提供了"数出一门"的业财融合数据基础；打通了业财端到端流程体系，业务数据自动转换为财务信息，凭证自动化率达到99%的水平。钢铁业工艺流程的复杂性决定了精益化成本管控是工作难点。制造过程中物料变动实时抛送至成本核算系统，能够保障成本核算基础数据的实时性、完整性、准确性。

资料来源：邹立宾、梁丽亚：《企业集团基于价值创造的财务数字化转型》，《中国管理会计》2022年第3期。

讨论题：在数字化转型过程中，业务标准化与业财一体化是什么关系？

案例五　安德利浓缩果汁生产线资本预算

教学目的与要求 >>>

资本预算是公司对长期投资项目的战略性分析。通过对本案例的学习,学生应掌握资本预算的主要特点以及现金流预测的主要方法,熟悉如何编制资本预算,理解资本预算决策方法的应用。

一、背景知识

（一）资本预算概述

资本预算是指关于企业资本支出的预算,是企业规划与控制资本支出的通称。所谓资本支出,是指运用于资本资产的支出,以协助获得未来的营业收入,或减少未来的成本。资本支出包括用于土地、房屋、设备等长期资产的新建、扩建、改建或购置的支出以及长期投资的支出。资本预算涉及资本支出的特性、资本支出的效益,资本支出项目方案的制定步骤、责任范围,以及投资项目的评估。由于投资项目的时间跨度一般都在一年以上,所以资本预算主要涉及长期投资决策。

资本预算通常涉及受制于长期约束的巨额现金或者其他资源或债务。资本预算的基本内容与步骤包括:① 形成投资意图,寻找投资机会,设定决策目标;② 提出各种可能的投资方案;③ 估算各种投资方案预期的现金流量;④ 估计预期现金流量的风险程度;⑤ 根据资本预算决策方法对各种投资方案进行比较并选优;⑥ 项目实施后,不断地进行评估和控制。

资本预算的编制是对募资投向进行分析的全过程。包括:① 研究与选择资本预算决策方法,这些方法有回收期法、净现值法、内部收益率法、投资报酬率法等;② 估算分析现金流量,编制现金流量计划;③ 讨论投资项目的风险大小;④ 分配投资限额。

资本预算的特点是资金量大、周期长、风险大、时效性强。编制资本预算可以起到两个方面的作用:一是使投资方案更加科学和可行。一个投资方案能够在多大程度上给企业带来收益受许多内外部因素影响,编制资本预算可以把这些因素及它们之间的关系尽可能地考虑周全,并转化为对投资的未来收益的影响。二是运用预算控制投资支出,检查投资方案实施后的收入和投资报酬的实现情况。

资本预算自身的特征决定了企业在编制资本预算的过程中应坚持以下原则:

第一,量力而行是编制资本预算的首要要求。资本预算通常是针对新项目投资或现有项目扩张产能进行分析,项目的投资规模需要综合考虑产品的未来市场需求以及企业现有的融资能力、销售能力和管理能力等因素。企业应避免盲目扩张给企业带来严重的投资浪费和高昂的资金成本。根据企业现有情况,对投资项目进行认真的可行性论证和分析,是投资决策必不可少的重要环节。

第二,资本预算具有专项导向。由于资本支出跨越的时期较长及大额资金投入的要求,因此企业通常都以个别专项的形态编制预算。每个专项涉及一项或一组特定资产(投资),金额、资金来源及其时间跨度均不同。每个专项计划通常都有单独的分析、策划、决策和控制。所以,每项资本预算都可能由一系列具有不同时间跨度的专项计划构成。

第三,资本预算应与企业的发展战略和长期目标保持一致。资本预算应当依据企业的发展战略和长期生产经营计划制定,在方向、内容和时间上与它们保持一致。预算期间应按年度分段确定计划指标,以便与短期计划相衔接,也利于反映预算安排的进度。

第四,资本预算应考虑资金的时间价值。资本预算作为企业长期财务计划之一,对不同方案的量化分析应坚持现金流量折现观念,以体现不同时点的等量现金流量所具有的不同价值。

(二)投资决策制度与程序控制

投资决策权力的制度安排是在公司治理结构框架下实现的,是公司治理的深化和细化。投资决策权力的分层或分享并没有根本改变公司治理结构中的层级权力,而是根据投资决策的要求,提出了进一步强化投资决策层级权力、建立约束机制和均衡控制的治理目标,制定投资决策程序与规则。

(三)资本预算决策方法

1. 回收期法

企业可以采用回收期法对投资项目进行财务分析。回收期指标能够对项目收回初始投资的速度进行衡量。实际计算时,投资回收期为项目初始投资额与一期现金流量的比值。项目投产后,通常每年会产生不同的净现金流入量,这时就需要逐年累加才能完成投资回收期的计算。项目总投资不仅包含最初投入的资金，还包含贷款利息。年收益需要在项目投入使用后获得，用获得的收益减去资产折旧和消耗额，从而对固定资产和无形资产投资进行补偿。采用该方法评估投资项目，能够对项目投资风险进行考虑。如果项目回收期较长，则说明项目投资承担较大的风险，因此投资方案不具有可行性；反之，如果项目能够在较短时间内完成资金回收，则说明项目投资风险较小，具有一定的可行性。

投资回收期分为静态投资回收期和动态投资回收期两类。静态投资回收期是在不考虑资金的时间价值的条件下，以项目的净收益回收其全部投资所需要的时间。投资回收期可以自项目建设年开始算起，也可以自项目投产年开始算起，但应予注明。在采用投资回收期指标评估投资项目时，为克服静态投资回收期未考虑资金时间价值的缺点，就要采用动态投资回收期。

2. 净现值法

在投资项目评估方面，企业财务管理人员需要完成投资净现值（NPV）分析，即对项目整个经济寿命期内的净现金流量展开分析。根据项目不同时期的贴现率 K，即资金成本或能够接受的最低报酬率，对各年净现金流量现值求和并扣除投资额之后，得到净现值。净现值大于 0 说明项目能够盈利，反之则说明项目无法盈利。因此，只有在项目投资满足净现值法决策规则的情况下，即净现值大于 0，才能证明投资方案具有可行性。但采用该方法无法对项目投资涉及的不确定性因素进行考虑，如政策变化、市场变动等这些不确定因素需要提前进行假设，并且无法根据变化调整，因此评估结果的准确性会受到影响，需要联合采用其他方法进行综合分析。

3. 内部收益率法

内部收益率（IRR）又称内含报酬率。采用内部收益率法对项目投资进行评估，需要对项目未来现金流入量和流出量进行分析，获得二者现值相等的折现率。实际采用该方法时需要将现金流贴现当作项目投资评估的主要内容，对项目在不同时期的现金流入、流出情况进行比较。以此为标准，能够对项目的投资效益进行评估。在独立方案决策时，内部收益率能够反映项目投资效率。内部收益率大于企业资本成本，说明项目投资效率较高，投资方案具有可行性；反之，则说明投资效率较低，投资方案缺乏可行性。

二、案例资料

（一）公司概况

1. 公司简介

烟台北方安德利果汁股份有限公司（以下简称"安德利"）成立于1996年，是国内最早涉足浓缩果汁加工生产的企业之一。截至2024年年底，公司在山东、陕西、山西、辽宁、江苏及四川省的原料果产区附近建有10个浓缩果汁加工基地，拥有19条浓缩果汁生产线，加工能力和生产规模居全国同行业前列。2003年4月，公司H股在香港联合交易所上市，是内地最早上市的浓缩果汁企业。2020年9月，公司A股在上海证券交易所上市，成为国内第一家果汁饮料类"A+H"双上市公司。

2. 主营业务

安德利的主要产品包括浓缩苹果汁、浓缩梨汁和果糖，并逐渐发展为多品种浓缩果汁，如浓缩柠檬汁、浓缩桃汁、浓缩草莓汁等。

公司按最优方式布局固定设施和设备，符合国内外各类食品安全生产流程规定或要求，且先后通过了ISO9001质量管理体系、HACCP（危害分析和关键控制点）食品安全管理体系、BRC英国零售商协会认证、KOSHER犹太食品认证、HALAL清真食品认证等国际认证，以及可口可乐、百事、日本三井物产株式会社等各国各方的认可。公司经过多年积累，以最佳的生产流程搭配，实现最节能的生产方式，制造出最佳的浓缩果汁产品。公司拥有行业内先进的生产技术，如浓缩汁色值稳定技术、防止果汁二次沉淀技术、出汁率提高技术、超滤通量稳定生产技术等。

3. 公司股权结构与实际控制人

截至2023年年末，安德利前十大股东如表5-1所示。

表5-1　2023年年末安德利前十大股东

股东名称	持股数量（股）	持股比例（%）
香港中央结算（代理人）有限公司	78 905 717	22.61
Donghua Fruit Industry Co., Ltd.	65 779 459	18.85
山东安德利集团有限公司	54 658 540	15.66
China Pingan Investment Holdings Limited	46 351 961	13.28
成都统一企业食品有限公司	42 418 360	12.15
广州统一企业有限公司	21 327 680	6.11
烟台兴安投资中心（有限合伙）	20 000 000	5.73
许赤	2 673 400	0.77
廖永兵	611 200	0.18
鄢秀平	590 400	0.17

资料来源：安德利2023年年报。

安德利实际控制人为王安、王萌,公司控制权结构如图 5-1 所示。

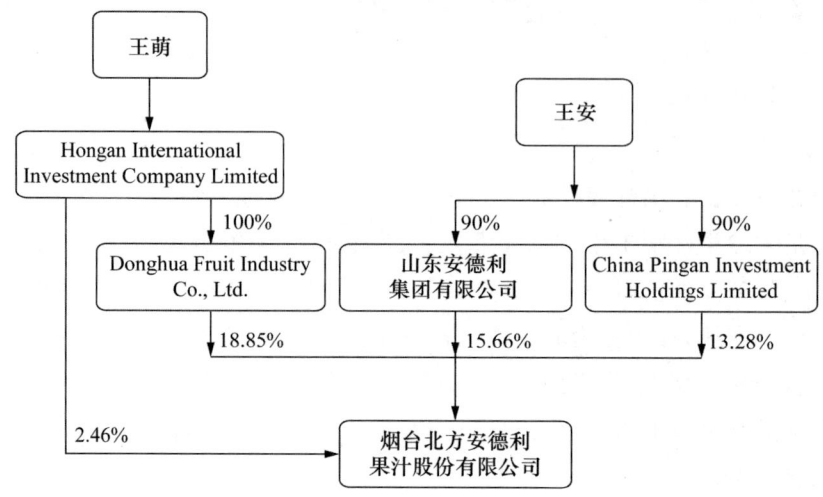

图 5-1 安德利与实际控制人

资料来源:安德利 2023 年年报。

4. 财务状况

安德利 2021—2023 年的财务状况如表 5-2 至表 5-4 所示。

表 5-2 安德利 2021—2023 年简要合并资产负债表 单位:元

项目	2023 年 12 月 31 日	2022 年 12 月 31 日	2021 年 12 月 31 日
流动资产合计	1 751 490 480.48	1 821 876 583.61	1 678 509 444.42
非流动资产合计	858 851 850.89	787 936 776.24	785 602 154.45
资产总计	2 610 342 331.37	2 609 813 359.85	2 464 111 598.87
流动负债合计	76 990 137.67	232 468 952.89	236 924 344.32
非流动负债合计	3 730 517.57	7 934 590.00	1 618 557.00
负债合计	80 720 655.24	240 403 542.89	238 542 901.32
归属于母公司股东权益合计	2 529 621 676.13	2 369 409 816.96	2 225 568 697.55
少数股东权益	0.00	0.00	0.00
股东权益合计	2 529 621 676.13	2 369 409 816.96	2 225 568 697.55
负债和股东权益总计	2 610 342 331.37	2 609 813,359.85	2 464 111 598.87

资料来源:安德利 2021—2023 年年报。

表 5-3 安德利 2021—2023 年简要合并利润表 单位:元

项目	2023 年	2022 年	2021 年
营业收入	876 104 953.71	1 065 429 309.28	871 587 320.36
营业利润	264 321 151.50	197 247 058.00	160 347 300.49
利润总额	264 278 413.29	197 221 882.59	159 888 541.92
净利润	255 520 074.21	194 348 828.93	160 014 984.91

资料来源:安德利 2021—2023 年年报。

表 5-4　安德利 2021—2023 年简要合并现金流量表　　　　　　　　　　单位:元

项目	2023 年	2022 年	2021 年
经营活动产生的现金流量净额	−29 851 675.83	240 732 253.32	194 021 077.47
投资活动产生的现金流量净额	572 424 192.56	−377 579 146.66	−66 217 881.97
筹资活动产生的现金流量净额	−226 590 659.48	−33 123 056.25	65 085 122.35
汇率变动对现金及现金等价物的影响	3 849 918.22	19 691 440.78	−6 135 515.52
现金及现金等价物净增加额	319 831 775.47	−150 278 508.81	186 752 802.33
期末现金及现金等价物余额	544 174 213.28	224 342 437.81	374 620 946.62

资料来源:安德利 2021—2023 年年报。

(二)公司制度背景

安德利组织架构如图 5-2 所示,股东大会是公司的最高权力机构,董事会是股东大会的执行机构,监事会是公司的内部监督机构,审计委员会、薪酬与考核委员会、提名委员会、战略委员会是董事会下设机构,对董事会负责,总经理负责公司的日常经营管理工作。

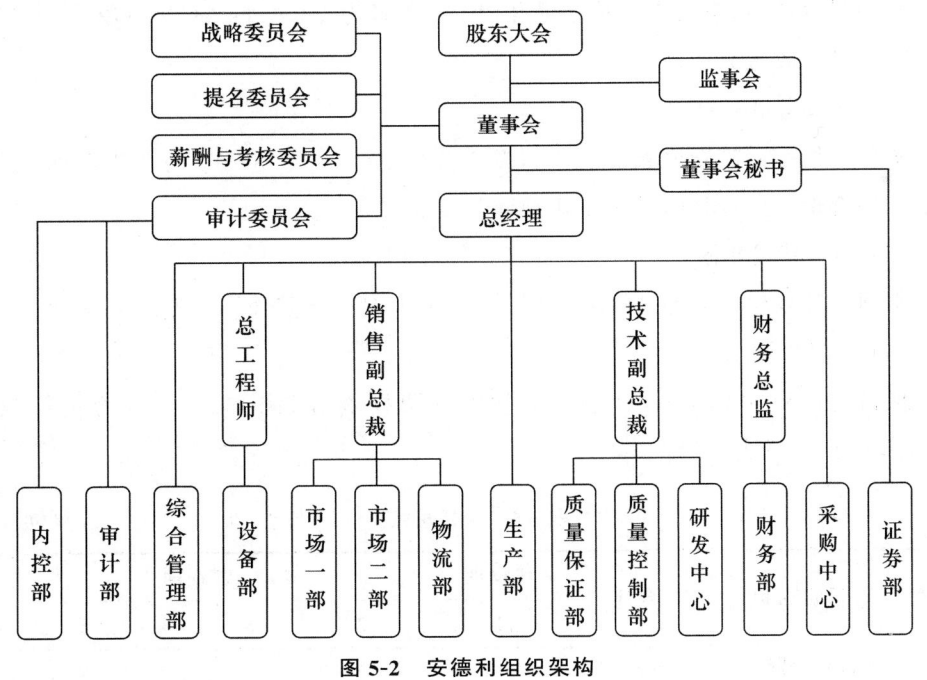

图 5-2　安德利组织架构

资料来源:安德利网站。

安德利已根据法律法规和规范性文件的规定,建立健全了股东大会、董事会及其各专业委员会、监事会、独立董事、董事会秘书和高级管理层的公司治理结构,夯实了公司经营管理和内部控制的基础。

(三)项目资本预算资料

本案例主要介绍安德利绝对控股子公司大连安德利果蔬汁有限公司(以下简称"大连安德利")在2021年12月对"30吨浓缩果汁生产线建设项目"的资本预算。

1. 项目概况

2021年12月,大连安德利准备在原有50吨浓缩果汁生产线的基础上,新建一条30吨浓缩果汁生产线。

(1) 项目地址

项目拟选址辽宁省大连市瓦房店市赵屯乡郑屯村大连安德利果蔬汁有限公司厂区内。

(2) 主要建设内容

厂区原占地面积近130亩,约85 200平方米,本项目在原占地面积的基础上新建建筑面积4 500平方米。

(3) 产品方案

本项目投产后,主要生产浓缩苹果汁,年产量为6 000吨,不含税单价为6 900元/吨,年销售收入为4 140万元。

(4) 项目定员

本项目投产后需新增人员60人,按季节性生产,每年8—11月为生产期,劳动定员结构合理、分工明确,满足企业管理与发展需要。

(5) 项目建设年限

本项目计划建设期为6个月,自2022年3月开始建设,到2022年8月完工。

(6) 项目投资

项目总投资6 300.00万元,其中建设期投资4 795.51万元,营运期投资1 504.49万元(见表5-5)。

表5-5　项目总投资　　　　　　　　　　　　　　单位:万元

序号	项目名称	合计	建设期	营运期				
			1	2	3	4	5	6
一	项目总投资	6 300.00	4 795.51	1 504.49	0	0	0	0
1	固定资产投资	4 795.51	4 795.51	0				
1.1	静态投资	4 795.51	4 795.51	0				
1.2	动态投资	0	0	0				
2	流动资金	1 504.49	0	1 504.49	0	0	0	0

(续表)

序号	项目名称	合计	建设期	营运期				
			1	2	3	4	5	6
二	资金筹措	6 300.00	4 795.51	1 504.49	0	0	0	0
1	项目资本金来源	6 300.00	4 795.51	1 504.49	0	0	0	0
1.1	企业自有资金	6 300.00	4 795.51	1 504.49	0	0	0	0

资料来源:《大连安德利果蔬汁有限公司30吨浓缩果汁生产线建设项目可行性研究报告》。

2. 现金流测算过程

根据项目特点,确定项目计算期为15年,其中建设期0.5年,营运期14.5年,本项目生产第1年度开始达产。

增值税根据国家规定的增值税税率估算,教育费附加、地方教育附加、城市维护建设税分别按应纳增值税的3%、2%、1%估算。因为该项目产品为初加工农产品,减免所得税。

(1) 产品成本估算

外购原辅材料费:按年生产果汁0.6万吨计算,需原果41 150吨,每吨540.01元,则年外购原材料费=41 150×540.01÷10 000≈2 222.14(万元);其他辅助材料140元/吨,则年外购辅助材料费=0.6×140=84.00(万元)。

外购动力费:达产后燃料动力消耗每年共计419.70万元。

工资及福利费:劳动定员增加60人,按季节性生产,每年8—11月为生产期,按人均月工资5 000元计,则年工资及福利费=60×0.5×4=120(万元)。

折旧费:建筑安装工程原值为225.00万元,残值率为10%,折旧年限为40年,年提取折旧费为5.06万元;设备安装工程原值为4 478.37万元,残值率为10%,折旧年限为30年,年提取折旧费为134.35万元;属于固定资产的其他费用合计为47.68万元,没有残值,折旧年限为10年,年提取折旧费为4.77万元。第一年折旧费合计为144.18万元。

摊销费:属于其他无形资产的年摊销费为4.45万元。

修理费:按设备投资的1.0%计算,合计为44.78万元/年。

其他费用:是在制造费用、管理费用、营业费用中扣除工资、折旧费、修理费后的费用,经测算约为295.91万元/年。

总成本费用:正常年度的总成本费用为3 335.16万元。其中,固定成本609.32万元,可变成本2 725.84万元,经营成本3 186.53万元(见表5-6)。

表 5-6　总成本费用测算过程　　　　　　　　　　　　　　　　　单位：万元

序号	项目	计算期				
		2—11	12	13	14	15
1	外购原辅材料费	2 306.14	2 306.14	2 306.14	2 306.14	2 306.14
2	外购动力费	419.70	419.70	419.70	419.70	419.70
3	工资及福利费	120.00	120.00	120.00	120.00	120.00
4	修理费	44.78	44.78	44.78	44.78	44.78
5	其他费用	295.91	295.91	295.91	295.91	295.91
5.1	其他制造费用	47.51	47.51	47.51	47.51	47.51
5.2	其他管理费用	244.26	244.26	244.26	244.26	244.26
5.3	其他营业费用	4.14	4.14	4.14	4.14	4.14
6	经营成本	3 186.53	3 186.53	3 186.53	3 186.53	3 186.53
7	折旧费	144.18	139.41	139.41	139.41	139.41
8	摊销费	4.45	0.00	0.00	0.00	0.00
9	利息支出	0.00	0.00	0.00	0.00	0.00
9.1	固定资产贷款利息	0.00	0.00	0.00	0.00	0.00
9.2	流动资金贷款利息	0.00	0.00	0.00	0.00	0.00
10	总成本合计	3 335.16	3 325.95	3 325.95	3 325.95	3 325.95
	其中：固定成本	609.32	600.11	600.11	600.11	600.11
	可变成本	2 725.84	2 725.84	2 725.84	2 725.84	2 725.84

资料来源：《大连安德利果蔬汁有限公司 30 吨浓缩果汁生产线建设项目可行性研究报告》。
注：第 12 年后折旧费从 144.18 万元变为 139.41 万元，摊销费从 4.45 万元变为 0。

（2）产品利润估算

本项目生产负荷为 100% 时，年销售收入为 4 140.00 万元，年利润总额为 792.15 万元，净利润为 792.15 万元（见表 5-7）。

（3）现金流量预测

现金流量预测结果如表 5-8 所示。

（4）项目效益指标

经计算，全部投资所得税后财务内部收益率为 12.32%，投资回收期（含建设期）为 7.20 年，财务净现值（基准收益率＝8%）为 1 451.31 万元。以上指标均高于行业基准指标。

表 5-7 利润表测算结果

单位:万元

序号	项目	计算期													
		2	3	4	5	6	7	8	9	10	11	12	13	14	15
	生产负荷	100%	100%	100%	100%	100%	100%	100%	100%	100%	100%	100%	100%	100%	100%
1	销售收入	4 140.00	4 140.00	4 140.00	4 140.00	4 140.00	4 140.00	4 140.00	4 140.00	4 140.00	4 140.00	4 140.00	4 140.00	4 140.00	4 140.00
2	税金及附加	12.69	12.69	12.69	12.69	12.69	12.69	12.69	12.69	12.69	12.69	12.69	12.69	12.69	12.69
3	增值税	211.51	211.51	211.51	211.51	211.51	211.51	211.51	211.51	211.51	211.51	211.51	211.51	211.51	211.51
4	总成本费用	3 335.16	3 335.16	3 335.16	3 335.16	3 335.16	3 335.16	3 335.16	3 335.16	3 335.16	3 335.16	3 325.95	3 325.95	3 325.95	3 325.95
5	补贴收入	0.00	0.00	0.00	0.00	0.00	0.00	0.00	0.00	0.00	0.00	0.00	0.00	0.00	0.00
6	销售利润(1-2-4+5)	791.15	791.15	791.15	791.15	791.15	791.15	791.15	791.15	791.15	791.15	801.36	801.36	801.36	801.36
7	其他业务利润	0.00	0.00	0.00	0.00	0.00	0.00	0.00	0.00	0.00	0.00	0.00	0.00	0.00	0.00
8	弥补以前年度亏损	0.00	0.00	0.00	0.00	0.00	0.00	0.00	0.00	0.00	0.00	0.00	0.00	0.00	0.00
9	应纳税所得额	791.15	791.15	791.15	791.15	791.15	791.15	791.15	791.15	791.15	791.15	801.36	801.36	801.36	801.36
10	所得税(0)	0.00	0.00	0.00	0.00	0.00	0.00	0.00	0.00	0.00	0.00	0.00	0.00	0.00	0.00
11	税后利润	791.15	791.15	732.15	732.15	791.15	791.15	791.15	791.15	791.15	791.15	801.36	801.36	801.36	801.36
12	期初未分配利润	0.00	0.00	0.00	0.00	0.00	0.00	0.00	0.00	0.00	0.00	0.00	0.00	0.00	0.00
13	可供分配利润	791.15	791.15	791.15	791.15	791.15	791.15	791.15	791.15	791.15	791.15	801.36	801.36	801.36	801.36

(续表)

序号	项目	计算期													
		2	3	4	5	6	7	8	9	10	11	12	13	14	15
	生产负荷	100%	100%	100%	100%	100%	100%	100%	100%	100%	100%	100%	100%	100%	100%
14	法定公积金（10%）	79.21	79.21	79.21	79.21	79.21	79.21	79.21	79.21	79.21	79.21	80.14	80.14	80.14	80.14
	累计法定公积金	79.21	158.43	237.64	316.86	396.07	475.29	554.50	633.72	712.93	792.15	872.28	952.42	1 032.56	1 112.69
15	可供投资者分配的利润	712.93	712.93	712.93	712.93	712.93	712.93	712.93	712.93	712.93	712.93	721.23	721.23	721.23	721.23
	累计未分配利润	712.93	1 425.87	2 138.80	2 851.73	3 564.66	4 277.60	4 990.53	5 703.46	6 416.40	7 129.33	7 850.55	8 571.78	9 293.01	10 014.23
16	息税前利润	792.15	792.15	792.15	792.15	732.15	792.15	792.15	792.15	792.15	792.15	801.36	801.36	801.36	801.36
17	息税前折旧摊销前利润	940.78	940.78	940.78	940.78	940.78	940.78	940.78	940.78	940.78	940.78	940.78	940.78	940.78	940.78

资料来源：《大连安德利果蔬汁有限公司30吨浓缩果汁生产线建设项目可行性研究报告》。

表 5-8 项目投资现金流量表

单位：万元

序号	项目	建设期										计算期					
		1	2	3	4	5	6	7	8	9	10	11	12	13	14	15
1	现金流入	0	4140.00	4140.00	4140.00	4140.00	4140.00	4140.00	4140.00	4140.00	4140.00	4140.00	4140.00	4140.00	4140.00	4140.00
1.1	营业收入	0	4140.00	4140.00	4140.00	4140.00	4140.00	4140.00	4140.00	4140.00	4140.00	4140.00	4140.00	4140.00	4140.00	4140.00
2	现金流出	4795.51	4703.71	3199.22	3199.22	3199.22	3199.22	3199.22	3199.22	3199.22	3199.22	3199.22	3199.22	3199.22	3199.22	3199.22
2.1	建设投资	4795.51	0													
2.2	流动资金		1504.49	0	0	0										
2.3	经营成本		3186.53	3186.53	3186.53	3186.53	3186.53	3186.53	3186.53	3186.53	3186.53	3186.53	3186.53	3186.53	3186.53	3186.53
2.4	税金及附加		12.69	12.69	12.69	12.69	12.69	12.69	12.69	12.69	12.69	12.69	12.69	12.69	12.69	12.69
3	所得税前净现金流量	−4795.51	−563.71	940.78	940.78	940.78	940.78	940.78	940.78	940.78	940.78	940.78	940.78	940.78	940.78	940.78
5	调整所得税		0	0	0	0	0	0	0	0	0	0	0	0	0	0
6	所得税后净现金流量	−4795.51	−563.71	940.78	940.78	940.78	940.78	940.78	940.78	940.78	940.78	940.78	940.78	940.78	940.78	940.78

计算指标	所得税前	所得税后
财务内部收益率（%）	12.32	12.32
投资回收期（含建设期）	7.2	7.2
财务净现值（$i=8\%$）	1451.31	1451.31

案例五 安德利浓缩果汁生产线资本预算

三、案例分析

（一）公司战略与项目实施的意义

第一，项目建设符合《中华人民共和国国民经济和社会发展第十四个五年规划和 2035 年远景目标纲要》要求，以提高制造业创新能力和基础能力为重点，推进信息技术与制造技术深度融合，促进制造业朝高端、智能、绿色、服务方向发展，培育制造业竞争新优势。

第二，项目的水果、蔬菜初加工产业是解决水果、蔬菜等农产品"销售出路"和"产品增值"的根本途径。随着农产品价格与国际市场接轨，再靠农产品提价来提高农业生产综合效益、增加农民收入已不可能。根据专家的介绍，水果生产发展到一定程度，必须靠加工业推动，果品加工能力提高 10%，可增加直接经济效益 300 亿元。

第三，项目建设有利于形成完善的产业链，更好地促进浓缩果汁行业的良性发展。近年来，浓缩果汁行业产能增长过快，原料基地建设不足。随着果汁饮料的剧增，浓缩果汁的市场范围逐渐扩大，企业纷纷增加产能以应对急剧增长的市场，如此导致的结果是忽略了对原料基地的建设，原料果收购价格出现上涨，极大地压缩了利润空间。建设项目积极探索与农业市场和当地实际相适应的产业化组织形式及利益联结机制，将形成"基地带农户""市场连农户""科技引农户"等多种生产经营模式。

第四，项目的实施有助于建立循环经济产业链，促进相关产业的可持续发展。在果汁加工过程中，多数企业把提取果汁后的果渣废弃，少数果渣经干燥加工后作为生物饲料。但是如果从果渣中提取果胶，按 10% 的提取率计，则干燥后的果渣每吨可提取 100 公斤果胶，从果渣中提取果胶可增值 7 倍左右。

第五，项目的实施有助于增强当地农业的生产能力与竞争力，促进农业现代化。在经济全球化大背景下，项目公司坚持创新机制与创新管理的原则，构建企业运行新机制，走企业和农业有机结合的中国式现代化发展之路；坚持经济、社会、生态效益相结合的原则，做到经济、社会、生态效益统筹兼顾，既注重企业自身利益，又顾及对农民的带动作用和对生态环境的保护作用。

第六，项目的实施将有效促进当地的经济发展。项目公司将充分发挥省级龙头企业作用，利用当地的资源优势，积极探索农业产业化经营之路，开展果品初加工，开拓国际市场，带动广大农民致富。项目的实施将有效解决广大果农的等外果、残次果、风落果、老化品种果"卖果难"的问题。

(二) 项目实施的市场环境分析

浓缩果汁是在水果榨成原汁后再采用低温真空浓缩的方法,蒸发掉一部分水分做成的,在配制100%果汁时,需在浓缩果汁原料中还原进去果汁在浓缩过程中失去的天然水分等量的水,制成具有原水果果肉的色泽、风味和可溶性固形物含量的产品。

浓缩苹果汁是以新鲜苹果为原料,经过挑选、清洗、破碎、压榨、浓缩、杀菌等工艺制成的一种果汁,是用于配制各种果汁及其饮料的最重要基料之一,也用于酿造,是国内外市场上苹果醋和苹果酒的主要原料。

2020年度,中国浓缩苹果汁出口量约420 395吨,与2019年的约385 600吨相比增加9%。中国浓缩苹果汁行业大规模生产始于20世纪90年代后期,由于中国有着丰富的苹果资源,行业发展速度十分惊人,仅十年左右就占据了世界浓缩苹果汁市场超过50%的份额。1999年,美国拟对中国浓缩果汁征收91.84%的反倾销税。面对严峻的形势,安德利主动联合国内11家果汁加工企业奋力应对,并代表中国企业应诉,打赢了"洋官司"。安德利是唯一获得零税率的公司。这一行动挽救和保护了中国浓缩果汁行业,巩固了中国浓缩果汁产业在国际浓缩果汁行业中的地位。

世界主要浓缩苹果汁产区除中国外,欧洲为第二大产区,因此除了世界经济的影响,欧洲浓缩苹果汁的产销情况也会影响到中国浓缩苹果汁的出口量和价格。目前,世界苹果汁消费市场有80%集中在发达国家,发达国家对苹果汁的需求已经基本形成刚性,需求量也保持较为稳定的状态,虽然短期会受国际贸易摩擦的影响,但这些消费国家已具有比较固定的市场需求,因此浓缩苹果汁总体需求量不会因国际贸易摩擦而减少。

同时,发展中国家人口众多,人们也越来越注重饮食的营养搭配,天然无添加的苹果汁无疑将是最好的选择之一。这个正慢慢成熟的消费市场必将成为未来苹果汁消费的腾飞区。长期来看,健康、纯天然的果汁将会受到越来越多消费者的喜爱。

长期来看,国内果汁饮料市场进一步推动了浓缩果汁的国内需求,在下游果汁饮料行业迅速发展及浓缩果汁企业不断创新的基础上,中国浓缩果汁行业发展前景乐观。

经过多年的发展,中国果汁产品的质量有了很大提高,国内果汁品牌需要进一步强化果汁市场的营销工作,推动中国果汁品牌的发展。

浓缩果汁可溶性固形物含量高、耐贮藏、体积小,是很好的食品配料。中国有很多野生水果如刺梨、沙棘等。这些野生水果污染少,营养成分丰富,是良好的果汁原料。果汁加工企业如果能开发利用这些资源,将其加工成中国特有的果汁,那么将会有广阔的市场。

中国是浓缩果汁出口大国,目前中国的浓缩果汁面向美国、俄罗斯、日本、南非、加拿大等国家出口。出口比重最大的是美国,俄罗斯第二,之后依次是日本、南非、加拿大。

(三)项目未来现金流量预计

资本预算决策指标的计算是以未来现金流量的预计为依据的,因此对项目未来现金流量的预计是资本预算的重点。在该项目中,项目未来现金流量的预计方法是,首先预计收入和成本费用,然后编制预计利润表,最后根据预计利润表编制预计现金流量表。其中,收入和成本费用的预计是基础,需要结合包括项目的有效期、建设期、折旧方法、销售量、销售价格等参数在内的估计。这些参数的准确性会影响到未来现金流量的准确性。

在编制项目的预计现金流量表时,需要注意以下几点:一是项目的未来现金流量应该是该项目所引起的现金流入和流出的增加量,即项目的未来现金流量是投资该项目与不投资该项目所产生的现金流量增量。二是项目未来现金流量的估计通常不考虑债务融资产生的利息费用,而仅考虑项目投资本身的现金流量。因为债务融资产生的债务资本成本在加权平均资本成本的计算中考虑。三是项目未来现金流量的计算与参数估计息息相关,需要对相关参数进行明确的估计和分析,这个过程需要技术人员、市场人员、财务人员协同配合共同参与,只有这样才能准确测算项目的未来现金流量。

(四)项目评价的方法

完整的项目评价应包含不同角度的评价:

(1)项目技术评价,主要内容包括工艺、技术和装备的先进性、适用性、经济性、安全性,建筑工程质量及安全,特别要关注资源、能源的合理利用。

(2)项目财务和经济评价,主要内容包括项目总投资和负债状况,重新测算项目的财务评价指标、经济评价指标、偿债能力等。财务和经济评价应通过投资增量效益进行分析,突出项目对企业效益的影响。

(3)项目管理评价,主要内容包括项目实施相关者管理、项目管理体制与机制、项目管理者水平,企业项目管理、投资监管状况等。

在立项决策阶段,资本预算是对项目的财务可行性进行的评价。大连安德利进行了项目可行性研究、项目评估等。在符合战略的前提下,财务分析工具是评估投资项目的一个有效手段,大连安德利采用了回收期法和内部收益率法进行项目评估,结果均显示项目预期效益较好。

理论上,净现值指标最能体现项目对股东价值的贡献程度,但在实务中,很多企业仍然会选择回收期法或内部收益率法。对于高风险产业或新兴产业而言,利用回收期法进行财务评价可能更为稳健,也更易于理解。大连安德利在回收期法的基础上,还使用了内部收益率法。这一方法与净现值法具有异曲同工之妙,净现值法使用项目的加权平均资本成本贴现计算投资项目的价值,而内部收益率法则是假定净现值等于零时计算贴现的收益率。内部收益率越高,代表项目的财务结果越好,该项目应该被优先考虑。本案例属于单一项目可行与否决策,因此净现值法和内部收益率法的评价结果是一致的。

讨论题

1. 结合案例资料,分析该项目在财务上是否具有可行性。
2. 在资本预算中现金流比利润更加重要吗?为什么?
3. 针对该项目,你认为应该如何进行风险分析?

小案例

康弘药业国际生产及研发中心建设项目

成都康弘药业集团股份有限公司(以下简称"康弘药业")成立于1996年,是一家致力于生物制品、中成药、化学药和医疗器械研发、生产、销售及售后服务的医药集团,拥有先进的研发中心和标准的产业化生产基地,营销网络遍布全国。

2020年3月,康弘药业公开发行可转债公司债券,募集资金总额不超过16.30亿元。其中,97 658万元投入康弘药业国际生产及研发中心建设项目(一期)(以下简称"本项目")。

康弘药业国际生产及研发中心建设项目将分为两期(一期、二期)进行建设,本项目为一期建设内容。本项目建设内容包括研发实验楼A、B,生产车间1号、2号,综合楼及配套附属设施。项目将建设一条2 500 L批次流加生产线、一条2 500 L灌流生产线和一条制剂生产包装线。

本项目将满足国家1类新药康柏西普眼用注射液全球研发和国际市场商业化生产,以及国家重大专项、新一代抗新生血管肿瘤药物KH903临床样品供应和上市后商业化生产。

康弘药业通过战略布局和持续的专业创新,不断拓展国际视野,持续进行国际市场的探索和进入国际高端医药市场的尝试。2016年10月,成都康弘生物科技有限公司(康弘药业子公司,以下简称"康弘生物")获得美国FDA准许,直接在美国开展康柏西普眼用注射液治疗wAMD(湿性老年性黄斑变性)适应证III期临床试验,该产品是国内极其罕见的在美国跳过I期、II期临床试验,直接获批开展III期临床试验的生物新药。2017年11月,康弘生物与美国CRO(临床研究机构)公司INC Research签署了临床试验研究相关服务协议,聘请INC Research为公司提供康柏西普眼用注射液国际III期临床试验服务。本项目将主要负责为康柏西普眼用注射液提供国际III期临床试验后期样品和国际销售产品,是康弘药业国际化战略的重要组成部分。

康柏西普眼用注射液是康弘药业历时近10年自主研发的全球新一代用于治疗wAMD的中国原创生物1类新药,是中国第一个拥有国际通用名的生物新药,在全球范围内拥有独立的自主知识产权,是国家"十一五"重大新药创制专项的代表性成果。该产品于2013年11月获得国家食品药品监督管理总局批准的新药证书与药品注册批件,是国内企业可生产的第10个抗体药物,填补了国产眼底黄斑变性治疗药物的市场空白。

康弘药业掌握康柏西普眼用注射液从研发到产业化的核心技术,拥有"国家企业技术中心""生物大分子蛋白药物四川省重点实验室"以及"康弘博士后科研工作站"等技术平台,构建起了具备核心竞争力的生物制品重点技术——生物制品中以动物细胞表达体系为平台的药物的产业化技术,重点开发基于VEGF(血管内皮生长因子)的相关生物技术的KH系列生物药产品。该技术采用细胞悬浮培养工艺制备蛋白药物,细胞表达量达到国外同类产品的生产水平。

本项目计划总投资122 829.46万元,其中项目建设投资97 658.00万元,铺底流动资金25 171.46万元。预计将实现年均净利润125 778.14万元,投资回收期(税后)为8.85年(含建设期),内部收益率(税后)为30.42%。

资料来源:《成都康弘药业集团股份有限公司公开发行可转换公司债券募集说明书》,2020年3月3日。

讨论题:如何评价康弘药业本次的投资项目?

案例六　联影医疗科创板 IPO

教学目的与要求

通过对本案例的学习，学生应了解我国科创板公司首次公开募股（IPO）的政策要求与相关知识，包括在科创板 IPO 的条件、一般程序、优势与劣势、募集资金的运用、发行价格的确定等内容，并结合主板 IPO 的要求进行对比学习，了解不同市场板块间的主要差异。

一、背景知识

（一）科创板定位及设立目的

国家主席习近平于 2018 年 11 月 5 日在首届中国国际进口博览会开幕式上宣布设立科创板，并在科创板试行注册制。2019 年 6 月 13 日，科创板正式开板。科创板定位于坚持面向世界科技前沿、面向经济主战场、面向国家重大需求，主要服务于符合国家战略、突破关键核心技术、市场认可度高的科技创新企业。科创板优先支持符合国家战略，拥有关键核心技术，科技创新能力突出，主要依靠核心技术开展生产经营，具有稳定的商业模式，市场认可度高，社会形象良好，具有较强成长性的企业；重点支持新一代信息技术、高端装备、新材料、新能源、节能环保以及生物医药等高新技术产业和战略性新兴产业，推动互联网、大数据、云计算、人工智能和制造业深度融合，引领中高端消费，推动质量、效率和动力变革。

（二）科创板 IPO 的条件

首次公开发行股票并在科创板上市，应当符合发行条件、上市条件以及相关信息披露要求，依法经上海证券交易所发行上市审核并报经中国证券监督管理委员会（简称证监会）履行发行注册程序。科创板上市企业的共同特点是研发投入大、经营风险大、业绩不稳定，因此与在主板上市相比，企业在科创板上市标准有所降低。这一政策充分体现出监管部门对科技创新型企业 IPO 的包容性及审核高效率的要求。

1. 证监会规定的科创板 IPO 的条件

根据证监会 2023 年 2 月发布的《首次公开发行股票注册管理办法》，科创板 IPO 的发行条件包括：

(1) 符合板块定位。发行人申请首次公开发行股票并上市，应当符合相关板块定位。科创板面向世界科技前沿、面向经济主战场、面向国家重大需求。优先支持符合国家战略，拥有关键核心技术，科技创新能力突出，主要依靠核心技术开展生产经营，具有稳定的商业模式，市场认可度高，社会形象良好，具有较强成长性的企业。

(2) 主体资格。发行人是依法设立且持续经营三年以上的股份有限公司，具备健全且运行良好的组织机构，相关机构和人员能够依法履行职责。

(3) 财务与会计。发行人会计基础工作规范，财务报表的编制和披露符合企业会计准则和相关信息披露规则的规定，在所有重大方面公允地反映了发行人的财务状况、经营成果和现金流量，最近三年财务会计报告由注册会计师出具无保留意见的审计报告。发行人内部控制制度健全且被有效执行，能够合理保证公司运行效率、合法合规和财务报告的可靠性，并由注册会计师出具无保留结论的内部控制鉴证报告。

(4) 业务完整及独立持续经营。发行人业务完整，具有直接面向市场独立持续经营的能力：① 资产完整，业务及人员、财务、机构独立，与控股股东、实际控制人及其控制的其他企业间不存在对发行人构成重大不利影响的同业竞争，不存在严重影响独立性或者显失公平的关联交易。② 主营业务、控制权和管理团队稳定，首次公开发行股票并在科创板、创业板上市的，最近二年内主营业务和董事、高级管理人员均没有发生重大不利变化；首次公开发行股票并在科创板上市的，核心技术人员应当稳定且最近二年内没有发生重大不利变化；发行人的股份权属清晰，不存在导致控制权可能变更的重大权属纠纷，首次公开发行股票并在科创板、创业板上市的，最近二年实际控制人没有发生变更。③ 不存在涉及主要资产、核心技术、商标等的重大权属纠纷，重大偿债风险，重大担保、诉讼、仲裁等或有事项，经营环境已经或者将要发生重大变化等对持续经营有重大不利影响的事项。

(5) 规范运行。发行人生产经营符合法律、行政法规的规定，符合国家产业政策。最近三年内，发行人及其控股股东、实际控制人不存在贪污、贿赂、侵占财产、挪用财产或者破坏社会主义市场经济秩序的刑事犯罪，不存在欺诈发行、重大信息披露违法或者其他涉及国家安全、公共安全、生态安全、生产安全、公众健康安全等领域的重大违法行为。董事、监事和高级管理人员不存在最近三年内受到中国证监会行政处罚，或者因涉嫌犯罪正在被司法机关立案侦查或者涉嫌违法违规正在被中国证监会立案调查且尚未有明确结论意见等情形。

2. 上交所对科创板 IPO 的相关规定

根据《上海证券交易所科创板股票上市规则》(2025 年 4 月)中对首次公开发行股票上市的规定,企业应当满足以下发行条件:

(1) 符合中国证监会规定的发行条件。

(2) 发行后股本总额不低于人民币 3 000 万元。

(3) 公开发行的股份达到公司股份总数的 25% 以上;公司股本总额超过人民币 4 亿元的,公开发行股份的比例为 10% 以上;

(4) 市值及财务指标符合本规则规定的标准(见表 6-1,表 6-2)。

发行人申请在科创板上市,市值及财务指标应当至少符合表 6-1 所列标准中的一项。

表 6-1 科创板上市的具体财务标准

市值标准	其他财务标准
预计市值不低于 10 亿元	最近 2 年净利润均为正且累计净利润不低于 5 000 万元,或者预计市值不低于 10 亿元,最近 1 年净利润为正且营业收入不低于 1 亿元
预计市值不低于 15 亿元	最近 1 年营业收入不低于 2 亿元,且最近 3 年累计研发投入占最近 3 年累计营业收入的比例不低于 15%
预计市值不低于 20 亿元	最近 1 年营业收入不低于 3 亿元,且最近 3 年经营活动产生的现金流量净额累计不低于 1 亿元
预计市值不低于 30 亿元	最近 1 年营业收入不低于 3 亿元
预计市值不低于 40 亿元	主要业务或产品需经国家有关部门批准,市场空间大,目前已取得阶段性成果。医药行业企业需至少有一项核心产品获准开展二期临床试验,其他符合科创板定位的企业需具备明显的技术优势,并满足相应条件

营业收入快速增长,拥有自主研发、国际领先技术,同行业竞争中处于相对优势地位的尚未在境外上市红筹企业,以及发行人具有表决权差异安排的,这两类企业申请在科创板上市,市值及财务指标应当至少符合表 6-2 所列标准之一。

表 6-2 红筹企业及表决权差异安排企业的市值及财务标准

市值标准	财务标准
预计市值不低于人民币 100 亿元	无
预计市值不低于人民币 50 亿元	最近一年营业收入不低于人民币 5 亿元

(5) 交易所规定的其他上市条件。

(三) IPO 的主要程序

科创板 IPO 的程序主要包括以下几个阶段:

1. 股东会决议阶段

拟上市公司董事会就本次股票发行的具体方案、募集资金使用的可行性及其他必须明确的事项做出决议,并提请股东会批准。

2. 提请注册文件阶段

发行人委托保荐人通过上交所发行上市审核业务系统报送发行上市申请文件,包括:① 证监会规定的注册文件,包括招股书、发行保荐书、审计报告、法律意见书、公司章程、股东会决议等;② 上交所要求的文件,包括上市保荐书等。

3. 上交所受理阶段

上交所收到发行上市申请文件后5个工作日内,对文件进行核对,做出是否受理的决定,上交所受理发行上市申请文件当日,发行人在上交所预先披露招股说明书。上交所受理发行上市申请文件后10个工作日内,保荐人应以电子文档形式报送保荐工作底稿。

4. 上交所问询、审核阶段

交易所主要通过向发行人提出审核问询、发行人回答问题方式开展审核工作,基于科创板定位,判断发行人是否符合发行条件。

交易所科创板股票上市委员会按照规定的条件和程序,做出同意或者不同意发行人股票公开发行并上市的审核意见。同意发行人股票公开发行并上市的,将审核意见、发行人注册申请文件及相关审核资料报送证监会履行发行注册程序。不同意发行人股票公开发行并上市的,做出终止发行上市审核决定。

5. 证监会履行发行注册程序

证监会在20个工作日内对发行人的注册申请做出同意注册或者不予注册的决定。主要关注交易所发行审核内容有无遗漏,审核程序是否符合规定,以及发行人在发行条件和信息披露要求的重大方面是否符合相关规定。可以要求交易所进一步问询。

6. 挂牌上市阶段

证监会做出注册决定,发行人股票上市交易,未通过交易所或证监会审核的,自决定做出之日起6个月后可再次提出上市申请。

经历以上六个阶段,企业从做出决议到发行上市,最快只需6个月左右,这极大地缩短了科技创新企业在A股上市的时间,提高了上市效率。这对于时间就是机遇的科技创新企业来说,无疑是非常有利的。

(四) 科创板 IPO 的优势与劣势

1. 优势

(1) 科创板准入门槛相对主板较低。对发行人业绩条件的放宽，使一些暂时亏损但未来前景看好的企业有机会上市融资，从而拓宽其融资渠道，满足其快速发展壮大的资金需求。大量科技创新企业上市，使投资者有机会分享这些企业快速发展带来的红利。

(2) 保荐机构跟投。《上海证券交易所首次公开发行证券发行与承销业务实施细则(2025年修订)》明确要求：科创板试行保荐人相关子公司跟投制度。发行人的保荐人通过依法设立的另类投资子公司或者实际控制该保荐人的证券公司依法设立的另类投资子公司参与发行人首次公开发行战略配售，并对获配证券设定限售期。参与配售的保荐人相关子公司应当事先与发行人签署配售协议，承诺按照证券发行价格认购发行人首次公开发行证券数量2%至5%的证券，具体比例根据发行人首次公开发行证券的规模分档确定。参与配售的保荐人相关子公司应当承诺获得本次配售的证券持有期限为自发行人首次公开发行并上市之日起24个月。

(3) 盘后固定价格交易。盘后固定价格交易是指在收盘集合竞价结束后，证券交易所交易系统按照时间优先顺序对收盘定价申报进行撮合，并以当日收盘价成交的一种交易方式。因为是在当日收盘后进行交易，所以投资者能够根据收盘之后所获得的信息进行更全面的考虑，做出科学理性的决策，从而有效保护投资者的利益。此外，由于延长了交易时间，因此增加了股票的流动性。

(4) 减持制度严格。对于上市公司控股股东、实际控制人，自公司股票上市之日起36个月内，不得转让首发前股份；公司上市时未盈利的，在公司实现盈利前，自公司股票上市之日起3个完整会计年度内，不得减持首发前股份，在公司上市后的第4个和第5个会计年度内，每年减持的首发前股份不得超过公司股份总数的2%。上市公司核心技术人员减持本公司首发前股份，自公司股票上市之日起12个月内和离职后6个月内不得转让本公司首发前股份；自所持首发前股份限售期满之日起4年内，每年转让的首发前股份不得超过上市时所持公司首发前股份总数的25%，减持比例可以累积使用。科技创新企业创新成果的取得往往具有长周期性，如果企业高管与核心技术人员变动频繁，将不利于企业研发创新活动的顺利开展，且将损害企业及股东的长远利益。严格的减持制度在一定程度上能够约束企业高管及核心技术人员套现离职的短视行为。

2. 劣势

(1) 投资者投资门槛高。科创板规定，个人投资者参与科创板股票交易，证券账户及资金账户的资产应不低于人民币 50 万元,且要求投资者参与证券交易满 24 个月。这一要求把一些不具备专业知识、本金小的投资者拒之门外。而对于企业来说,符合这一标准的投资者数量有限,一旦大批企业在科创板上市,可能会出现"僧多粥少"的局面。

(2) 退市制度严格。科创板上市公司强制退市的情形包括重大违法、交易类、财务类、规范类强制退市四类。触及重大违法退市标准的上市公司,将会被永久退市。这对科创板上市公司的合法性、合规性、盈利性等各方面都提出了更高的要求,企业被强制退市的风险增大。

(3) 投资风险大。科技创新企业研发投入所需资金多、回收周期长,对投资者来说是一笔长期投资。而研发创新活动往往具有很大的不确定性,因此投资者的收益也存在极强的不确定性。

(4) 估值难度大。在科创板上市的企业大多处于快速成长时期,且持续经营时间较短,收益波动性大,因而很难对其未来现金流量做出科学准确的预测,也就很难对企业进行合理的估值。尤其是一些互联网等新兴行业的企业,投资者往往对其有很高的投资热情,很容易造成企业价值被高估。

(5) 机构投资者占主体地位。投资者门槛的高要求以及科创板本身的高风险特性,导致科创板的投资者主体为机构投资者。一旦上市公司与机构投资者联合进行内幕信息交易牟取利益,个人投资者的利益就会被严重损害。

二、案例资料

(一) 公司概况

上海联影医疗科技股份有限公司(以下简称"联影医疗")致力于为全球客户提供高性能医学影像、放疗产品、生命科学仪器及医疗数字化解决方案。联影医疗成立于 2011 年,总部位于上海,同时在美国、马来西亚、阿联酋、波兰等地设立区域总部及研发中心。联影医疗通过与全球高校、医院、研究机构及产业合作伙伴协同,提升全球高端医疗设备及服务可及性,为客户创造价值。联影医疗为全球客户提供 MR(磁共振检查)、CT(计算机断层扫描)、PET-CT(正电子发射计算机断层显像)、PET/MR(正电子发射磁共振成像)、DR(数字化成像)、RT(常规检查)等高性能医学影像诊断产品、放疗产品、生命科学仪器及医疗数字化解决方案。联影医疗已经向市场推出掌握完全自主知识产权的一系列创新产品,包括 Total-body PET-CT(2

米PET-CT)、"时空一体"超清TOF PET/MR、全身5.0T磁共振uMR Jupiter、75cm超大孔径3.0T磁共振uMR OMEGA、640层CT一体化CT-linac等一批世界首创和中国首创产品,整体性能指标达到国际一流水平,部分产品及技术实现世界领先。

联影医疗自主研发的世界首台2米PET-CT,让人类有史以来第一次能以肉眼清晰观测药物在人体内流动、扩散、最终被组织器官摄取并代谢的全过程,为精准诊疗、新药研发以及脑科学研究等打开想象空间。英国物理学会主办的物理世界(Physics World)网站将其评为"2018年世界十大科学突破"之一,《自然》(Nature)、《科学》(Science)等国际顶尖学术期刊也多次对它进行专题报道。联影医疗首次突破超高场磁共振局限于脑部成像的限制,实现超高场全身临床成像,创造出全身5.0T磁共振uMR Jupiter。uMR Jupiter为"十三五"国家重点研发计划"数字诊疗装备研发"专项之一,在神经系统成像方面,uMR Jupiter更是比肩更高场设备,可为脑小血管疾病与退行性病变提供更多诊断信息。

自成立以来,联影医疗已完成全球研发与生产网络布局,在北美、中东、欧洲、亚太等地区成立海外区域总部。产品已经进驻美国、日本、欧洲等全球多个国家和地区的医疗及科研机构,包括美国华盛顿大学医学院、加利福尼亚大学戴维斯分校、日本藤田医科大学病院、日本综合南东北医院等全球知名临床及科研机构。联影医疗构建了包括医学影像设备、放疗产品、生命科学仪器在内的完整产品线布局,累计向市场推出80余款产品。凭借产品品规优势及广泛的渠道覆盖,公司入驻全国近900家三甲医院。公司已建立全球化的研发、生产和服务网络,多款产品获CE(欧共体)和FDA(美国食品药品监督管理局)认证。截至2023年年底,联影医疗累计专利等知识产权申请数超过9 900项,其中发明专利申请占全部专利申请数超80%;累计获得超过5 100项知识产权授权,其中发明专利授权数超过3 000项。在2023年全球医疗器械产业发明专利排行榜中,联影医疗以764件专利申请数排名全球第16位、中国第1位。

2022年4月15日,联影医疗首发获上海证券交易所科创板股票上市委员会审议通过。7月19日,证监会批复同意,联影医疗首发股票注册。8月22日,联影医疗登陆上海证券交易所科创板,股票简称为"联影医疗",股票代码为"688271"。联影医疗本次发行完成后总股本为82 415.7988万股,本次A股公开发行的股份为10 000万股,均为新股,无老股转让。本次上市的无流通限制及限售安排的股份数量为4 725.0542万股,公司IPO前后股权结构如表6-3所示。

表 6-3 联影医疗 IPO 前后的股权结构

股东名称	本次 A 股发行前		本次 A 股发行后	
	持股数(万股)	所占比重(%)	持股数(万股)	所占比重(%)
社会法人股	72 415.80	100.00	77 690.74	94.27
社会公众股	0	0	4 725.05	5.73
总计	72 415.80	100.00	82 415.80	100.00

资料来源:《上海联影医疗科技股份有限公司首次公开发行股票并在科创板上市招股说明书》。

本次发行前后联影医疗前十大股东持股情况如表 6-4 所示。

表 6-4 本次发行前后联影医疗前十大股东持股情况

序号	股东名称	本次发行前		本次发行后	
		持股数量(万股)	持股比例(%)	持股数量(万股)	持股比例(%)
1	联影医疗技术集团有限公司	16 755.10	23.14	16 755.10	20.33
2	上海联和投资有限公司	13 495.96	18.64	13 495.96	16.38
3	上海影升投资合伙企业(有限合伙)	6 020.46	8.31	6 020.46	7.30
4	上海中科道富投资合伙企业(有限合伙)	4 677.39	6.46	4 677.39	5.68
5	上海北元投资合伙企业(有限合伙)	3 252.04	4.49	3 252.04	3.95
6	上海易端投资有限公司	2 792.52	3.86	2 792.52	3.39
7	严全良	2 068.53	2.86	2 068.53	2.51
8	国寿成达(上海)健康产业股权投资中心(有限合伙)	1 861.68	2.57	1 861.68	2.26
9	宁波梅山保税港区影聚投资管理合伙企业(有限合伙)	1 861.68	2.57	1 861.68	2.26
10	宁波梅山保税港区影力投资管理合伙企业(有限合伙)	1 241.12	1.71	1 241.12	1.51
10	宁波梅山保税港区影健投资管理合伙企业(有限合伙)	1 241.12	1.71	1 241.12	1.51
10	宁波梅山保税港区影康投资管理合伙企业(有限合伙)	1 241.12	1.71	1 241.12	1.51

(二) 本次发行概况

发行数量:10 000.00 万股,无老股转让。

发行价格:109.88 元/股。

每股面值:人民币 1.00 元。

市盈率:77.69 倍。

市净率:5.75 倍(按发行价格除以发行后每股净资产计算)。

发行后每股收益:1.41元/股。

发行后每股净资产:19.12元(按2021年12月31日经审计的归属于母公司所有者权益与本次募集资金净额之和除以本次发行后总股本计算)。

本次发行募集资金总额:1 098 800.00万元,全部为公司公开发行新股募集。

本次发行费用合计:26 415.85万元(不含税)。

本次发行募集资金净额:1 072 384.15万元。

发行后公司股东户数:37 571户。

(三)上市前三年一期的主要财务指标

联影医疗上市前三年一期的主要财务指标如表6-5所示。

表6-5 上市前三年一期的主要财务指标

财务指标	2022-06-30	2021-12-31	2020-12-31	2019-12-31
基本每股收益(元/股)	1.07	1.96	1.30	—
每股净资产(元/股)	8.07	6.96	4.97	3.25
每股资本公积金(元/股)	4.45	4.42	4.35	—
净利润增长率(%)	19.52	56.96	0.00	—
营业总收入增长率(%)	35.23	25.91	93.36	46.43
加权净资产收益率(%)	14.24	32.83	32.20	−3.24

资料来源:《上海联影医疗科技股份有限公司首次公开发行股票并在科创板上市招股说明书》。

(四)募集资金方向及用途

公开发行股票的募集资金存放于董事会决定的专户集中管理,做到专款专用。本次公开发行股票的募集资金拟用于投资下一代产品研发项目、高端医学影像设备产业化基金项目、营销服务网络项目、信息化提升项目、补充流动资金,合计1 248 017.66万元。

三、案例分析

(一)联影医疗的科创属性界定

对于科创板的拟IPO企业,需要对其科创属性是否符合科创板定位进行评价。根据《科创属性评价指引(试行)》和《上海证券交易所科创板企业发行上市申报及推荐暂行规定》，联影医疗的科创属性评价情况如表6-6所示。

表6-6 联影医疗科创属性的界定

科创属性相关指标	是否符合	指标情况
最近3年累计研发投入占最近3年累计营业收入比重≥5%，或最近3年累计研发投入金额≥6 000万元	是	2019—2021年，公司研发投入分别为69 035.99万元、85 040.61万元和104 822.42万元，累计258 899.02万元，满足最近3年累计研发投入金额≥6 000万元的要求；2019—2021年公司累计研发投入金额占累计营业收入的比重为16.19%，同时满足最近3年累计研发投入占最近3年累计营业收入比重≥5%的要求
研发人员占当年员工总数的比重≥10%	是	截至报告期末，公司研发人员数量为2 147人，占公司员工总数的39.19%，符合研发人员占当年员工总数的比重≥10%的要求
形成主营业务收入的发明专利(含国防专利)≥5项	是	公司已有超过150项发明专利形成主营业务收入，满足形成主营业务收入的发明专利≥5项的要求
最近3年营业收入复合增长率≥20%，或最近1年营业收入金额≥3亿元	是	2019—2021年，公司营业收入分别为297 944.99万元、576 103.37万元和725 375.57万元，复合增长率为56.03%，满足最近3年营业收入复合增长率≥20%或最近1年营业收入金额≥3亿元的要求

资料来源：《上海联影医疗科技股份有限公司首次公开发行股票并在科创板上市招股说明书》。

（二）上市财务标准的选择

科创板IPO具有五套可选的财务标准，对于拟发行人而言，需要结合自身的营业收入规模、利润规模和公司预计市值选择适合的财务标准。联影医疗最近一年即2021年实现营业收入725 375.57万元。结合公司最近一次融资情况和未来发展前景，预计公司市值不低于人民币30亿元，符合《上海证券交易所科创板股票上市规则》第二章2.1.2条第四款"预计市值不低于人民币30亿元，且最近一年营业收入不低于人民币3亿元"的规定。

（三）募集资金的运用分析

募集资金的运用对于公司的战略实施有着重要的意义。公司IPO募集资金应投资于公司的主营业务，大部分应投资于长期投资项目以及研发项目，少部分可用于补充营运资金。

对于联影医疗而言，本次募集资金将进一步支持公司未来发展的规模化和全球化，扩充公司高端医学影像设备产能，加快公司产品和技术升级，提高核心部件国产化水平，扩大公司国内外市场份额，推动公司成为全球医疗创新引领者。本次募集资金将按投资项目的轻重缓急投资以下项目:下一代产品研发项目、高端医学影像设备产业化基金项目、营销服务网络项目、信息化提升项目、补充流动资金。公司本次募集资金投资项目均系围绕公司主营业务开展,其中下一代产品研发项目是公司结合未来市场需求、行业技术前沿推动的研发活动,包括基于现有产品线的产品升级换代、新产品线研发和核心部件研发等,是构建公司未来主营业务核心竞争力的重要基础;高端医学影像设备产业化基金项目是通过建设高端智能制造工厂、生产研发楼和配套综合楼以及其他配套设施,有效扩充公司未来产能和提升公司自动化生产水平;营销服务网络项目可以拓展公司境内外销售服务网络,加大公司产品宣传力度,促进公司产品销售;信息化提升项目可以有效提高公司信息化管理水平,以支持公司业务快速发展;补充流动资金可以满足公司未来发展营运资金需求。

公司所属行业具有技术难度高、多学科交叉的特点,持续的研发创新及技术突破是公司可持续发展的根基,公司主要国际竞争对手亦在研发创新方面不断投入。通过下一代产品研发项目,公司将在PET/MR高级应用成像技术、多轴机械臂应用、高空间分辨率全尺寸多叶光栅技术、集成能量开关技术、柔性多通道技术等领域进行攻关,形成具有战略价值的核心技术及专利,对标国际竞争对手的技术实力,继续巩固公司国内技术领先的市场地位。公司通过高功率部件事业部、公共部件事业部和医疗软件事业部分别对高功率核心部件、通用硬件和通用软件实现平台化研发管理。下一代产品研发项目通过对上述事业部研发项目的投入,可进一步加强公司的平台化研发优势,夯实公司在高功率核心部件、通用硬件以及通用软件三个方面的技术实力,从而更好地服务于公司的整个研发体系,进一步提升公司的研发效率。

(四)股票发行价格的确定

IPO定价是新股发行中最重要的环节之一,由于投资者对拟上市企业的信息掌握程度十分有限,因此新股定价存在一定的困难。而新股定价的高低直接影响着发行的成败。影响企业IPO定价的因素主要有经营业绩、发展潜力、发行数量、行业特点、资本市场状态等。经营业绩是投资者评价拟上市企业经营能力的直观指标,因而直接影响着股票价格;发展潜力需要企业具备良好的前景,有较好的盈利趋势,未来盈利可能性越大,定价越高;发行数量与IPO定价直接相关,是由供求关系决定的;一家企业所处行业的特点影响企业的发展前景,新兴产业往往受到投资者热捧,因而定价相对较高;资本市场状态如市场效率、利率因素、通货膨胀等都会影响IPO定价。

考虑到科创板对投资者的投资经验、风险承受能力要求更高,科创板取消了直接定价方式,全面采用市场化的询价定价方式。发行人和主承销商可以通过初步询价确定发行价格,或者在初步询价确定发行价格区间后,通过累计投标询价确定发行价格。首次公开发行的询价对象限定为证券公司、基金管理公司、信托公司、财务公司、保险公司、合格境外机构投资者和私募基金管理人等七类专业机构投资者,并允许这些机构为其管理的不同配售对象填报不超过3档的拟申购价格。同时,主承销商应当向网下投资者提供投资价值研究报告。定价完成后,如果发行人总市值无法满足其在招股说明书中明确选择的市值与财务指标上市标准,将中止发行。

根据《上海联影医疗科技股份有限公司首次公开发行股票并在科创板上市招股说明书》,本次发行采用向战略投资者定向配售、网下向符合条件的投资者询价配售与网上向持有上海市场非限售A股股份和非限售存托凭证市值的社会公众投资者定价发行相结合的方式进行。本次发行保荐机构安排中信证券投资有限公司、中国中金财富证券有限公司参与本次发行战略配售,跟投的股份数量均为2 000 000股,跟投金额均为21 976万元。发行人核心员工专项资产管理计划参与战略配售的数量为9 848 191股,获配金额为108 752.98万元。

1. 联影医疗发行市盈率水平

本次发行价格对应的市盈率高于行业平均市盈率。

本次发行价格109.88元/股对应的市盈率为77.69倍(每股收益按照2021年度经会计师事务所依据中国会计准则审计的扣除非经常性损益后归属于母公司股东净利润除以本次发行后总股本计算)。根据证监会《上市公司行业分类指引》,公司所属行业为"C35专用设备制造业",截至2022年8月5日(前第3个交易日),中证指数有限公司发布的该行业最近一个月平均静态市盈率为34.85倍,本次发行价格对应的市盈率为77.69倍,高于中证指数有限公司发布的行业最近一个月平均静态市盈率,存在未来发行人股价下跌给投资者带来损失的风险。

2. 联影医疗上市后股价走势

联影医疗上市后股价走势如图6-1所示。

2022年8月22日,联影医疗以109.88元/股的发行价格登陆上交所,当天收报181.22元/股,上涨64.93%,总市值近1 500亿元。随后,联影医疗一度涨至218元/股,在A股医疗器械板块中,市值仅次于迈瑞医疗(股票代码:300760.SZ)。两年后的2024年9月18日,联影医疗股价最低跌至92元/股,当日收盘市值768.12亿元,较巅峰市值已跌去1 000亿元。

从发行后短期来看,联影医疗股价三个月内一路上涨至218元/股,上涨幅度较大,势头迅猛。但长期来看,自2023年以来,联影医疗股价开始进入下行通道,股价最低跌破92元/股,随后股价有小幅回升,而后又进入下降趋势。

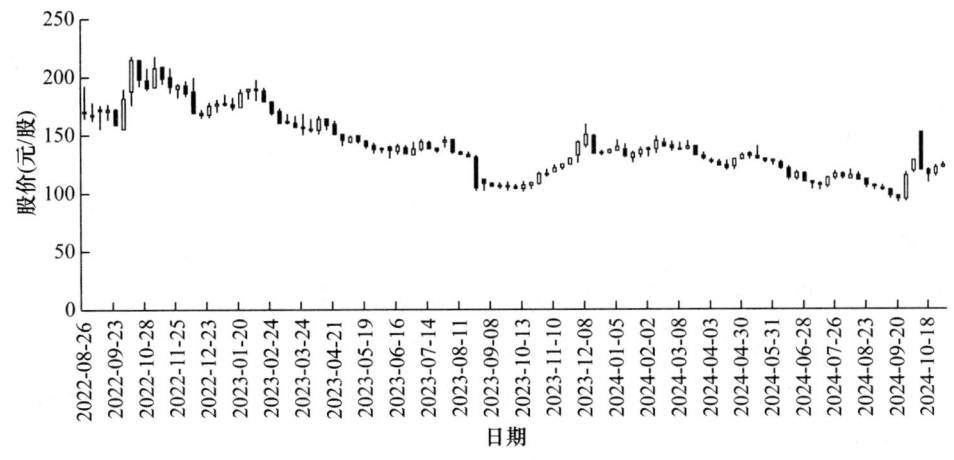

图 6-1 联影医疗股价走势

资料来源:同花顺软件。

联影医疗的估值下降更多是因为资本市场缺乏耐心,市场情绪因素影响较大。联影医疗方面也在投资者调研活动上表示:自 2018 年以来,地缘政治影响就已经存在,公司也是在逐渐适应和动态调整过程中,面对美国这个当今全球最大的单一化市场,同时也是市场化程度最高的市场,公司在战略上必须充分重视。未来公司将不断适应地缘政治变化,优化全球运营策略。此外,随着全球老龄化趋势的加剧和医疗技术的革新,海外医疗市场展现出巨大的发展潜力。在全球医疗需求持续增长,特别是高端医疗出海成为行业趋势的背景下,联影医疗响应国家倡议,与共建"一带一路"国家携手同行,致力于将创新医疗科技与服务推广到更广泛的国家和地区,共同推动医疗科技的进步与发展。

讨论题

1. 从本案例出发,评价此次科创板 IPO 对联影医疗会产生哪些影响。
2. 在 IPO 过程中,确定股票发行价格应考虑哪些因素?
3. 在此次 IPO 前后,联影医疗的股权结构有哪些变化?
4. 将此次联影医疗发行市盈率与行业水平进行比较并评价其合理性。

小案例

阿特斯首次公开发行股票

阿特斯阳光电力集团股份有限公司(以下简称"阿特斯")成立于 2009 年 7 月 7 日,曾用名阿特斯(中国)投资有限公司,由加拿大阿特斯集团出资设立,设立时注册资本为3 000万美元。2020年11月25日,阿特斯召开股东会,决议同意将公司由有限责任公司以发起设立方式整体变更为股份有限公司,公司名称变更为阿特斯阳光电力集团股份有限公司。

根据《上海证券交易所科创板股票上市规则》,本次上市选择的标准为预计市值不低于人民币30亿元,且最近一年营业收入不低于人民币3亿元。

阿特斯是一家全球领先的光伏组件制造商和太阳能整体解决方案提供商,主营业务由光伏组件、光伏应用解决方案和电站开发及运营三个板块构成,其中光伏组件业务为单、多晶组件的研发、生产和销售;光伏应用解决方案业务包括光伏系统销售、大型储能系统和电站工程EPC(工程总承包)业务;电站开发及运营业务包括电站销售和发电业务。

报告期内,公司顺应行业发展趋势,逐渐提高单晶产品比例,同时亦出于应对多晶产品市场需求的商业安排,保留一定比例的多晶产品,使得其多晶产品占比略高于晶科能源股份有限公司、天合光能股份有限公司等主要同行业公司。公司未来将持续根据市场需求对单、多晶产品占比进行调整。公司IPO前3年的主要财务数据及财务指标如表6-7所示。

表6-7 IPO前3年主要财务数据及财务指标

财务指标	2022年	2021年	2020年
资产总额(万元)	4 830 019.75	3 412 030.87	2 922 167.26
归属于母公司所有者权益(万元)	1 166 313.16	939 523.65	950 867.40
资产负债率(合并)	75.70%	72.25%	67.32%
资产负债率(母公司)	18.21%	8.62%	7.89%
营业收入(万元)	4 753 608.67	2 800 996.30	2 327 938.02
净利润(万元)	214 965.51	4 244.58	162 319.98
归属于母公司所有者的净利润(万元)	215 685.09	3 498.33	161 330.00
扣除非经常性损益后归属于母公司所有者的净利润(万元)	206 152.99	−41 061.93	105 212.08
基本每股收益(元)	0.7	0.01	0.56
稀释每股收益(元)	0.7	0.01	0.56

资料来源:《阿特斯阳光电力集团股份有限公司科创板首次公开发行股票招股说明书》。

报告期内,公司主营业务收入构成情况如表6-8所示。

表 6-8　IPO 前 3 年主营业务收入构成

业务板块	2022 年		2021 年		2020 年	
	金额(万元)	占比(%)	金额(万元)	占比(%)	金额(万元)	占比(%)
光伏组件	3 893 144.09	83.38	2 265 907.45	82.68	1 857 649.98	81.14
光伏应用解决方案	776 038.84	16.62	373 128.90	13.62	153 150.87	6.69
电站开发及运营	—	—	101 521.99	3.70	278 510.42	12.17
合计	4 669 182.93	100.00	2 740 558.33	100.00	2 289 311.27	100.00

资料来源：《阿特斯阳光电力集团股份有限公司科创板首次公开发行股票招股说明书》。

本次发行情况如下：

(1) 发行数量：541 058 824 股。

(2) 发行价格：11.10 元/股。

(3) 发行方式：本次发行采用向参与战略配售的投资者定向配售、网下向符合条件的网下投资者询价配售与网上向持有上海市场非限售 A 股股份和非限售存托凭证市值的社会公众投资者定价发行相结合的方式进行。

(4) 募集资金总额：600 575.29 万元。

(5) 发行费用总额：本次发行费用(不含税)合计 27 792.86 万元。

(6) 募集资金净额：572 782.43 万元。

(7) 本次发行后每股净资产：4.82 元(按 2022 年 12 月 31 日经审计的归属于母公司所有者权益加上本次募集资金净额除以本次发行后总股本计算)。

(8) 本次发行后每股收益：0.57 元(按 2022 年经审计的扣除非经常性损益前后孰低的归属于母公司所有者的净利润除以本次发行后总股本计算)。

(9) 发行市盈率：19.42 倍(每股收益按 2022 年度经审计的扣除非经常性损益前后孰低的归属于母公司所有者的净利润除以本次发行后总股本计算)。

讨论题：此次 IPO 对阿特斯将会产生怎样的影响？

案例七 三峡集团发行碳中和债

教学目的与要求

通过对本案例的学习,学生应掌握绿色债券的定义,了解绿色债券支持项目的范围,理解绿色债券四项核心要素的要求、绿色债券的发行动因和发行效益等,掌握绿色债券的主要优点。

一、背景知识

(一) 绿色债券介绍

2007年,世界银行首次提出"绿色债券"的概念,将其定义为专门为支持气候相关或环境项目而发行的债务工具,其目的在于为具有积极的环境效益或气候变化效益的项目提供资金。2021年4月21日,中国人民银行、国家发展改革委、证监会共同研究并印发《绿色债券支持项目目录(2021年版)》(银发〔2021〕96号)(以下简称《绿债目录(2021年版)》),对绿色债券的定义、核心要素、种类等进行了更新。

根据《绿债目录(2021年版)》,绿色债券是指将募集资金专门用于支持符合规定条件的绿色产业、绿色项目或绿色经济活动,依照法定程序发行并按约定还本付息的有价证券。绿色债券支持的项目主要可分为六大领域,如表7-1所示。

表 7-1 绿色债券支持项目

领域	具体类别
节能环保产业	高效节能装备制造、工业节能改造、用电设施节能、绿色建筑材料、先进环保装备制造、水污染治理、大气污染治理、土壤污染治理及其他污染治理、农业农村环境综合治理、水资源节约和非常规水资源利用、资源循环利用装备制造、固体废弃物和生物质资源的综合利用、新能源汽车和绿色船舶制造
清洁生产产业	生产过程中的大气污染治理和水污染治理、工业园区污染治理、无毒无害原料替代与危险废物治理、农业农村环境综合治理、固体废弃物和工业园区资源的综合利用、工业节水
清洁能源产业	电力设施节能、新能源与清洁能源装备制造、可再生能源设施建设与运营、清洁能源高效运行

(续表)

领域	具体类别
生态环境产业	农业资源保护、农业农村环境综合治理、绿色农产品供给、自然生态系统保护和修复、生态产品供给
基础设施绿色升级	城镇电力设施和用能设施节能、建筑节能与绿色建筑、城镇环境基础设施、水资源节约、海绵城市、城乡公共客运和货运、铁路交通、水路和航空运输、清洁能源汽车配套设施、城市生态保护与建设
绿色服务	绿色咨询技术服务、绿色运营管理服务、环境权益交易服务、项目评估审计核查服务、监测检测服务、技术产品认证和推广服务

绿色债券具有四项核心要素：一是募集资金用途。绿色债券的募集资金应100%用于符合规定条件的绿色项目的建设、运营、收购、补充配套营运资金或偿还有息债务。二是项目评估认证。发行人应聘请独立的第三方评估认证机构对发行方和绿色债券进行评估认证，并出具书面评估认证报告。三是募集资金管理。募集资金应存放在单独的资金监管账户或建立专项台账进行管理，闲置资金单次投资期限不得超过12个月。四是存续期信息披露。发行方每年应披露募集资金上一年度使用情况、绿色项目进展情况、预期或实际环境效益等。

绿色债券包括但不限于绿色金融债券、绿色公司债券、绿色债务融资工具和绿色资产支持证券。按照市场情况和募集资金用途，绿色债券主要有四类品种，具体如表7-2所示。

表7-2 绿色债券品种

品种	特点
绿色普通债券	(1) 蓝色债券：募集资金用于海洋保护和海洋资源可持续利用项目 (2) 碳中和债券：募集资金用于具有碳减排效益的绿色项目
碳收益绿色债券	债券条款与水权、排污权、碳排放权等各类资源环境权益相挂钩 如债券定价按固定利率＋浮动利率确定，其中浮动利率挂钩所投碳资产相关收益
绿色项目收益债券	以绿色项目产生的经营性现金流为主要偿债来源
绿色资产支持证券	以绿色项目所产生的现金流为收益支持的结构化融资工具

（二）绿色债券的优势

第一，绿色债券享受专门通道，审核效率高。对于绿色公司债券，沪深交易所设置了专业审核团队、受理和预审核快速通道，将其审核时间缩短至30个工作日内。对于绿色债务融资工具，中国银行间市场交易商协会（以下简称"交易商协会"）为其开通"绿色通道"，提高了注册发行效率。

第二，绿色债券的发行成本较低，享有地方政府补贴。绿色债券的票面利率普遍低于一般债券，具有发行成本优势。另外，地方政府对成功发行绿色债券的企业进行利息贴息或其他融资奖励，进一步降低了绿色债券的发行成本。

第三，绿色债券具有风险低、稳定性强、长期获益的特征，受投资者青睐。绿色债券发行时需经第三方机构评估认证，遵循严格的存续期信息披露规定，增强了投资者对资金使用的信心，获得了市场的高度认可。另外，随着社会对可持续投资的关注增加，绿色债券能够吸引更多愿意支持绿色项目的新投资者，尤其是关注环境、社会和治理（ESG）因素的投资者。

二、案例资料

（一）公司概况

1. 三峡集团基本情况

中国长江三峡集团有限公司（以下简称"三峡集团"）成立于1993年，前身为中国长江三峡工程开发总公司，负责三峡工程的开发建设，2017年完成公司制改制，由全民所有制企业变更为国有独资企业，同时更名为现名。自此，三峡集团完成了所有制改革和组织结构的重大调整，明确了未来发展方向，旨在服务于长江经济带发展等国家战略和"一带一路"建设，承担着推动清洁能源产业升级和带动中国水电"走出去"的责任。2020年，三峡集团入选国务院国资委"科改示范企业"名单，现已成为全球最大的水电开发运营企业和中国领先的清洁能源集团。截至2023年年底，三峡集团可控装机量达到1.46亿千瓦，资产总额达到1.39万亿元。

三峡集团以清洁能源为主业，主要从事水电工程建设与咨询、电力生产与运营、流域梯级调度与综合管理、新能源开发与运营管理、国际能源投资与承包、生态环保投资与运营、资本运营与金融服务、资产管理与基地服务等业务。水电工程具有投资大、周期长、技术复杂等特点，项目需要大量的资金和多样化的融资渠道，以避免建设资金供应受到国家经济周期和政策波动的影响；同时，项目投产后运营成本低，具有稳定的现金流，是债券投资人理想的目标资产。因此，三峡集团主要依赖于银行信贷、债券融资、内源融资来取得稳定可靠的资金支持。

2. 三峡集团股权结构

三峡集团的股权结构如图7-1所示。三峡集团的实际控制人兼控股股东为国务院国有资产监督管理委员会(国资委),集团共有 18 个全资和控股子公司。其中,中国三峡建工(集团)有限公司全面负责国内、国际水电工程建设管理业务;中国长江电力股份有限公司是集团市值最高的水电上市公司,主要从事水力发电、投融资、抽水蓄能、智慧综合能源、新能源和配售电等业务,也是集团电力生产管理主体,拥有乌东德、白鹤滩、溪洛渡、向家坝、三峡、葛洲坝六座水电站的全部发电资产;三峡国际能源投资集团有限公司主要从事国际业务,涵盖国际市场开发、境外并购、工程建设、电站运营管理等;中国三峡新能源(集团)股份有限公司负责陆上风电、海上风电、太阳能等新能源开发;长江生态环保集团有限公司主要从事生态环保业务,依托长江经济带建设,负责与生态、环保、节能、清洁能源相关的规划、设计、投资、建设、运营、技术研发、产品和服务等。

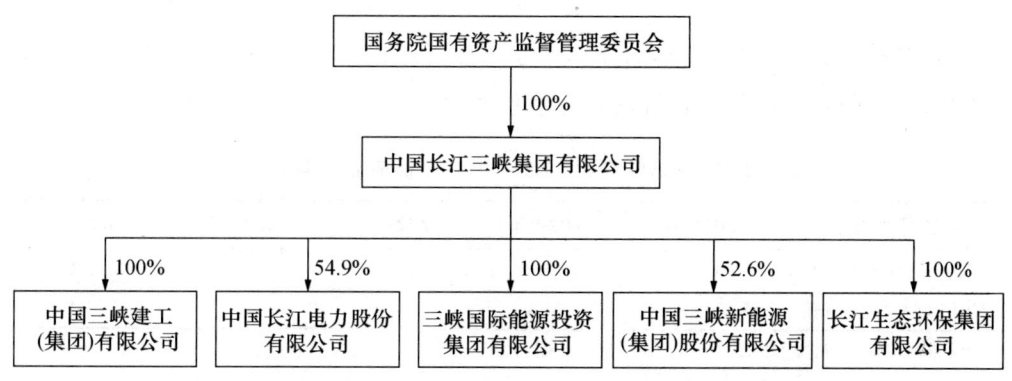

图 7-1 截至 2023 年年底三峡集团股权结构与主要子公司情况

3. 三峡集团财务情况

三峡集团于 2021 年 2 月 7 日拟公开发行第一期绿色中期票据(碳中和债),根据年报披露数据,三峡集团始终保持经营向好趋势,具体情况如图 7-2 所示。2020 年,受益于上网电量增加,三峡集团经营性业务收入实现大幅增长,营业收入较上年增长 12.5%,2021 年营业收入较上年增长 23.8%,自 2022 年起营业收入增长放缓。总的来说,三峡集团的营业收入保持增长态势。

三峡集团 2019—2023 年的偿债能力指标如表 7-3 所示。三峡集团的资产负债率自 2019 年至 2023 年呈现逐年提高的趋势,EBITDA 利息倍数自 2020 年至 2022 年呈现逐年下降的趋势。这是由于三峡集团近年来持续推进在建项目建设和对外投资,乌东德和白鹤滩等水电站以及新能源发电机组的构建产生大量资金缺口,三峡集团近年来陆续的发债行为导致财务杠杆小幅上升。其中,白鹤滩水电站和乌东德水电站合计投资金额高达 2 762.56 亿元。2020 年三峡集团资产负债率为 50.8%,而电力行业平均资产负债率为 57.9%。虽然三峡集团的资产负债率逐年提

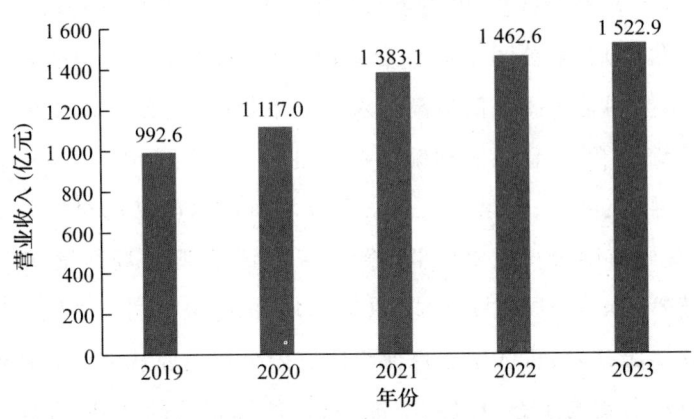

图 7-2 三峡集团 2019—2023 年营业收入数据

资料来源：三峡集团 2019—2023 财年年度报告。

高,但仍维持在行业较低水平,且 EBITDA 利息倍数保持在 5 左右,说明三峡集团的偿债能力保持稳健,具备良好的债务清偿能力。

表 7-3 三峡集团 2019—2023 年偿债能力指标

偿债能力指标	2019 年	2020 年	2021 年	2022 年	2023 年
资产负债率(%)	49.6	50.8	51.9	53.5	55.8
EBITDA 利息倍数	5.1	5.4	4.9	4.7	5.3

资料来源：三峡集团 2019—2023 财年年度报告。

4. 三峡集团绿色债券发行情况

三峡集团已有二十多年成功的债券融资经验,在 2016 年绿色债券市场刚兴起时便尝试发行绿色债券,为诸多水利水电项目提供资金支持。三峡集团在发行绿色债券方面起引领作用,所筹款项均投入各绿色环保工程,主要集中于清洁能源项目和环保项目。在碳中和债券推出前,三峡集团已累计发行 20 只绿色债券,发行规模达 650 亿元,有 10 余只债券产品都是全国首创,如中国实体企业绿色欧元债券、绿色可交换债券(G 三峡 EB1)等。三峡集团所发行的绿色债券均为 AAA 级信用债,募集资金主要用于乌东德、白鹤滩水电站的建设,属于《绿债目录(2021 年版)》中的绿债类别。

为抵御气候变暖的严峻态势,我国于 2020 年提出"双碳"目标,即二氧化碳排放力争于 2030 年前达到峰值,努力争取 2060 年前实现碳中和。在"双碳"目标的指引下,多家能源央企提出自身实现碳中和目标的年限和路径,带动能源绿色低碳转型。三峡集团在 2020 年可持续发展报告中提出,力争于 2023 年率先实现碳达峰,2040 年实现碳中和。2021 年 2 月,三峡集团在绿色债券政策框架下创新推出全球首批碳中和债券。该债券聚焦于碳减排领域内的水电等清洁能源类项目,将从资金配置上加速三峡集团的绿色低碳转型。

(二)三峡集团碳中和债券发行情况

2021—2022年,三峡集团累计公开发行15只碳中和债务融资工具,其中发行中期票据12次,短期融资券3次,募集资金合计450亿元,具体情况如表7-4所示。首次发行的"21三峡GN001"票面利率为3.45%,此后随着相关实质性激励政策的陆续出台,碳中和债券发行制度和监管制度日益完善,三峡集团的碳中和债券发行成本显著下降,后续发行的碳中和债券的票面利率均低于"21三峡GN001"。

表7-4 三峡集团2021—2022年碳中和债券发行情况

债券简称	证券类别	发行期限	发行金额	票面利率	发行日期
21三峡GN001	中期票据	3年	20亿元	3.45%	2021-02-07
21三峡GN002	超短期融资券	9个月	40亿元	2.75%	2021-03-24
21三峡GN003	超短期融资券	4个月	30亿元	2.35%	2021-03-24
21三峡GN009	短期融资券	1年	20亿元	2.50%	2021-08-11
21三峡GN010	中期票据	3年	10亿元	2.85%	2021-08-11
21三峡GN012	中期票据	3年	30亿元	2.88%	2021-09-15
21三峡GN013	中期票据	3年	30亿元	2.88%	2021-09-15
21三峡GN014	中期票据	3年	40亿元	2.88%	2021-11-10
21三峡GN015	中期票据	3年	40亿元	2.80%	2021-11-12
22三峡GN002	中期票据	3年	40亿元	2.35%	2022-02-21
22三峡GN003	中期票据	3年	40亿元	2.35%	2022-02-21
22三峡GN008	中期票据	5年	20亿元	2.59%	2022-11-02
22三峡GN009	中期票据	5年	10亿元	2.59%	2022-11-02
22三峡GN010	中期票据	3年	40亿元	2.58%	2022-11-29
22三峡GN011	中期票据	5年	40亿元	2.79%	2022-11-29

资料来源:三峡集团公开发行公司债券公告。

1. "21三峡GN001"介绍

"21三峡GN001"于2021年2月7日发行,发行总额为20亿元,票面利率为3.45%,债券期限为3年,债券基本信息如表7-5所示。该债券所募集的资金全部用于金沙江白鹤滩水电站项目建设,符合《绿色债券支持项目目录(2020年版)》(征求意见稿)中"三、清洁能源产业/3.2清洁能源/3.2.2可再生能源设施建设与运营/3.2.2.4 大型水力发电设施建设和运营"利用水体势能发电的设施建设和运营，应认定为绿色债务融资工具（碳中和债）。

表 7-5 "21 三峡 GN001"的基本信息

证券名称	中国长江三峡集团有限公司 2021 年度第一期绿色中期票据（碳中和债）		
发行人	中国长江三峡集团有限公司	发行价格（元）	100
信用评级机构	中诚信国际信用评级有限责任公司	发行总额（亿元）	20
债项/主体评级	AAA/AAA	债券期限	3 年
票面利率（%）	3.45	计息方式	固定利率
上市流通日	2021-02-10	发行日	2021-02-07
交易流通终止日	2024-02-08	起息日	2021-02-09
募集资金用途	金沙江白鹤滩水电站项目建设	兑付日	2024-02-09

资料来源：《中国长江三峡集团有限公司 2021 年度第一期绿色中期票据〈碳中和债〉募集说明书》。

2021 年 8 月 31 日，三峡集团发布《2021 年上半年关于绿色债务融资工具募集资金用途、碳减排效益的说明》。文件显示，"21 三峡 GN001"所募集的资金 20 亿元已全部用于金沙江白鹤滩水电站项目建设，如表 7-6 所示。在绿色项目进展上，白鹤滩水电站总投资为 1 785.99 亿元，截至 2021 年 6 月 30 日已投资金 1 378 亿元，2021 年 6 月 28 日首批机组投产发电，预计 2022 年全部机组投产发电。

表 7-6 "21 三峡 GN001"募集资金使用情况表

项目名称	项目总投资（万元）	本项债券募集资金（万元）	已使用金额（万元）	募集资金使用比例	募集资金用途
金沙江白鹤滩水电站项目	17 859 939.95	200 000.00	200 000.00	100%	项目建设

资料来源：《2021 上半年三峡集团关于绿色债务融资工具募集资金用途、碳减排效益的说明》。

2021 年上半年，三峡集团按照碳中和债务融资工具的募投项目及根据募集资金占项目总投资的比重折算的减排效益如表 7-7 所示。"21 三峡 GN001"折算节约标煤 20.69 万吨，减少二氧化碳排放量 37.71 万吨，减少二氧化硫排放量 132.07 吨，减少氮氧化物排放量 126.66 吨，减排烟尘 25.70 吨，在首批碳中和债券募投项目中的减碳效果尤为显著。

表 7-7 碳中和债务融资工具 2021 年上半年减排效益情况

水电站项目总投资（亿元）	减排类别	报告期内折算减排量	21三峡GN001	21三峡GN002	21三峡GN003	21三峡GN009	21三峡GN010
	募集资金投向（亿元）		20	20	10	5	10
			折算减排				
白鹤滩 1 785.99	节约标煤（万吨）	1 847.76	20.69	20.69	10.35	5.17	10.35
	减少二氧化碳排放量（万吨）	3 367.79	37.71	37.71	18.96	9.43	18.96
	减少二氧化硫排放量（吨）	11 794.19	132.07	32.07	66.04	33.02	66.04
	减少氮氧化物排放量（吨）	11 310.32	126.66	126.66	63.33	31.66	63.33
	减排烟尘（吨）	2 295.38	25.70	25.70	12.85	6.43	12.85

资料来源：《2021 上半年三峡集团关于绿色债务融资工具募集资金用途、碳减排效益的说明》。

2. "21 三峡 GN001"发行过程

碳中和债券属于绿色债务融资工具的子品种，该债券的成功发行丰富了绿色债务融资工具产品序列，推动了经济绿色复苏和低碳转型。交易商协会陆续出台碳中和债券相关实质性激励政策，如为碳中和债券的注册评议开辟绿色通道，碳中和债券接受注册通知书按照绿色债务融资工具"GN"统一标识等。绿色通道大大简化了碳中和债券的发行审批流程，缩短了发行时长，提升了发行便利度。"21 三峡 GN001"的发行过程如下：

2019 年 12 月 23 日，三峡集团召开第三届董事会第十五次会议，审议通过《关于集团公司 2020 年发行债券融资的议案》，同意申报发债额度合计 1 550 亿元，两年有效，包括向交易商协会申请债务融资工具统一注册额度不超过 450 亿元，其中中票 250 亿元。

2020 年 8 月 28 日，交易商协会召开 2020 年第 99 次注册会议，决定接受三峡集团债务融资工具注册。

2020 年 9 月 1 日，交易商协会出具《接受注册通知书》（中市协注〔2020〕TDFI66 号），接受发行人债务融资工具注册。

2021 年 2 月 2 日，中诚信国际信用评级有限责任公司出具信用评级报告，评估主体及债项均为 AAA 级；北京德恒律师事务所出具法律意见书，认为本次发行符合中国人民银行及交易商协会关于发行绿色中期票据的有关规定。

2021年2月4日,三峡集团公告发行材料,包括独立评估报告、法律意见书、发行方案及承诺书、募集说明书等。

2021年2月5日,三峡集团公告申购说明。

2021年2月7日,三峡集团成功发行2021年度第一期绿色中期票据(碳中和债)。

2021年2月10日,债券开始上市流通,实际发行总额为20亿元,合规申购家数为10家,有效申购家数为4家。

2021年8月31日,三峡集团发布《2021年上半年关于绿色债务融资工具募集资金用途、碳减排效益的说明》,披露了募集资金及使用情况、绿色项目进展以及碳中和债务融资工具减排效益情况。

存续期间,三峡集团委托中诚信国际信用评级有限责任公司对债券进行跟踪评级。中诚信国际信用评级有限责任公司分别于2021年6月23日、2022年6月28日、2023年6月27日出具跟踪评级报告,维持三峡集团的AAA主体信用等级,评级展望为稳定。

2024年2月9日,三峡集团偿付债券本息206 900万元。

三、案例分析

(一)碳中和债券发行动因

1. 服务国家"双碳"目标

2020年9月22日,习近平主席在第七十五届联合国大会一般性辩论上提出,中国将提高国家自主贡献力度,采取更加有力的政策和措施,二氧化碳碳排放力争于2030年前达到峰值,努力争取2060年前实现碳中和。三峡集团作为国有独资企业,在党中央的领导下,积极承担起节能减排降污的重大责任,努力探索有效实现"双碳"目标的可持续路径。三峡集团的清洁能源装机比例高达95%,充分利用自身在清洁能源方面的优势,努力建设以乌东德、白鹤滩、溪洛渡、向家坝、三峡、葛洲坝六座梯级水电站联合调度形成的清洁走廊,为"西电东送"和节能减排提供有力支撑。

三峡集团积极响应国家"双碳"目标,提出"力争于2023年率先实现碳达峰,2040年实现碳中和",并于2020年可持续发展报告中做出以下展望和规划:一是筑牢大水电基本盘,高标准高质量完成乌东德、白鹤滩、长龙山建设任务,实现清洁能源装机量和发电量的稳步增长,继续发挥三峡集团在清洁能源方面的优势。二是加快风电、光伏等新能源发展力度和速度,积极推动清洁能源产业升级和创新发展,在沿江城市推广分布式光伏、多源固废协同处理,促进资源循环利用。三是拓宽绿色项目融资渠道,推动我国绿色金融体系进一步发展,通过绿色金融助力落实水电项目节能减排目标。

2021年三峡集团发行首批碳中和债券,为碳减排项目提供了直接融资渠道,将募集资金投入零碳发电的水电项目建设,助力构建清洁低碳、安全高效的能源体系。此次发行积极落实了党中央"碳达峰、碳中和"重大决策部署,广大投资机构认购积极,申购达3.54倍。

2. 碳中和债券政策利好

碳中和债券是绿色债券的子品种,其募集资金专项用于具有碳减排效益的绿色项目。绿色债券健全完善的市场监督与管理制度为碳中和债券的创新和蓬勃发展奠定了基础。2021年2月,国务院印发《关于加快建立健全绿色低碳循环发展经济体系的指导意见》(国发〔2021〕4号),明确提出发展绿色信贷融资,统一绿色债券标准,建立绿色债券评级体系。2021年4月,中国人民银行、国家发展改革委和证监会联合发布《绿债目录(2021年版)》,首次统一了绿色债券相关管理部门对绿色项目的界定标准,有效降低了绿色债券发行、交易和管理成本,增加了债券市场绿色项目类型,建立了与国际主流绿色资产分类标准基本一致的分类标准体系,推动了绿色金融领域的国际合作。

随着国家及各地方政府绿色金融政策的持续发力,绿色债券的发展呈现向好态势。同时,国家对碳中和债券的支持力度也在持续增强。2021年3月,交易商协会发布《关于明确碳中和债相关机制的通知》,明确了碳中和债券的定义、募集资金用途以及存续期信息披露规范等相关监督管理规定。此外,提出了相关鼓励措施,包括开辟绿色通道,统一注册标识;避免期限错配,鼓励发行中长期产品;明确既有额度变更路径,提升发行便利度。

2021年7月13日,上海证券交易所、深圳证券交易所分别发布《上海证券交易所公司债券发行上市审核规则适用指引第2号——特定品种公司债券(2021年修订)》(上证发〔2021〕52号)和《深圳证券交易所公司债券创新品种业务指引第1号——绿色公司债券(2021年修订)》(深证上〔2021〕684号),进一步完善了两市碳中和债券的发行制度和监管制度。

2021年7月16日,我国统一的碳排放权交易市场正式开市,自此二氧化碳排放权能够作为资产进行交易,为碳减排企业提供了有效的价格激励信号。碳排放权交易市场的开市也使我国的碳中和债券市场迎来了新的发展机遇。

陆续出台的相关政策为碳中和债券的成功发行及其市场的有序建立提供了制

度保障,促使企业发行碳中和债券为具有碳减排效益的绿色项目直接融资,推动企业实现绿色转型。

3. 满足项目资金需求

清洁能源项目具有投资体量大、投资回收期长、技术门槛高等特点,企业需要承担较大的资金压力和投资风险。三峡集团以水电、风电和太阳能等清洁能源为主业,拥有9座大型水电站和诸多清洁能源项目。根据三峡集团2020年可持续发展报告,三峡集团未来将以长江上游梯级水电开发与运营为重点,优化发展新能源业务,聚焦发展国际业务。水利水电项目和新能源项目的建设都需要大量资金投入,而政府财政投入提供的资金支持有限,因此三峡集团有必要通过融资取得大规模、长期资金来维持工程建设。

三峡集团在建水电项目主要为乌东德和白鹤滩水电站,水电站建成投产后,能够与长江干流的溪洛渡、向家坝、三峡、葛洲坝等4座水电站实现联合统一调度,形成世界最大的"清洁能源走廊",在防洪、发电、航运、水资源利用和生态安全等方面创造巨大的综合效益。由表7-8可知,截至2021年3月末,三峡集团主要在建水电项目计划总投资4599.77亿元,已投资3766.49亿元,其中乌东德水电站于2021年6月实现全部机组投产,白鹤滩水电站于同年6月实现首批机组投产,预计于2022年实现全部机组投产,三峡集团主要在建水电项目未来仍需投资超过800亿元。

表7-8 截至2021年3月末公司主要在建水电项目

项目名称	装机容量（万千瓦）	总投资（亿元）	已投资（亿元）	预计投产时间
向家坝水电站	640.00	819.98	780.07	2012年
溪洛渡水电站	1 386.00	930.83	874.78	2013年
乌东德水电站	1 020.00	976.57	740.25	2021年
白鹤滩水电站	1 600.00	1 785.99	1 320.63	2022年
长龙山抽水蓄能电站	210.00	86.40	50.76	2021年
合计	4 856.00	4 599.77	3 766.49	—

资料来源:《中国长江三峡集团有限公司2021年度跟踪评级报告》。

三峡集团在建新能源项目主要为风电项目。截至2021年3月末,三峡集团在建风电项目计划总投资674.42亿元,已投资266.16亿元,主要在建风电项目预计投产年份集中于2021年,即三峡集团2021年需要投资超过400亿元用于当年风电项目建设,公司资金支出压力极大。

2019—2023年,三峡集团处于高速发展阶段,公司在大力投资水利水电项目、新能源项目、生态环保项目的同时,积极拓展国际业务。由表7-9可知,三峡集团

2019—2023年仅靠经营活动产生的现金流量净额无法满足投资活动所需资金,必须筹集必要的外部资金来满足项目资金需求。而碳中和债券所募集的资金可直接用于碳减排项目,且由于水电工程投资周期长,相较于期限较短的银行贷款,碳中和债券能够选择3年以上的发行期限。将债券期限与项目建设周期相匹配,可以有效解决绿色能源项目的资金借贷与资金使用"期限不匹配"问题。因此,三峡集团可以通过发行碳中和债券为碳减排项目提供资金支持,缓解资金支出压力。

表 7-9　2019—2023 年三峡集团经营活动与投资活动现金流量情况　　　单位:亿元

项目	2019年	2020年	2021年	2022年	2023年
经营活动产生的现金流量净额	464.54	580.93	491.52	656.43	672.70
投资活动产生的现金流量净额	−691.23	−1 270.41	−1 142.02	−702.40	−1 235.95
合计	−226.69	−689.48	−650.50	−45.97	−563.25

资料来源:三峡集团 2019—2023 财年年度报告。

4. 碳中和债券发行优势

一是发行成本较低。根据优序融资理论,企业融资首先考虑成本低、风险小、使用灵活自主的内源融资,即企业留存的税后利润。但近年来三峡集团不断对外投资扩张,内源融资已无法满足三峡集团快速发展的资金需求,必须从外部筹集资金来满足项目资金需求。截至 2020 年年底,三峡集团共有两家上市子公司——中国长江电力股份有限公司、湖北能源集团股份有限公司,分别持股 59.2% 和 44.3%。由于股权融资会导致现有股东的股权被稀释,影响三峡集团对上市子公司的控制权,因此三峡集团难以通过增发股票来获取所需资金。债券融资相较于银行贷款具有筹资规模较大、资本成本较低等特点,而绿色债券作为一种发行成本较低的债券类型,其发行费率相较于普通债券更为优惠。基于以上考虑,三峡集团主要采用债券融资为清洁能源项目筹集资金。

表 7-10 列示了三峡集团 3 年期的部分债券,通过比较不同债券类型的票面利率可知,绿色债券的票面利率均低于一般公司债。在绿色债券的不同类别中,碳中和债的票面利率普遍低于绿色公司债,如"21三峡GN010"的票面利率比"G19三峡3"低了 0.53 个百分点。因此,碳中和债券能够以较低的资金成本筹集资金,有效降低了三峡集团清洁能源项目的融资成本,成为三峡集团清洁能源项目主要的债务融资工具。

表 7-10　三峡集团部分债券发行情况

债券类型	债券简称	期限	发行金额	票面利率	发行日期
一般公司债	G18 三峡 1	3 年	25 亿元	4.00%	2018-09-02
绿色公司债	G19 三峡 3	3 年	5 亿元	3.38%	2019-09-11
绿色公司债	GC 三峡 01	3 年	10 亿元	3.45%	2021-03-21
碳中和债	21 三峡 GN001	3 年	20 亿元	3.45%	2021-02-17
碳中和债	21 三峡 GN010	3 年	10 亿元	2.85%	2021-08-11
碳中和债	21 三峡 GN012	3 年	30 亿元	2.88%	2021-09-15

资料来源：三峡集团公开发行公司债券公告。

二是发行效率较高。交易商协会为碳中和债券的注册发行开辟了绿色通道，极大地简化了碳中和债券申报受理和审核注册的流程，有效提升了企业碳中和债务融资工具的便利性和灵活性。

（二）碳中和债券发行效益

1. 拓宽融资渠道，降低融资成本

电力行业的清洁能源项目具有投资规模大、回报周期长等特点，相较于其他行业面临更大的融资压力。三峡集团的外部融资方式包括股权融资和债务融资，其中债务融资以发行绿色债券为主，包括绿色公司债、绿色中期票据等。2021 年 2 月，三峡集团在绿色债券政策框架下创新推出全球首批碳中和债券，丰富了绿色债务融资工具产品序列，拓宽了清洁能源项目融资渠道。

三峡集团按发行金额加权计算的 2021 年已发行的 3 年期绿色中期票据（碳中和债）的加权平均利率为 2.93%。另外，三峡集团按发行金额加权计算的 2021 年已发行的 3 年期绿色中期票据的加权平均利率为 3.45%。根据中国人民银行公布的数据，2020 年年末，1 年期贷款市场报价利率为 3.85%，5 年期以上贷款市场报价利率为 4.65%。通过比较银行贷款、绿色中期票据和碳中和债券的加权平均利率，可以发现发行碳中和债券有明显的成本优势，有利于降低企业的融资成本。

2. 实现降碳减污，推动低碳转型

碳中和债券募集资金专项用于清洁能源、清洁交通、可持续建筑、工业低碳改造等绿色项目的建设、运营、收购及偿还绿色项目的有息债务，聚焦于低碳减排领域。另外，针对存续期信息披露相关规定，三峡集团于 2021 年 8 月 31 日发布《2021 年上半年关于绿色债务融资工具募集资金用途、碳减排效益的说明》，已发行的五期碳中和债券合计节约标煤 1 847.76 万吨，减少二氧化碳排放量 3 367.79 万吨，减少二氧化硫排放量 11 794.19 吨，减少氮氧化物排放量 11 310.32 吨，减排烟尘 2 295.38

吨。该存续期信息披露规定直接体现了碳中和债券显著的降碳减污效益,能够有效提升企业碳信息披露质量,同时推动碳减排项目的建设落实。

自2021年3月国内首批碳中和债券发行以来,碳中和债券因减排效益高和信息披露高、透明度高的特点,受到广大投资者的青睐,绿色债券市场领域的碳中和债券迎来井喷式爆发。碳中和债券的发行为碳减排相关绿色项目提供了资金支持,有助于引导更多的金融资源向绿色产业和项目倾斜。同时,由于碳中和债券的发行成本优势,企业能够通过发行碳中和债券降低绿色项目融资成本和绿色转型成本,有助于引导企业进行绿色低碳转型。

讨论题

1. 三峡集团发行碳中和债券可能存在什么潜在风险?
2. 三峡集团发行的碳中和债券是否符合绿色债券四个核心要素的要求?请以"21三峡GN001"为例,具体说明。

小案例

华光环保发行国内首单碳资产转型债券

转型债券是指为支持适应环境改善和应对气候变化,募集资金专项用于低碳转型领域的债务融资工具。2023年2月13日,无锡华光环保能源集团股份有限公司(以下简称"华光环保")公布《2023年度第四期超短期融资券(转型/碳资产)募集说明书》及具体发行方案。中诚信国际信用评级有限责任公司出具第三方独立评估报告,确认本期债券募集资金使用、低碳转型项目进展、环境效益实现情况和信息披露情况符合绿色债券审核标准,授予本期债券Gc-1级。华光环保公开发行2023年度第四期超短期融资券(转型/碳资产),简称"23华光环保SCP004(转型/碳资产)",其基本信息如表7-11所示。

表7-11 "23华光环保SCP004(转型/碳资产)"的基本信息

证券名称	无锡华光环保能源集团股份有限公司2023年度第四期超短期融资券(转型/碳资产)		
发行人	无锡华光环保能源集团股份有限公司	发行价格(元)	100
信用评级机构	中诚信国际信用评级有限责任公司	发行总额(亿元)	2
债项/主体评级	AA+/AA+	债券期限	268天
票面利率(%)	2.72	发行日	2023-02-14
上市流通日	2023-02-16	起息日	2023-02-15
挂钩碳配额处置日	2023-10-13	兑付日	2023-11-09

(续表)

证券名称	无锡华光环保能源集团股份有限公司 2023 年度第四期超短期融资券（转型/碳资产）
票面利率	固定利率＋浮动利率 （其中固定利率为 2.72%；浮动利率挂钩碳收益率，当碳收益率低于 0.05% 时，按照碳收益率换算为 BP（基点）的实际数值确认当期浮动利率值；当碳收益率等于或高于 0.05% 时，当期浮动利率为 5BP）
碳收益率	发行人按照碳收益计算得出的碳收益率 计算公式：碳收益＝碳配额处置价格（参考处置价格）×挂钩碳配额量 碳收益率＝碳收益×（365/本期超短期融资券期限天数）/本期超短期融资券发行金额×100% 本期挂钩碳配额量为 1275 吨
募集资金用途	偿还发行人控股子公司无锡蓝天燃机热电有限公司偿还"无锡蓝天燃机热电联产项目"产生的金融机构借款

资料来源：《无锡光华环保能源集团股份有限公司 2023 年度第四期超短期融资券（转型/碳资产）募集说明书》。

2023 年 2 月 14 日，华光环保公开发行"23 华光环保 SCP004（转型/碳资产）"，该债券为我国首单碳资产转型债券。

2023 年 2 月 16 日，债券上市流通，有效申购家数为 4 家，实际发行 2 亿元。

2023 年 8 月 30 日，华光环保公布 2023 年度募集资金使用情况报告，本期债券募集资金 2 亿元已全部用于偿还金融机构借款，转型项目"无锡蓝天燃机热电联产项目"已竣工，于 2015 年投产，2023 年上半年处于正常运营状态，募集资金环境效益实现情况详见表 7-12。同日，华光环保公布 2023 年上半年转型债券跟踪评估报告。

表 7-12 "23 华光环保 SCP004（转型/碳资产）"2023 年上半年减排效益情况

项目	总投资（亿元）	减排项目	报告期内折算减排量	23 华光环保 SCP004 资金投向（亿元）	折算减排
无锡蓝天燃机热电联产项目	13.80	节约标准煤（万吨）	95.77	2.00	13.88
		减少二氧化碳排放量（万吨）	374.05		54.21

2023 年 10 月 17 日，华光环保公布浮动利率确认公告，因碳收益率高于 0.05%，浮动利率以 5BP 计算，本期超短期融资券票面利率为 2.77%。其中，固定利率为 2.72%，浮动利率为 0.05%。

2023 年 11 月 10 日，华光环保按 2.77% 的票面利率偿付债券本息 204 067 726.03 元。

讨论题：

1. 华光环保发行碳资产转型债券的动机有哪些？

2. 请简要分析该碳资产转型债券的发行效益。

案例八　长江电力股利政策

教学目的与要求

股利政策是公司重要的财务政策之一。通过对本案例的学习，学生应理解股利政策的含义与影响因素、常见的股利政策类型及对公司产生的影响；结合长江电力的股利政策，学会分析上市公司股利政策的类型和制定股利政策的影响因素。

一、背景资料

（一）公司股利政策的理论基础

作为公司重要的财务政策之一，股利政策会影响到公司长期、重复性的现金流出规模，进而影响到公司的长期投融资决策与公司价值。针对股利政策如何影响公司价值这一问题，学术界分别从理论和实证角度对股利政策进行了大量的研究，形成了不同的理论观点。

现代股利政策理论以莫迪利安尼和米勒（Modigliani and Miller，1958）的股利无关论（MM 理论）为开端，此后，众多经济学家沿着莫迪利安尼和米勒的框架进行了更为深入的研究，通过放松股利无关论的假设条件从不同角度提出了各自的股利政策理论观点。

1. 股利无关论

莫迪利安尼和米勒的股利无关论认为，在完美市场条件下，公司价值与公司的股利政策无关。公司价值取决于投资决策，股利政策并不会对公司价值产生影响。

根据股利无关论，在完美市场、无公司和个人所得税、投资者行为理性、投资者对未来投资机会和利润完全有把握等假定条件下，公司价值与公司的股利政策无关。一个公司的价值完全取决于其投资决策所决定的盈利能力，而不是公司的利润分配方式（股利政策）。股利无关论认为，通过套利行为可以使公司的价值在不同的资本结构和股利政策条件下实现无差异化。该理论的缺点在于忽视了资本市场的交易费用、资本市场的信息不对称、股东与管理层的利益分歧等因素。根据股利无关论,股利支付率不影响公司价值。即使公司有理想的投资机会且支付了高额的股利,也可以通过发行新股募集资金,新投资者会认可公司的投资机会。

2. 股利相关理论

(1)"在手之鸟"理论。股东的投资收益来自当期股利收益和未来资本利得两个方面,股利政策的核心问题是在当期股利收益与未来资本利得之间进行权衡。戈登(Gordon,1963)提出,由于企业在经营过程中存在诸多不确定因素,股东会认为现实的现金股利要比未来的资本利得更为可靠,会更偏好于确定的股利收益。因此,资本利得就好比林中之鸟,虽然看上去很多,但不一定抓得到;而现金股利就好比在手之鸟,是股东有把握得到的现实收益。根据"在手之鸟"理论所体现的风险与收益选择偏好,股东更偏好于现金股利而非资本利得,倾向于选择股利支付率高的股票。因此,为实现股东价值最大化的目标,企业应实行高股利分配的股利政策。

(2)信号传递理论。信号传递理论认为,在信息不对称的环境下,股利的发放可以向市场传达管理层对企业目前或未来预期现金流的信息,从而引起股价的变化。在实证研究领域,很多学者发现公司增加股利和首次发放股利会使公司的股价分别上涨约1%和3%,而减少股利或者取消发放股利会使公司的股价下降6%~10%(DeAngelo et al.,2006)。这种现象难以用股利无关论解释,但是信号传递理论可以很好地解释这种现象,即投资者将股利的变化视为一种未来盈余会增加或减少的信号。在信息不对称的环境下,公司可以通过股利政策的内容向投资者传递有关公司未来经营能力、盈利能力的信息。如果管理层预计到公司的发展前景良好,未来业绩有大幅增长,就会通过增加股利的方式将这一信息及时告诉股东和潜在投资者,反之亦然。

(3)代理理论。代理理论认为,股利政策有助于减缓管理者与股东之间以及股东与债权人之间的代理冲突,是协调股东与管理者之间代理关系的一种约束机制。按照代理理论,股利政策可以从三个方面影响公司价值:一是现金股利可以给管理层更大的压力去提升盈利能力;二是促使管理层增加外部筹资,引入新的外部监管人,减少管理层在投资项目上对现金流的浪费;三是对于有自由现金流量的公司,股利支付有助于降低公司管理层控制的自由现金流量,从而降低代理成本。因此,从代理理论的角度,股利政策有利于提升公司价值。

(4)税差理论。在大部分国家,红利税的税率要大于资本利得税的税率,因此从节税角度而言,公司应尽量避免支付现金股利。法拉和塞尔文(Farrar and Selwyn,1967)提出的税差理论认为,一般情形下,为了维护投资者的利益,维持资本市场的有效运转,红利税的税率大于资本利得税的税率。如果假定股票交易成本为零,则投资者的股利收益税负会高于资本利得税负,因此公司应降低现金股利支付率。

(5) 客户效应理论。客户效应理论认为,由于投资者对当期股利收益和资本利得的偏好不同,公司的股利政策会考虑这种投资者需求的差异,为公司的投资者群体"定制"股利政策。引起投资者对股利收益和资本利得偏好不同的原因很多,其中一个重要原因是个人边际税率不同。收入高的投资者因其拥有较高的税率而表现出偏好低股利支付率的股票,而收入低的投资者以及享有税收优惠的养老基金投资者表现出偏好高股利支付率的股票,希望获得较高且稳定的现金股利。

(6) 股利迎合理论。股利迎合理论由贝克和沃格勒(Baker and Wurgler,2004)通过放松股利无关论的有效市场假定提出。他们认为,投资者对股利政策的偏好时常会发生变化,导致股利支付公司和非支付公司股票价格的相对变化,管理者会迎合投资者的需要,根据投资者风险偏好情况调整公司的股利行为。当投资者倾向于风险回避时,管理者倾向于支付股利;反之,管理者将不愿意支付股利。

(7) 股利生命周期理论。迪安杰洛等(DeAngelo et al.,2006)首次提出了股利生命周期理论,该理论将公司本身特性、外部经营环境及股东的预期相结合,对股利支付行为进行研究。股利生命周期理论认为,处于成长阶段的公司更愿意将盈余留存进行再投资,而处于成熟阶段的公司更倾向于发放现金股利。迪安杰洛等将公司的留存收益(RE)与公司的所有者权益(TE)的比值作为衡量公司生命周期的代理变量,实证检验发现,低 RE/TE 的公司处于成长阶段,倾向于不发放现金股利;而高 RE/TE 的公司处于成熟阶段,有较多的积累可以进行内部融资,因此更倾向于支付股利。

综合现有研究文献,股利政策与公司价值之间的关系是建立在 MM 理论基础上的,即公司价值的最基本决定因素来自投资决策所决定的公司预期盈利能力。影响股利政策市值效果的因素,如股利信号、客户效应,其影响往往是短期性的。从长期来看,股利政策的市值效果离不开公司资产质量的提升,公司应通过优化业务布局和业务结构、培育效益增长点、深化改革创新等,提升其长期可持续发展能力和盈利能力,为投资者创造更高的收益。

(二) 常见的股利政策类型

常见的股利政策主要包括固定或持续增长的股利政策、固定股利支付率政策、低正常股利加额外股利政策、剩余股利政策四种类型。

1. 固定或持续增长的股利政策

公司每年派发的股利金额稳定保持在某一特定水平,或是保持股利支付金额逐年稳定增长。其优点是稳定的股利向市场传递公司正常发展的信息,有利于树立公司的良好形象,增强投资者对公司的信心,稳定股价;并有利于投资者安排股利收入和支出。缺点是股利支付与盈利脱节,可能导致公司资金紧缺,财务状况恶化,也无法像剩余股利政策那样保持较低的资本成本。

2. 固定股利支付率政策

公司确定一个股利占净利润的比率,长期按此比率支付股利的政策。其优点是能使股利支付与公司盈利紧密结合,以体现"多盈多分,少盈少分,无盈不分"的原则。缺点是盈利不稳定导致股利波动,容易使投资者产生公司收益不稳定的感觉,不利于稳定股价。

3. 低正常股利加额外股利政策

公司事先设定一个较低的正常股利额,每年除按正常股利额向股东发放股利外,还在公司盈余较多、资金较为充裕的年份,向股东发放更多的股利。其优点是赋予公司较大的灵活性,使公司在股利发放上留有余地,并具有较大的财务弹性。公司可根据每年的具体情况,选择不同的股利发放水平,以稳定和提高股价,进而实现公司价值最大化;并使一些依靠股利度日的股东每年至少可以得到虽然较低但比较稳定的股利收入,从而吸引住这部分股东。缺点是不同年份公司盈利的波动使得额外股利不断变化,造成分派的股利不同,容易使投资者产生收益不稳定的感觉;且当公司在较长时间持续发放额外股利后,可能会被股东误认为"正常股利",一旦额外股利取消,传递出的信号可能会使股东认为公司财务状态恶化,进而导致股价下跌。

4. 剩余股利政策

当公司有良好的投资机会时,根据目标资本结构测算出投资所需的权益资本额,净利润首先满足公司的权益资金需求,如果有剩余,就派发股利;如果没有,则不派发股利。其优点是可以保持理想的资本结构,使公司加权平均资本成本最低。缺点是股利波动较大,投资者无法对股利形成稳定的预期。

以上四种股利政策各有利弊,公司需要统筹考虑历史沿革、上市承诺、章程规定、行业特点、发展阶段、资金需求、资本市场等因素选择适合的股利政策。

(三)政策背景分析

出于对保护中小股东利益的重视,我国证券监管部门对上市公司股利政策的管理愈加严格。从 2006 年开始,证监会为引导上市公司加强现金分红,在相关的政策法规中陆续引入了一系列对股利政策的半强制性规定。

早期对股利政策的要求主要体现在再融资政策上。2006 年证监会发布的《上市公司证券发行管理办法》规定,企业公开发行证券的条件之一是最近 3 年以现金或股票方式累计分配的利润不少于最近 3 年实现的年均可分配利润的 20%。这一规定在 2008 年改为：最近 3 年以现金方式累计分配的利润不少于最近 3 年实现的年均可分配利润的 30%。通过与再融资挂钩来鼓励上市公司以现金方式进行分红，这被学术界称为"半强制性"分红政策。这一规定是为了防止上市公司只圈钱而不分红或少分红，从而损害社会公众投资者的利益。

2013 年，上海证券交易所发布《上市公司现金分红指引》，专门针对上市公司的现金分红政策做出了规定。其中第十条规定："上市公司年度报告期内盈利且累计未分配利润为正，未进行现金分红或拟分配的现金红利总额（包括中期已分配的现金红利）与当年归属于上市公司股东的净利润之比低于 30% 的，公司应当在审议通过年度报告的董事会公告中详细披露以下事项：（一）结合所处行业特点、发展阶段和自身经营模式、盈利水平、资金需求等因素，对于未进行现金分红或现金分红水平较低原因的说明；（二）留存未分配利润的确切用途以及预计收益情况；（三）董事会会议的审议和表决情况；（四）独立董事对未进行现金分红或现金分红水平较低的合理性发表的独立意见。"该规定实际上是引导上市公司将最低股利支付率提高到 30%，否则需要补充信息披露。

2023 年 12 月 15 日，为进一步健全上市公司常态化分红机制，提高投资者回报水平，证监会修订《上市公司监管指引第 3 号——上市公司现金分红》（以下简称《现金分红指引》）。该文件要求："上市公司董事会应当综合考虑所处行业特点、发展阶段、自身经营模式、盈利水平、债务偿还能力、是否有重大资金支出安排和投资者回报等因素，区分下列情形，并按照公司章程规定的程序，提出差异化的现金分红政策：（一）公司发展阶段属成熟期且无重大资金支出安排的，进行利润分配时，现金分红在本次利润分配中所占比例最低应当达到百分之八十；（二）公司发展阶段属成熟期且有重大资金支出安排的，进行利润分配时，现金分红在本次利润分配中所占比例最低应当达到百分之四十；（三）公司发展阶段属成长期且有重大资金支出安排的，进行利润分配时，现金分红在本次利润分配中所占比例最低应当达到百分之二十；公司发展阶段不易区分但有重大资金支出安排的，可以按照前款第三项规定处理。现金分红在本次利润分配中所占比例为现金股利除以现金股利与股票股利之和。"

《现金分红指引》修订内容主要有三个方面：第一，进一步明确鼓励现金分红导向，推动提高分红水平。一是对不分红的公司加强披露要求等制度约束督促分红。二是对财务投资较多但分红水平偏低的公司进行重点监管关注，督促提高分红水平，专注主业。第二，简化中期分红程序，推动进一步优化分红方式和节奏。鼓励公司在条件允许的情况下增加分红频次，便于投资者更早分享公司成长红利。结合监管实践，允许上市公司在召开年度股东大会审议年度利润分配方案时，在一定额度内审议批准下一年中期现金分红条件和上限,后续由董事会在符合利润分配的条件下制订中期分红具体方案,以便利公司进一步提升分红频次,让投资者更好规划资金安排。第三,加强对异常高比例分红企业的约束,引导其合理分红。一是强调上市公司制定现金分红政策时,应综合考虑自身盈利水平、资金支出安排和债务偿还能力,兼顾投资者回报和公司发展。二是强调对资产负债率较高且经营活动现金流量不佳,存在大比例现金分红情形的公司保持重点关注,防止对公司生产经营、偿债能力产生不利影响。

从金融理论和监管实践来看,分红制度能有效增强资本市场的投资功能和吸引力。现金分红作为回报投资者的重要方式,在成熟市场中往往占据主导地位。纵观各国实践,成熟市场大多实施公司自治型分红政策。我国资本市场目前尚不完善,从政策制定上为保护中小投资者的利益,防止"铁公鸡"现象发生,实行"半强制"分红政策。股利政策的要求从早期的再融资引导到现在制定专门的现金分红指引,从早期的 3 年累计分红不低于年均可分配利润的 30% 到上海证券交易所目前建议的每年现金分红不低于可分配利润的 30%,股利支付率的最低要求明显提高。

二、案例资料

(一)长江电力公司简介

中国长江电力股份有限公司(以下简称"长江电力")是由中国长江三峡集团有限公司(以下简称"长江三峡集团")作为主发起人设立的股份有限公司,创立于 2002 年 9 月 29 日。2003 年 11 月 18 日,长江电力 A 股股票(600900)在上海证券交易所上市流通,挂牌交易。2005 年 6 月 20 日,长江电力作为上市公司成为资本市场股权分置改革试点单位,并于 2006 年 5 月 17 日按照股权分置改革方案,向全体股东无偿派发认股权证。2020 年 9 月 25 日,长江电力发行的"沪伦通"全球存托凭证在英国伦敦证券交易所上市交易。长江电力主要从事水力发电、投融资、抽水蓄能、智慧综合能源、新能源和配售电等业务,经营区域覆盖中国、秘鲁、巴西、巴基斯坦等多个国家。截至 2024 年,公司拥有三峡、葛洲坝、溪洛渡、向家坝、乌东德、白鹤滩共 6 座水电站,国内总装机容量 7 169.5 万千瓦,占全国水电装机的 17.34%,是中国最大的电力上市公司和全球最大的水电上市公司。2023 年,公司实现营业总收入 781 亿元,其中境内水电行业营业收入 690 亿元,占营业总收入的 88.35%。

公司控股股东为长江三峡集团,最终控制方是国务院国有资产监督管理委员会。长江电力的股权结构如图 8-1 所示。

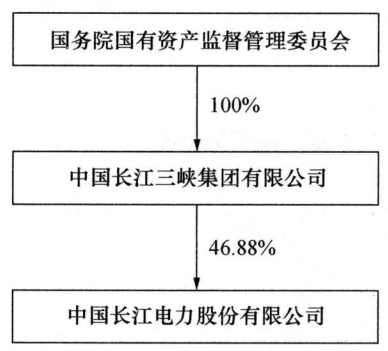

图 8-1　长江电力的股权结构

资料来源:长江电力 2024 年半年度报告。
注:数据截至 2024 年 6 月 30 日。

(二)公司章程中规定的股利政策条款

长江电力是中国资本市场中首次在公司章程中明确长达 10 年高比例现金分红政策的企业。长江电力公司章程中关于股利政策的条款包括以下内容:

"公司可以采取现金或者股票方式分配股利,并优先采用现金分红的方式进行分配,原则上每年度进行一次现金分红,在有条件的情况下,公司可以进行中期利润分配。

"公司实施现金分红的条件为当年实现盈利;若公司经营情况良好,并且董事会认为发放股票股利有利于公司长远发展及全体股东整体利益的,可以在满足上述现金分红之余,提出股票股利分配预案。

"公司每年现金分红原则上不低于母公司当年实现可供股东分配利润的 50%。对 2016 年至 2020 年每年度的利润分配按每股不低于 0.65 元进行现金分红;对 2021 年至 2025 年每年度的利润分配按不低于当年实现净利润的 70% 进行现金分红。

"公司利润分配方案由股东大会审议批准。公司股东大会对利润分配方案做出决议后,董事会须在股东大会召开后 60 日内完成股利派发事项。"

(三)公司财务状况

长江电力 2021—2023 年的财务指标如表 8-1 所示。

表 8-1 长江电力 2021—2023 年的财务指标

财务指标	2023 年	2022 年	2021 年
营业收入(百万元)	78 111.57	68 863.13	55 646.25
营业利润(百万元)	33 220.29	30 388.02	32 876.17
归属于母公司股东的净利润(百万元)	27 238.97	23 725.92	26 273.00
归属于母公司股东的扣除非经常性损益的净利润(百万元)	27 508.23	21 392.34	24 141.42
经营活动产生的现金流量净额(百万元)	64 718.72	43 476.50	35 732.46
加权平均净资产收益率(%)	13.52	9.32	14.92
期末总股本(万股)	2 446 822	2 274 186	2 274 186
基本每股收益(元)	1.1132	0.9697	1.1553
稀释每股收益(元)	1.1132	0.9697	1.1553

资料来源:长江电力 2021—2023 年年报。

(四)公司股利分配情况

自上市以来,长江电力每年保持现金股利的发放,具体股利支付情况如表 8-2 所示。

表 8-2 长江电力 2003—2023 年股利支付数据

年度	归属于母公司股东的净利润(亿元)	现金分红总额(亿元)	股利支付率(%)	每股股利(元/股)	股利收益率(%)
2003	14.38	7.0704	49.18	0.09	1.03687
2004	30.39	16.4976	54.29	0.21	2.38908
2005	33.39	47.9716	143.68	0.60	8.67052
2006	36.15	22.1485	61.26	0.24	2.45650
2007	53.72	27.9370	52.00	0.30	1.53925
2008	40.03	20.3160	50.75	0.22	1.50171
2009	46.17	40.7297	88.21	0.37	2.76946
2010	82.25	42.2054	51.31	0.26	3.43461
2011	77.00	42.0123	54.56	0.25	3.93082
2012	103.52	54.7091	52.85	0.33	4.80349
2013	89.93	46.2693	51.45	0.28	4.43038
2014	118.30	62.5526	52.88	0.38	3.56139
2015	182.35	78.5311	43.07	0.53	3.90856
2016	207.81	156.8750	75.49	1.38	10.90047
2017	222.61	149.6000	67.20	0.68	4.36177
2018	226.11	149.6000	66.16	0.68	4.28217
2019	215.43	149.6000	69.44	0.68	3.69967
2020	262.98	159.1930	60.53	0.70	3.65345
2021	262.73	185.4144	70.57	0.82	3.61234
2022	237.26	200.9228	84.68	0.85	4.04762
2023	272.39	200.6394	73.66	0.82	3.51328

资料来源:长江电力 2003—2023 年年报。

注:长江电力每年支付一次或两次股利,表中"现金分红总额"为全年的现金分红总额。股利收益率为每股股利除以年末的每股价格。

三、分析思路

(一) 行业背景分析

1. 水电集环保清洁、安全稳定等诸多优点于一身

目前火电仍是我国电力供应的最主要来源,2023年我国火电发电量占比达70.0%。而水电是利用水流的位能差产生电能,不需要燃料,是清洁环保的可再生资源。并且,由于水电从能量获取成本角度来看是最优的,因此水电的上网电价远低于其他电源类型。如长江电力2022年水电的平均成本是0.09元/千瓦时,是核电的1/2左右、火电的1/3左右。从全社会综合成本角度来看,水电是最优的电源类型,集环保清洁、可再生、成本低廉、安全稳定、高效等诸多优点于一身。

2. 水电企业的盈利能力稳定

水电企业的价格和成本费用基本稳定,共同构建了穿越周期的基础,具备较强的抗风险能力。其一,电价方面,除部分跨省、跨区域送电的水电站以外,单个水电站的上网电价很少发生变动。其二,成本费用方面,水电无燃料成本,成本以折旧为主,营业成本较为平稳且可控;费用以财务费用为主。水电的营业成本中固定成本可占到60%~70%,其中固定资产折旧通常可占到营业总成本的40%~50%,折旧主要与工程建设难度和单位装机建造成本有关;可变成本主要由库区资源费、水资源费、各项财政规费及人工成本等构成。水电的边际成本极低,除十分有限的水资源费外几乎没有边际成本。此外,水电的财务费用占营业总成本的20%~30%,与有息债务有关。其三,现金流和利润率方面,水电项目运营后现金流充沛,且电站寿命大约为100年甚至更长,可带来稳定且丰厚的利润。

(二) 长江电力的股利政策分析

根据对历年长江电力实际派息情况的分析,公司的股利政策具有以下特点:

(1) 股利支付率较为稳定。从股利支付率来看,自2003年长江电力上市以来至2015年,除个别年度之外,公司的股利支付率一直稳定在50%左右。2016年4月,长江电力在公司章程中明确长达10年的高比例现金分红政策。2016—2023年,公司的股利支付率较2015年之前有所提升,稳定在70%左右;其中2021—2023年按照公司章程的要求,每年度的利润分配按不低于当年实现净利润的70%进行现金分红。具体如图8-2所示。

(2) 从股利支付水平来看,长江电力每股股利呈波动上升趋势(见图8-3),从

图 8-2 2003—2023 年长江电力的股利支付率

资料来源:长江电力 2003—2023 年年报。

2003 年的每股 0.09 元上涨至 2023 年的每股 0.82 元。主要原因在于新水电资产的注入直接为公司带来装机容量和净利润的阶梯式提升。2003—2023 年,公司归属于母公司股东的净利润的复合年均增长率达 16%,而这一期间每股股利的复合年均增长率也达到 12%。2003—2023 年,水电行业的每股股利均值基本稳定在 0.05~0.15 元,长江电力的每股股利一直高于行业平均水平。

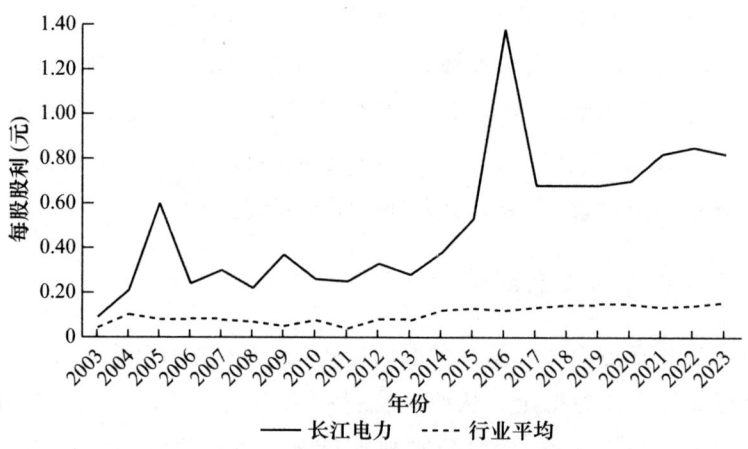

图 8-3 2003—2023 年长江电力和水电行业每股股利走势

资料来源:Choice 金融终端、长江电力 2003—2023 年年报。
注:行业平均选用水电(《申银万国行业分类标准 2014 版》)行业数据。

在利润出现下滑的年度,为保障股利的平稳,公司会提高股利支付率。2022年,长江电力归属于母公司股东的净利润为 237.26 亿元,同比下降 9.7%,为避免同期股利也出现下滑，在公司章程要求按不低于当年实现净利润的70%进行现金分红的基础上，公司将股利支付率提高到85%，每股股利0.85元，达到平滑分红金额的效果。

（3）从股利收益率来看，除个别年份外，长江电力股利收益率在2%～5%波动。图8-4列示了2003—2023年长江电力股利收益率的变化情况，股利收益率＝每股现金股利/年末每股价格，代表了投资者从现金股利中获取的投资收益高低。除个别股利收益率极端高或低的年份之外，长江电力的股利收益率在2%～5%波动。

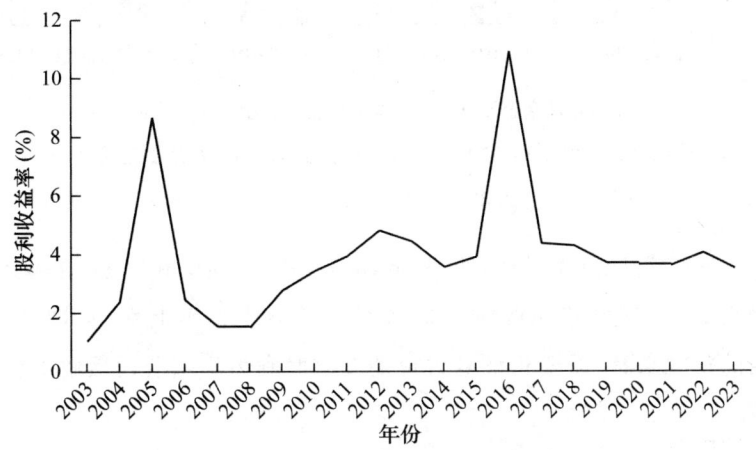

图8-4　2003—2023年长江电力股利收益率

资料来源：长江电力2003—2023年年报，同花顺股票分析软件。

（三）股权结构的考虑

长江电力的股权结构比较集中，股利政策受到大股东影响的程度较大。在长江电力的股权结构中，长江三峡集团的持股比例为46.88%（数据截至2024年6月30日），为第一大股东，因此集团公司的资金需求对长江电力的股利政策影响重大。图8-5展示了长江三峡集团2012—2023年筹资活动现金流量情况。

从图8-5可以看出，长江三峡集团的筹资活动呈现上升趋势，并且其每年的筹资金额巨大，2012年的筹资金额超800亿元，2020年以后则保持在2000亿元以上。也正因为如此，长江三峡集团每年偿还债务、分配股利以及支付的银行存款利息数额同样巨大，导致其筹资活动产生的现金流量净额较小，有部分年份甚至出现了负值。长江三峡集团作为全球最大的水电开发运营企业，具有项目开发周期长、资金投入巨大等行业特征。2023年年末，长江三峡集团"在建工程"科目余额达783亿元，较2022年年末增长174亿元。与在建工程一起上涨的是公司的资金需求，2023

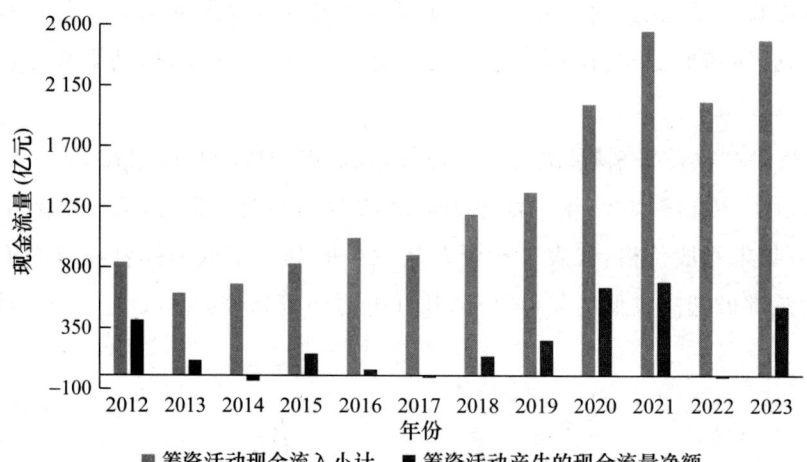

图 8-5　2012—2023 年长江三峡集团筹资活动现金流量

资料来源：长江三峡集团 2012—2023 年年报。

年年末，长江三峡集团短期借款期末余额为 260 亿元，资产负债率达 55.8%。2015—2023 年，长江三峡集团的资产负债率已经连续 9 年上涨（见图 8-6）。因此，从集团公司的角度来看，需要长江电力定期发放股利为集团公司缓解筹资压力。

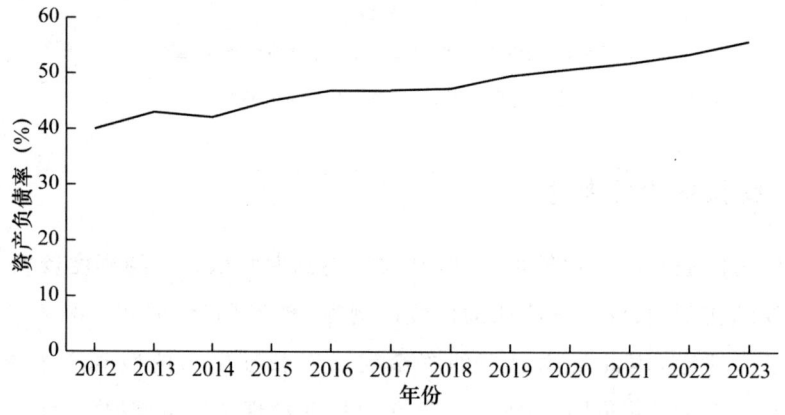

图 8-6　2012—2023 年长江三峡集团资产负债率

资料来源：长江三峡集团 2012—2023 年年报。

讨论题

1. 企业在选择股利政策时需要考虑哪些因素？
2. 选择不同的股利政策会对企业产生什么影响？
3. 长江电力的股利政策是否需要修改？为什么？

小案例

佛山照明股利政策

佛山电器照明股份有限公司（以下简称"佛山照明"）是广东省属国有独资重点企业广晟控股集团下属二级企业，成立于1958年，一直专注于研发、生产、推广高品质的绿色节能照明产品，为客户提供全方位的照明解决方案和专业服务，是国内综合竞争实力较强的照明品牌之一。公司产品线覆盖家居、商业、户外、办公、教育等领域。1993年，佛山照明在深圳证券交易所上市。经过六十余年的改革创新发展，佛山照明已成长为国内照明行业头部企业，2024年2月被认定为"中华老字号"。

佛山照明2021—2023年的主要会计数据和财务指标如表8-3所示。

表8-3 佛山照明2021—2023年主要会计数据和财务指标

会计数据/财务指标	2023年	2022年	2021年
营业收入（百万元）	9 057.29	8 759.97	8 726.24
营业利润（百万元）	402.80	379.77	539.56
利润总额（百万元）	405.80	381.72	558.11
归属于母公司股东的净利润（百万元）	290.36	230.32	299.61
经营活动产生的现金流量净额（百万元）	1 174.39	1 064.89	433.47
基本每股收益（元）	0.21	0.17	0.22
稀释每股收益（元）	0.21	0.17	0.22
全面摊薄净资产收益率（%）	4.62	4.45	4.26
加权平均净资产收益率（%）	5.51	4.13	4.23

资料来源：佛山照明2021—2023年年报。

2023年，公司实现净利润38 467万元，以公司2023年年度报告披露时的总股本1 548 778 230股扣减公司回购专用账户上剩余的回购股份A股1 300万股，即1 535 778 230股为基数，向全体股东每10股派发现金红利1.2元（含税），送红股0股（含税），不以公积金转增股本。本次利润分配方案实施时，若公司享有利润分配权的股份总额由于增发新股、股权激励授予等发生变动，则公司将按照每股分配比例不变的原则，相应调整分红总额。表8-4列示了佛山照明2000—2023年的利润分配情况。

表 8-4 佛山照明 2000—2023 年利润分配情况

年度	每股股利（元）	现金分红总额（万元）	归母净利润（万元）	股利支付率（%）	年末收盘价（不复权）（元/股）	股息率（%）
2000	0.38	13 621.03	16 115.35	84.52	12.83	2.96
2001	0.4	14 337.93	17 334.87	82.71	13.57	2.95
2002	0.42	15 054.83	20 481.94	73.50	11.50	3.65
2003	0.46	16 488.62	22 632.50	72.85	11.98	3.84
2004	0.48	17 205.52	23 147.98	74.33	14.36	3.34
2005	0.49	17 563.96	21 958.34	79.99	10.17	4.82
2006	2.95	53 946.09	26 657.41	202.37	9.43	31.28
2007	0.59	27 259.99	42 379.74	64.32	23.03	2.54
2008	0.22	15 377.43	22 416.06	68.60	5.85	3.76
2009	0.22	21 528.40	21 217.92	101.46	10.39	2.12
2010	0.25	24 464.09	26 377.62	92.75	16.59	1.51
2011	0.25	24 464.09	29 166.01	83.88	9.75	2.56
2012	0.31	30 335.48	40 046.67	75.75	6.63	4.68
2013	0.16	15 657.02	25 183.14	62.17	6.89	2.32
2014	0.22	21 528.40	26 612.50	80.90	10.21	2.15
2015	0.01	1 590.17	5 340.56	29.78	16.70	0.07
2016	0.42	53 429.58	107 234.20	49.83	9.84	4.27
2017	0.33	41 853.17	74 030.87	56.53	9.20	3.58
2018	0.16	21 829.80	37 761.51	57.81	5.18	3.01
2019	0.19	25 887.90	29 607.79	87.44	4.90	3.78
2020	0.10	13 584.77	31 691.42	42.87	6.20	1.61
2021	0.10	13 489.95	29 961.44	45.02	5.65	1.77
2022	0.10	13 489.95	23 032.06	58.57	4.92	2.03
2023	0.12	18 429.34	29 035.77	63.47	6.65	1.80

资料来源：佛山照明 2000—2023 年年报、利润分配方案实施公告、股东大会决议公告。

从表 8-4 可以看出，佛山照明 2000—2014 年的大多数年份股利支付率达到 70% 以上，公司这种派发高额现金股利的表现曾一度被媒体誉为"现金奶牛"。

讨论题：你对佛山照明的股利分配变化趋势有何评述？

案例九　傲农生物债务违约

教学目的与要求

本案例旨在探讨资本结构对企业偿债能力的影响。通过对本案例的学习，学生应理解不同资本结构对企业偿债能力的影响，以及如何通过优化资本结构来降低债务违约风险；从多角度审视企业资本结构决策的合理性与潜在风险，理解企业在面临债务违约风险时的应对策略和重组措施。

一、背景知识

资本结构对企业的融资成本、产权分配、治理结构以及财务风险等方面均具有重要影响，并最终影响企业的市场价值。理论界对最优资本结构的确定方法尚没有一致的结论，但是现实中，资本结构所引发的债务违约风险是企业必须考虑的重要问题。

资本是企业发展必不可少的源泉，通常企业可以将自身经营形成的留存收益投入新的项目或用于扩大生产，即内源融资。但这种融资方式筹集资金比较缓慢，需要较长期的积累，难以跟上企业扩张的步伐。于是，外源融资成为资本的重要来源。企业从外部获取资金主要有股权融资与债务融资两种途径，二者具有不同特点，因此如何协调好股权融资与债务融资的结构和比例即资本结构，成为企业融资决策的核心问题。从最初的 MM 理论到后来的权衡理论、优序融资理论等，对企业最优资本结构是否存在及其对企业的影响都有所研究。其中，权衡理论认为负债存在利弊，企业通过权衡负债的收益与成本来确定债务融资与股权融资的比例。负债可以带来节税收益（税盾），但同时负债带来的财务危机成本和代理成本随着资产负债率的上升也会逐渐上升。当负债的边际成本等于边际收益时，企业价值最大，通过上述权衡企业可以确定合适的股权融资与债务融资比例。

实务中，常常使用财务杠杆来分析企业在资本结构决策中对债务融资的利用。财务杠杆的作用是通过固定成本的债务来放大企业的收益，但与此同时也增加了企业的财务风险。影响企业财务杠杆系数高低的因素主要包括：① 企业管理层对企业未来业绩走势的预期。乐观的管理层更倾向于采用高财务杠杆。② 息税前利润水平。息税前利润越高,同样的利息水平下财务杠杆系数越低。③ 负债的利息率。在资本总额、资本结构和息税前利润相同的情况下,负债利息率的高低也影响财务杠杆系数和每股收益。④ 资本结构。资本结构中,债务比重越高,财务杠杆系数就越高,反之则越低。除了财务杠杆系数,还可以通过资产负债率、有息负债率和已获利息倍数等指标来衡量企业的财务杠杆和财务风险。

现实中,如果企业没有很好地控制资本结构,债务比重过高导致企业财务风险增加,企业债务成本负担加重,那么最终企业就会发生债务违约。企业债务违约是由于资金链断裂引发的无法偿还到期债务的经济现象。关于财务危机、财务困境和财务失败影响因素的研究在一定程度上揭示了债务违约的诱因,相关研究主要从企业特征和宏观环境两方面展开。从企业特征看,大部分破产企业都是由内部错误引起的,管理不善和公司治理弱化等导致企业战略失误,全要素生产率下降,内源融资供给受限,为了获取更多的外部资金支持,企业很可能进行现金流操控,甚至高杠杆经营,一旦受到外部冲击,企业就很容易陷入财务危机,但是强大的社会网络能够减小企业发生债务违约的可能性。创新不足使企业产品缺乏竞争力,进而导致利润增速放缓甚至下滑,为企业发生财务危机埋下隐患。从宏观环境看,宏观经济环境和金融环境突变是企业陷入财务危机的重要因素,经济政策、经济周期及政府干预等因素会影响银企关系和融资约束,进而影响企业陷入财务困境的可能性。不仅如此,经济中的负向冲击还通过企业之间的借贷关系将违约风险从高杠杆企业传导至低杠杆企业。

企业债务违约的负面后果具体体现在以下三个方面:其一,对于企业而言,资金链断裂会导致严重的流动性不足,进而使得企业难以维持正常的经营活动,甚至最终破产清算。其二,对于提供融资支持的金融机构及担保机构而言,企业债务违约同样对其带来沉重的打击。若违约规模较大,则将波及与企业业务紧密相关的上下游企业,导致整个供应链受到冲击,进而可能引发连锁性的债务违约风险,加剧金融市场的不稳定性。其三,对于资本市场而言,债务违约会打击投资者信心,导致股市反应剧烈,股价大幅下跌;同时,会引发债权人集体维权,企业品牌形象将遭受严重损害。这不仅损害了资本市场的健康发展,更可能引发社会公众对整个行业前景的悲观预期。因此,企业必须采取有效措施,加强风险防控,确保债务管理的稳健性,以维护金融市场的稳定与健康发展。

二、案例资料

(一) 公司概况

福建傲农生物科技集团股份有限公司(以下简称"傲农生物")成立于2011年4月,是一家以标准化、规范化、集约化和产业化为导向的高科技农牧食品企业,主营业务涉及饲料、养殖、食品等产业。公司的主要产品是种猪、仔猪、商品肉猪和猪饲料。2020年之前,饲料和养殖业务收入之和占到公司各年营业收入的99%左右,是公司经营业绩的主要驱动因素。2020年,公司进入屠宰与肉类加工行业,该业务约占后期公司各年营业收入的20%。2017年9月,傲农生物在上海证券交易所挂牌上市。

(二) 公司债务违约情况

根据2024年9月13日发布的《福建傲农生物科技集团股份有限公司关于新增部分债务逾期的公告》,由于流动资金紧张,公司及部分子公司出现部分债务未能如期偿还的情形。截至2024年9月10日,公司在金融机构新增逾期的债务本息合计约13 110.29万元,占公司最近一期经审计净资产的13.61%。具体情况如下:

(1) 逾期的银行债务,具体如表9-1所示。

表9-1 逾期的银行债务

序号	债务人	债权人	逾期金额(万元)	到期日
1	南昌傲农生物科技有限公司	银行	500.00	2024-09-04
2	南宁傲农育种技术有限公司	银行	1 000.00	2024-09-06
	单笔500万元以下的逾期银行债务小计		310.29	
	合计		1 810.29	

(2) 因金融机构要求提前还贷而逾期的债务,具体如表9-2所示。

表9-2 因金融机构要求提前还贷而逾期的债务

序号	债务人	债权人	提前到期/逾期金额(万元)	贷款提前到期日
1	福建傲农生物科技集团股份有限公司	银行	5 000.00	2024-08-23
2	福建傲农生物科技集团股份有限公司	银行	5 500.00	2024-01-19
	单笔500万元以下因金融机构要求提前还贷而逾期的债务小计		0.00	
	合计		10 500.00	

(3)逾期的养户贷相关债务。湖北傲鹏牧业开发有限公司等子公司养户共 4 户(表内负债)贷款逾期金额合计 800.00 万元,到期日为 2024 年 8 月 26 日至 2024 年 9 月 10 日。

截至 2024 年 9 月 10 日,公司在银行、融资租赁公司等金融机构累计逾期的债务本息合计约 497 949.91 万元(扣除已偿还部分),占公司最近一期经审计净资产的 517.10%。

(三)2017—2024 年 ST 傲农财务报表分析

1. 资产负债表分析

图 9-1 列示了傲农生物的资产规模及结构变化情况。2014—2022 年,公司资产总额呈现逐年上升的发展趋势,从 9.27 亿元增至 186.61 亿元,而 2023 年公司资产总额显著下降。从资产结构来看,公司流动资产从 2014 年的 5.55 亿元增至 2023 年的 27.89 亿元,流动资产占总资产的比重呈下降趋势,从 2014 年的 59.85% 降至 2023 年的 20.47%;非流动资产从 2014 年的 3.72 亿元增至 2023 年的 108.36 亿元,非流动资产增速显著高于流动资产增速,2023 年公司账面非流动资产占总资产的比重达到了 79.53%。

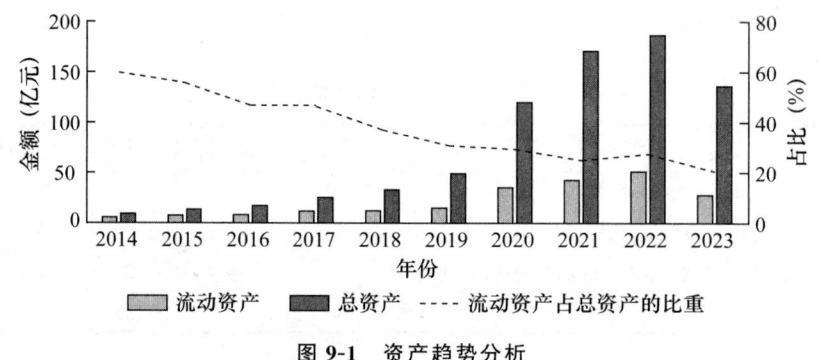

图 9-1 资产趋势分析

资料来源:傲农生物 2014—2023 年年报。

公司呈现典型的重资产经营模式,流动资产占比较低,资产结构层面的流动性水平不足。从非流动资产核心项目来看,2023 年公司非流动资产中金额和占比最大的项目为固定资产,期末余额高达 58.75 亿元,公司非流动资产规模的持续扩张也主要来自固定资产投资建设的驱动。第二大项目为使用权资产,但 2021—2023 年其占非流动资产的比重也有所下降(见图 9-2)。

从流动资产来看,公司流动资产的核心项目为存货,存货期末余额从 2014 年的

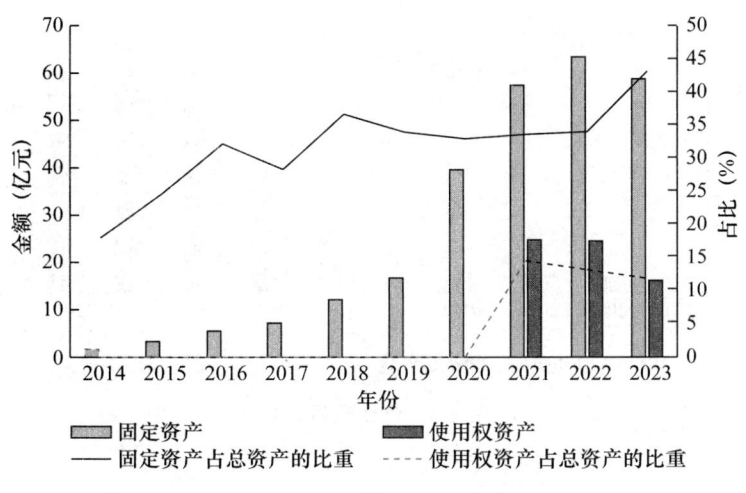

图 9-2　固定资产和使用权资产趋势分析

资料来源：傲农生物 2014—2023 年年报。

2.42 亿元增至 2023 年的 13.28 亿元（见表 9-3）。相较于存货项目，公司账面货币资金水平较低，2023 年仅为 2.08 亿元，仅占当年流动负债（116.45 亿元）的 1.79%。

表 9-3　流动资产报表摘录　　　　　　　　　　　　　　　　　　　　单位：亿元

项目	2014年	2015年	2016年	2017年	2018年	2019年	2020年	2021年	2022年	2023年
货币资金	0.89	1.93	1.74	2.29	1.71	2.55	5.71	5.43	7.19	2.08
交易性金融资产	—	—	—	—	—	—	0.01	0.01	0.03	0.05
应收票据及应收账款	1.66	2.73	2.68	3.45	4.91	4.35	4.49	5.27	5.15	6.51
预付款项	0.19	0.24	0.41	0.56	0.30	0.81	4.27	3.11	3.20	2.39
其他应收款合计	0.38	0.19	0.31	0.53	0.94	1.39	3.28	2.67	2.58	2.47
存货	2.42	2.43	2.85	3.92	4.33	5.99	17.31	25.89	32.89	13.28
持有待售资产	—	—	—	—	—	—	—	—	—	0.83
其他流动资产	0.00	0.00	0.03	1.01	0.07	0.04	0.17	0.26	0.11	0.29
流动资产合计	5.55	7.51	8.02	11.77	12.26	15.14	35.24	42.63	51.15	27.89

资料来源：傲农生物 2014—2023 年年报。

从负债项目来看，2014—2023 年公司负债总额同样保持快速上升的发展趋势，从 7.12 亿元增至 141.28 亿元。从负债结构来看，公司流动负债总额从 6.98 亿元增至 116.45 亿元，流动负债扩张趋势十分明显，2023 年公司账面流动负债占负债总额的比重为 80.40%（见图 9-3），流动负债占比过高为公司可能面临的短期偿债压力埋下了隐患。

从具体项目来看，公司负债项目主要以经营性负债为主，但公司账面金融性负

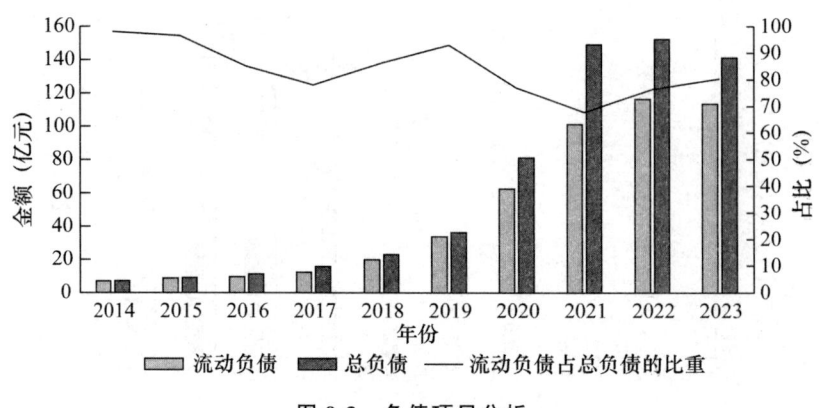

图 9-3 负债项目分析

资料来源：傲农生物 2014—2023 年年报。

债金额同样较高。2023 年公司短期借款达 38.35 亿元，长期借款为 11.82 亿元，应付账款及应付票据期末余额为 35.57 亿元，公司短期金融性负债金额较高，公司可能面临一定的利息支付压力。

从所有者权益项目来看，公司所有者权益总额呈现较大的波动，2021 年所有者权益总额开始下降，主要是因为账面未分配利润降为负值（见图 9-4），说明前几年公司内源性融资能力和利润留存能力有所下降，公司盈利质量出现了明显下滑。2023 年公司所有者权益降总额为－5.03 亿元，已面临资不抵债的状况。

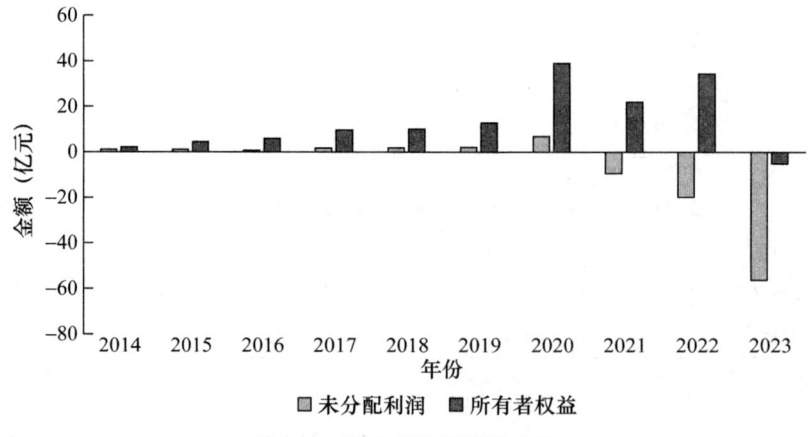

图 9-4 所有者权益项目分析

资料来源：傲农生物 2014—2023 年年报。

2. 利润表分析

从利润表项目来看，公司营业收入从 2014 年的 41.84 亿元持续上升至 2022 年的 216.13 亿元，说明过去几年间公司主营业务的创收能力稳步提升，但 2023 年公司营业收入出现下滑(见图9-5)。公司营业利润自2021年起开始下滑,并持续亏损,2023年亏损扩大至36.50亿元。这主要是由于新冠疫情和猪周期导致的价格波动等因素影响,公司营业成本显著上升,叠加财务费用的快速上升,公司出现了典型的增收不增利的现象。

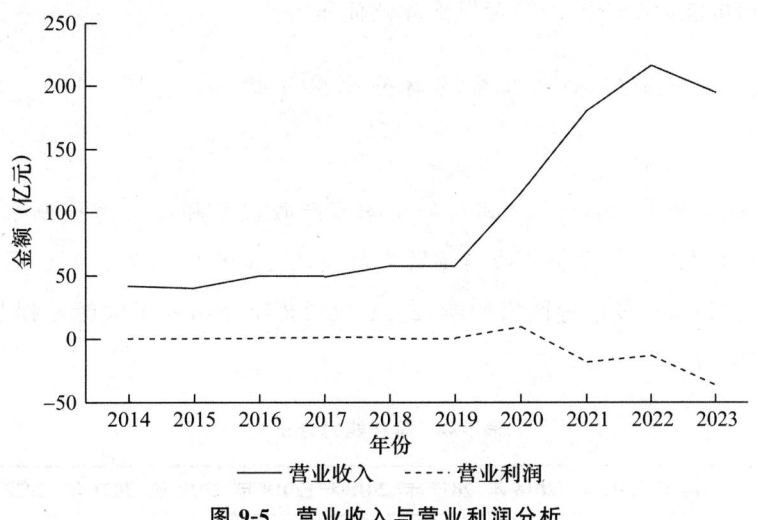

图 9-5　营业收入与营业利润分析

资料来源:傲农生物2014—2023年年报。

3. 现金流量表分析

从现金流量表项目来看,公司经营活动产生的现金流量净额保持上升趋势,但水平较低(见图9-6),2023年经营活动产生的现金流量净额仅为9.84亿元;公司投资活动始终处于现金净流出状态,且流出缺口较大,2020年公司投资活动加速,投

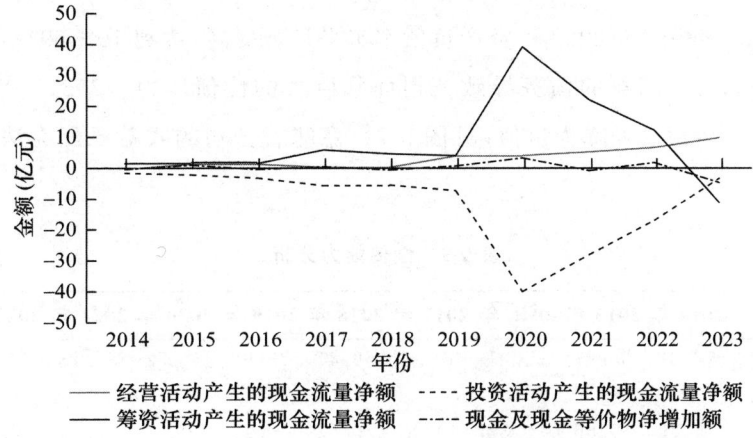

图 9-6　现金流量分析

资料来源:傲农生物2014—2023年年报。

资活动现金净流出达到近40亿元,2020—2023年公司投资活动现金流出缺口有所收窄,但依旧持续为负,说明公司投资活动在持续进行;公司核心的现金净流入为筹资活动产生的现金流,但2023年也出现了负值(−11.30亿元)。由此观之,傲农生物现金流的质量较差,公司经营活动产生的现金流量净额难以覆盖投资活动所需的现金流,公司可能面临较大的筹资风险和偿债压力。

(四) 2014—2024年傲农生物财务比率分析

1. 盈利能力分析

从盈利能力来看,2021—2023年公司净资产收益率和总资产报酬率呈现下降趋势(见表9-4),2021年净资产收益率转为负数,2023年为−473.87%;受猪周期导致的价格波动和新冠疫情等因素影响,2022—2023年公司处于大幅亏损状态,2023年销售毛利率为−4.74%。

表9-4 盈利能力分析　　　　　　　　　　　　　　　　　　　　　　单位:%

财务比率	2014年	2015年	2016年	2017年	2018年	2019年	2020年	2021年	2022年	2023年
净资产收益率	32.35	12.24	21.39	16.87	3.71	3.55	32.10	−75.14	−54.58	−473.8
总资产报酬率	6.61	6.08	8.87	8.27	3.02	4.09	13.54	−9.60	−4.35	−19.32
销售毛利率	16.15	18.75	17.50	18.86	13.70	12.74	17.26	1.43	4.39	−4.74

资料来源:傲农生物2014—2023年年报。

2. 偿债能力分析

从偿债能力来看,2014—2023年公司资产负债率整体呈现上升趋势(见表9-5),2023年相较于2022年资产负债率水平显著提高,达到103.69%,已经处于资不抵债的状态。高额的债务导致公司面临巨大的偿债压力。2021—2023年,公司的已获利息倍数已经降为负值(见图9-7),意味着公司的收益已经无法支付债务利息。

表9-5 偿债能力分析

财务比率	2014年	2015年	2016年	2017年	2018年	2019年	2020年	2021年	2022年	2023年
资产负债率(%)	76.81	66.97	65.31	61.96	69.47	73.92	67.52	87.18	81.61	103.69
流动比率	0.79	0.86	0.84	0.96	0.62	0.45	0.56	0.42	0.44	0.25
速动比率	0.42	0.56	0.50	0.51	0.38	0.25	0.22	0.13	0.13	0.11
现金比率(%)	12.69	22.13	18.32	18.65	8.62	7.54	9.16	5.38	6.20	1.87

资料来源:傲农生物2014—2023年年报。

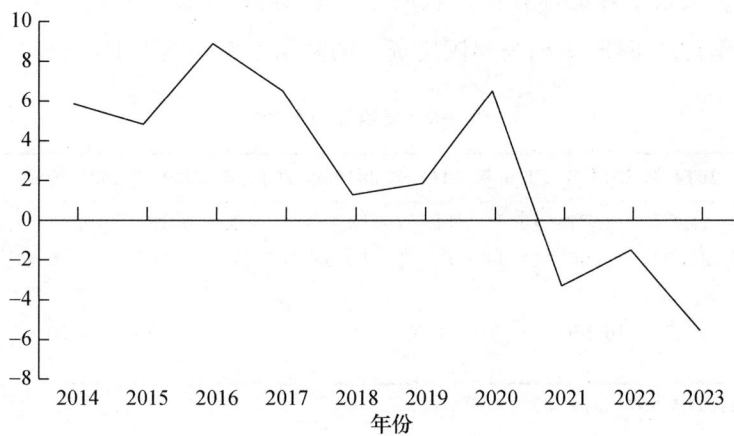

图 9-7　已获利息倍数

资料来源：傲农生物 2014—2023 年年报。

从短期偿债能力来看，公司流动比率、速动比率同样整体呈现下降趋势，2023年公司流动比率为 0.25，速动比率仅为 0.11，现金比率同样较低。可以看出，公司短期偿债能力表现不佳，流动资产与速动资产对流动负债的覆盖和保障力度不足。

3. 营运能力分析

从营运能力来看，2014—2023 年公司总资产周转率呈现下降趋势（见图 9-8），2023 年公司总资产周转率为 1.21，与 2022 年相比保持不变。从存货周转率来看，2014—2023 年公司存货周转率下降，说明公司存货营运管理效率显著下滑，公司面临的存货积压和库存占用风险较高。从应收账款周转率来看，2014—2023 年公司应收账款周转率较高，说明公司面临的应收账款资金回笼风险较低，这主要是公司

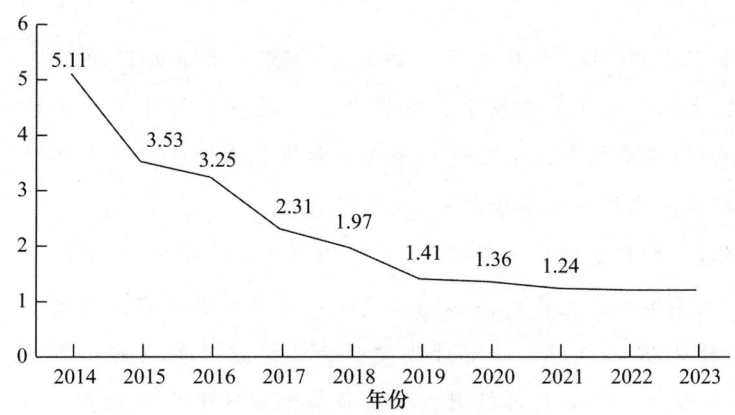

图 9-8　总资产周转率

资料来源：傲农生物 2014—2023 年年报。

账面上应收款项水平较低导致的。从固定资产周转率来看,2014—2023年公司固定资产周转率持续下降,表明公司固定资产的利用效率持续下滑(见表9-6)。

表9-6 营运能力分析　　　　　　　　　　　　　　　　　　　单位:次

财务比率	2014年	2015年	2016年	2017年	2018年	2019年	2020年	2021年	2022年	2023年
存货周转率	14.75	13.44	15.56	11.75	12.05	9.78	8.18	8.23	7.03	8.83
应收账款周转率	31.92	18.66	18.71	16.14	13.98	12.73	26.29	36.97	41.49	33.46
固定资产周转率	30.26	16.09	11.29	7.72	5.97	4.02	4.09	3.72	3.58	3.19

资料来源:傲农生物2014—2023年年报。

(五) 公司债务违约表现

2024年1月9日,由于流动资金紧张,傲农生物及部分子公司已出现部分债务未能如期偿还的情形,傲农生物发布关于部分债务逾期的公告:

> 福建傲农生物科技集团股份有限公司及子公司(以下简称"公司")由于流动资金紧张,导致公司及部分子公司出现部分债务未能如期偿还的情形。截至2023年12月31日,公司在银行、融资租赁公司等金融机构累计逾期的债务本息合计约36581.84万元,占公司最近一期经审计净资产的14.61%。

2024年5月17日,傲农生物收到福建省漳州市中级人民法院(以下简称"漳州中院")《通知书》,其被债权人申请破产重整,漳州中院于5月17日立案进行审查。2024年4月30日,傲农生物股票被实施退市风险警示,简称变更为"*ST傲农"。

> 因傲农生物2023年度经审计的期末归属于上市公司股东的净资产为负值,触及《上海证券交易所股票上市规则》"最近一个会计年度经审计的期末净资产为负值,或追溯重述后最近一个会计年度期末净资产为负值"规定的情形,公司股票被实施退市风险警示。
>
> 另外,因傲农生物近三年(2021—2023年)连续亏损,且容诚会计师事务所对公司2023年财务报告出具了对持续经营能力带强调事项段的无保留意见审计报告,触及"最近连续三个会计年度扣除非经常性损益前后净利润孰低者均为负值,且最近一个会计年度财务会计报告的审计报告显示公司持续经营能力存在不确定性"规定的情形,公司股票交易被实施其他风险警示。

5月17日,傲农生物收到来自上海证券交易所关于公司2023年年度报告的信息披露监管问询函。上海证券交易所要求傲农生物结合营运资金需求、债务期限结构等,补充披露现阶段的资金安排和偿债安排等,以及为保障生产经营稳定和维持上市地位已采取或拟采取的具体措施。近年来,傲农生物生猪养殖业务大幅亏损,盈利能力恶化,饲料成本承压,面临较大的偿债压力。

三、案例分析

(一) 公司债务违约成因分析

1. 行业周期底部,猪价持续走低

图 9-9 显示了 2016—2023 年生猪价格的变化情况。在这七年中,生猪价格经历了显著的起伏。最高价格出现在 2020 年,达到了 1 644.07 元/50 公斤,而最低价格出现在 2018 年,仅为 647.81 元/50 公斤,两者之间的差距超过了 1 000 元,显示出生猪市场价格的剧烈波动。生猪价格在 2020 年达到一个历史高点后,价格连续三年下降。对于 2020 年左右采用高负债进行产能扩张的企业来说,这无疑会造成重大的不利冲击。2023 年为生猪养殖行业的第三个亏损年度,生猪价格持续低位震荡,其间产能持续慢速消化,价格上涨动力不足。

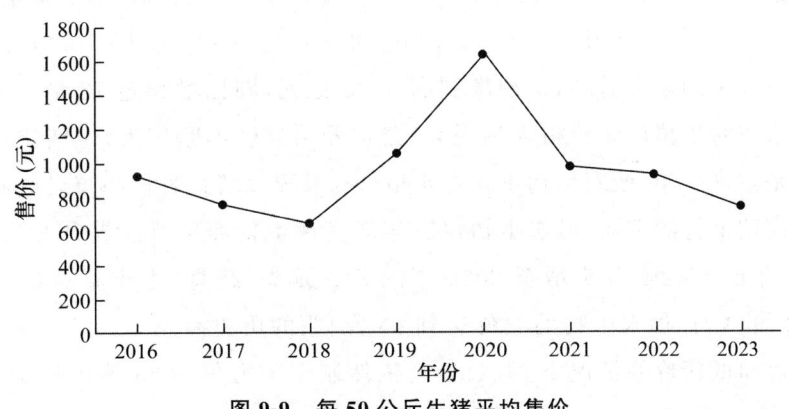

图 9-9 每 50 公斤生猪平均售价

资料来源:农业农村部、国家统计局。

上市猪企在价格周期的高点大幅扩张,周期下行时产能规模越大亏损越严重,导致企业现金流进一步收紧、偿债指标恶化、资产负债率走高(见图 9-10)。根据资产负债表信息,傲农生物固定资产开支主要集中于 2020 年及以后,这意味着出栏主要在 2021 年及以后。2021—2023 年生猪价格持续下降,导致公司投产产能亏损严重。

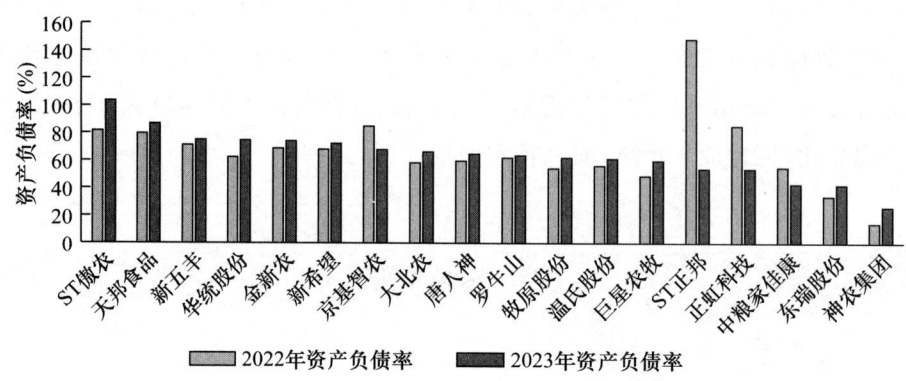

图 9-10　生猪养殖上市公司的资产负债率

资料来源：各公司年报。

2. 激进扩张，借债规模巨大

企业债务违约的根源在于企业投资扩张失控、经营绩效低下。2018—2023 年，傲农生物经营活动现金流量净额合计 30 亿元，加上债务筹资活动现金流量净额 70 亿元，全部投入投资活动约 101 亿元。债务筹资活动现金流量净额约为经营活动现金流量净额的 2.33 倍，导致公司资产负债率过高、债务增长过快。

傲农生物以饲料起家，2014 年开始涉足生猪养殖业务。2018 年国内发生非洲猪瘟疫情后，生猪养殖市场洗牌，傲农生物趁机迅速扩张生猪养殖业务，一度被业内视为"养殖黑马"。2019 年，傲农生物制订了三年出栏计划：2019 年生猪出栏 80 万～100 万头，2020 年 150 万～200 万头，2021 年 250 万～300 万头。2020 年，傲农生物创造上市以来的最大盈利，实现净利润 5.73 亿元，同比增长超 18 倍。傲农生物将此归功于当时生猪市场价格大幅提高，公司养殖规模不断扩大，生猪出栏量大幅增加。也是在这一年，傲农生物正式在年报中提及要以"猪"为核心布局产业链。

乘着周期上行的东风，傲农生物仅三年就实现生猪养殖产能提升 6 倍，总出栏量从 2019 年的 65.94 万头增至 2022 年的 519 万头，跻身"上市猪企前五大俱乐部"。2022 年 4 月，傲农生物的股价达到 28 元/股的历史高点。2022 年年底，在持续亏损失血和低猪价的情况下，傲农生物依然制定了力争 2023 年出栏量达到 800 万头、2024 年出栏量达到 1 000 万头的目标，而这个目标仅次于第三大养猪企业新希望的出栏总量。激进的投资引发债务危机，2023 年年底，亏损过多的傲农生物资金链断裂。

3. 财务杠杆率高，财务结构失衡

傲农生物业务增长需要大量的营运资金，除公司股东投入资金外，公司营运资金主要来自银行短期借款和供应商提供的商业信用等短期债务。公司利用财务杠杆进行银行借款融资，为公司扩大生产规模提供了有力的资金支持，但银行借款融资也导致公司负债规模持续扩大,财务成本大幅增加。公司流动负债总额从2014年的6.98亿元增至2023年的113.59亿元,流动负债扩张趋势十分显著,2023年公司账面流动负债占负债总额的比重达80.40%。如图9-11所示,2020—2023年公司财务费用分别约为1.79亿元、4.32亿元、5.32亿元及5.70亿元。

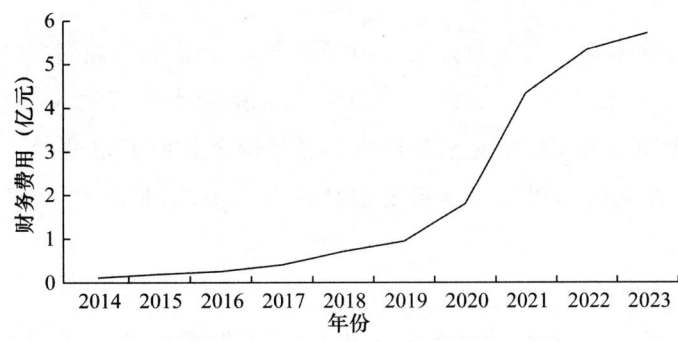

图9-11 傲农生物财务费用

资料来源:傲农生物2014—2023年年报。

4. 缺乏核心技术,营业成本较高

公司分别于2018年11月进口1 000头加系原种猪、2020年1月进口1 000头丹系原种猪,2022年正式成立福建傲芯种业科技集团有限公司,专注于开展生猪育种业务。傲农生物作为产业新进资本,无核心育种技术,生产成本过高。自2021年起,猪价已出现下降趋势,但傲农生物高成本扩张的步伐并未停下。从平均生产成本来看,2023年第一季度傲农生物的生产成本为18.2元/公斤(见表9-7),高于其他生猪养殖上市公司,导致公司缺乏成本优势。

表9-7 生猪养殖上市公司生产成本

公司名称	生产成本(元/公斤)	更新时间	2024年目标成本(元/公斤)
神农集团	14.7	2024年1—2月	15.0
京基智农	14.7	2023年12月	15.0
温氏股份	15.6	2024年2月	15.0—15.6
牧原股份	15.8	2024年1—2月	14.5
新希望	16.0	2024年2月	15.5
金新农	16.17	2024年1月	15.0—15.5
华统股份	16.0—17.0	2023年第三季度	16.0
天康生物	16.4	2023年9月	15.0—15.5
天邦食品	16.6	2023年第四季度	未提供
大北农	17.0	2023年9月	14.0
东瑞股份	17.8	2023年	16.0
立华股份	18.0	2023年第四季度	16.0
傲农生物	18.2	2023年第一季度	<17.0

资料来源:《农财数读》。

（二）公司防范债务违约风险的措施

为了降低债务违约风险，傲农生物曾采取多项措施，包括定向增发、出售资产、终止部分募投项目并将剩余募集资金及利息永久补充流动资金等。

1. 定向增发

2021年，傲农生物计划非公开发行股票募集资金总额不超过14.4亿元，其中9.4亿元用于补充流动资金，2022年4月15日完成本次发行募集资金的验资。2022年，傲农生物计划向特定对象发行股票募集资金总额不超过14.26亿元，其中4.27亿元用于补充流动资金。这起定增经过多次修改，最终在2024年2月终止审核。

2. 终止募投项目

2024年5月15日，傲农生物发布公告称，公司决定终止15 000头母猪自繁自养猪场项目（一期）、年产18万吨饲料（一期）项目，并将剩余募集资金及利息永久补充流动资金，以便最大程度发挥募集资金的使用效率。

3. 出售资产

公司债务违约的一个重要原因就是现金流匮乏。将部分资产抵押或出售，获取偿债资金，有助于帮助公司缓解现金流压力，应对债务危机。除了积极定增募资、终止部分募投项目并将剩余募集资金及利息永久补充流动资金、多次用闲置募集资金暂时补充流动资金外，傲农生物还试图通过出售资产方式"回血"。2023年12月，傲农生物与大北农签署了战略合作意向协议，傲农生物控股股东傲农投资有限公司（以下简称"傲农投资"）与大北农签署了投资合作意向协议。其中，大北农与傲农投资签署的协议显示，大北农拟通过增资扩股的方式取得傲农投资不少于51%的股权；大北农与傲农生物签署的协议显示，大北农拟以现金方式投资或收购傲农生物下属优质资产，投资金额不超过6亿元。傲农生物表示，本次傲农投资与大北农签署的投资合作意向协议如果能顺利推进并完成，则公司控制权预计将发生变更。然而，2023年年底，两项协议均宣告终止。

4. 股权运作

2023年5月，傲农生物创始人吴有林宣布，计划通过协议转让或大宗交易方式减持不超过傲农生物总股本10%的股份，并向傲农生物提供不超过5亿元的财务资助。7月，漳州金投集团有限公司通过协议转让方式取得傲农生物近5.05%的股权，交易对价3.91亿元。之后的一个月，吴有林继续减持8.2%的股权，取得现金6.4亿元。两次套现合计补充资金超过10亿元，但面对巨大的债务存量，此举实际效果极其有限。2023年11月，傲农生物再次发布公告称，计划通过协议转让方式减持不超过公司总股本17.5%的股份,但后续仅以3.65亿元的对价转让给平潭天添资产管理有限公司5.23%的股权。

5. 聚焦主业

2023年10月,傲农生物作价7.48亿元向漳州鸿枫农业科技有限公司转让福建傲芯生物科技集团有限公司51%的股权。此后,傲农生物继续出售资产筹措资金。2023年12月,傲农生物发布公告称,拟转让8家子公司的部分股权,每家公司股权转让价为1元,总价款为8元,受让方为其控股股东傲农投资。2024年1月,傲农生物计划将持有的厦门国贸傲农农产品有限公司49%的股权转让给厦门国贸农产品有限公司,交易对价为5 219.79万元。"公司本次出售国贸傲农49%股权,主要是为了进一步优化资源配置,聚焦于核心主业,逐步剥离附属业务,改善公司现金流,降低负债率。本次交易完成后,公司将不再持有国贸傲农股权。"公司经营情况的有效改善是摆脱债务危机的根本途径。

6. 破产重整

深陷债务漩涡的*ST傲农重整之路迎来重大进展,多家国资企业组成的联合体成为公司重整中选投资人。2024年9月13日,*ST傲农发布公告称,福建傲农生物科技集团股份有限公司及漳州傲农投资有限公司重整投资人遴选评审委员会根据《傲农集团重整投资人遴选评审规则及评分细则》依法评审,确认泉发外贸联合体(成员包括泉州发展集团有限公司、湖北省粮食有限公司以及中国对外经济贸易信托有限公司等)为傲农生物重整中选投资人。本次重整中选投资人联合体企业实际控制人均为国有资本,其中泉州发展集团有限公司实际控制人为泉州市国资委,湖北省粮食有限公司实际控制人为湖北省国资委,中国对外经济贸易信托有限公司实际控制人为国务院国资委。

讨论题

1. 高负债的资本结构如何影响企业的价值和战略决策?
2. 在猪价波动的大背景下,我国养殖企业的资本结构应做出怎样的调整?
3. 对于陷入财务困境的企业,可实施哪些措施以摆脱财务困境?

小案例

正邦科技违约,雪崩才刚开始

2022年6月9日,主营饲料、生猪、兽药的江西正邦科技股份有限公司(以下简称"正邦科技")发布公告称,受猪周期影响,因流动资金紧张部分商票逾期未兑付,余额合计 5.42 亿元，公司将持续与债权人积极协商，妥善处理相关商票逾期未兑付事项，并提示可能因上述逾期而面临诉讼、仲裁等风险。次日，大公国际资信评估有限公司下调正邦科技信用等级为 AA—，评级展望调整为负面。

随后两个交易日，正邦科技股价下跌 10.89%，截至 2022 年 6 月 10 日，收盘价报 5.48 元/股，较 1 月初的年内最高点下跌 50.67%，市值蒸发 177 亿元。在此之前，正邦科技 2021 年年报及 2022 年一季报均呈现亏损，2021 年归母净利润（—188.19 亿元）同比减少 427.62%，2022 年一季度归母净利润（—24.33 亿元）同比减少 1 249.73%。

公告显示，本次商票逾期主体中，正邦科技自身达 5.17 亿元。2022 年 5 月中旬，其子公司获得担保融资共 5.65 亿元，期限为一年，担保方正是母公司正邦科技，而根据 2022 年一季报，正邦科技的净资产仅为 6.53 亿元。此外，江西正邦养殖有限公司（正邦科技全资子公司）2021 年巨亏 115.6 亿元，2022 年一季度又亏损 19 亿元，同时负债高达 213 亿元，包括 121.48 亿元的短期负债和 40.11 亿元的一年内到期的非流动负债，资产负债率达到 94.61%。而 2022 年一季度末，正邦科技的货币资金仅为 30.73 亿元，且有部分资金受限，而经营活动现金流又大幅净流出，上述负债到期时资金压力无法想象。在巨额担保、巨额负债、巨额亏损的三重压力下，本次商票逾期可能是正邦科技雪崩的前兆。

讨论题：正邦科技应对与处置债务违约的具体策略有哪些？

案例十　中石油司库体系

教学目的与要求 >>>

通过对本案例的学习,学生应了解国资委对中央企业构建司库体系的建设意见,熟悉司库体系是推进集团各成员企业资金筹集、投资、业务运营、结算、调剂的管理机制,也是提高资金配置效率、防范资金风险的制度安排;理解中石油司库体系的多重功能与管理创新;把握数智化技术如何支撑司库体系的构建与运行。

一、背景知识

（一）集团内部资本市场与管理模式

企业集团作为一个命运共同体,各成员企业相互之间有着密切的伙伴关系,尤其是它们在资金使用、周转需求上往往存在一个"时间差",成为集团资金融通、调剂、管控的财务基础。集团总部根据其生产经营、对外投资和调整资金结构的需要,在一定程度上把集团内各成员企业可利用的资金汇总起来,在保障各成员企业生产经营、财务收支独立性的前提下,开展统一融通与调剂,形成集团内部资本市场。按资金来源的不同,企业集团资金融通的方式主要有以下三种：

（1）外部资金融通。集团借助各成员企业的银行信贷资金及集团本身的银行信贷资金在集团内部进行资金融通使用的方式,如集团上贷下拨、统贷统还,集团横向划拨使用,各成员企业自行向银行贷款、实施谁贷谁还,等等。

（2）内部资金融通。集团凭借自己的资金力量和各成员企业的自有资金在集团内部进行的资金横向融通使用,以调剂成员企业资金余缺的优化配置。

（3）产融结合化。如组建集团财务公司和建立银企财团等。

企业集团资金管理的模式主要有以下四种：

（1）集团内部资金结算中心。资金结算中心作为集团的内部银行,统一管理集团总部及各成员企业的银行账户,为各成员企业办理日常结算业务、统一外源融资以及调剂企业存款和发放贷款。资金结算中心要做到账务日清月结,保证资金头寸调配和各账户余额的及时准确。

(2) 财务公司。财务公司是为企业集团内部成员企业提供金融服务的非银行金融机构,主要经办集团内成员企业的金融业务和资金结算业务。

(3) 现金池(cash pool),也被称为现金总库。在现金池框架内,集团公司及其成员企业分别是委托借款人和借款人,成员企业在池里透支是贷款,要支付利息,相反在池里存款是放款,要收取利息。现金池根据是否发生不同实体之间的资金物理转移,分为实体现金池和名义现金池。

(4) 司库(treasury)。司库是集团内部专门实施公司理财、资本市场与融资、现金与流动性管理的机构,同时也是实施内部资金管理和流动性风险管理的机构。司库制度作为集团资金管理的高级形式,最终目的是通过集团内资源的整合和风险的管控,实现生产经营、投融资决策、业务协同、风险管理的一体化应用,以更高的水准为集团的战略与经营发展服务。司库更加侧重于与成员企业的经营协同、与集团公司的战略协同、与金融产品的创新协调。司库制度已经成为大型企业集团、跨国公司资金管理的基本模式。

(二)《关于推动中央企业加快司库体系建设进一步加强资金管理的意见》

2022年1月,国务院国资委发布《关于推动中央企业加快司库体系建设进一步加强资金管理的意见》(以下简称《央企司库体系建设意见》)。《央企司库体系建设意见》明确了中央企业司库体系建设的重要意义、总体要求、管理工作等六部分内容。这标志着作为建设世界一流企业的排头兵,中央企业需要通过司库体系建设全面开启资金管理精益化、集约化、智能化的新发展格局。在中国式现代化、高质量发展、建设世界一流企业的背景下,《央企司库体系建设意见》的制度设计、理论创新和实施策略是当下财务管理理论研究上值得深度思考的议题。

首先,《央企司库体系建设意见》明确了司库体系的概念。司库体系是企业集团依托财务公司、资金中心等管理平台,运用现代网络信息技术,以资金集中和信息集中为重点,以提高资金运营效率、降低资金成本、防控资金风险为目标,以服务战略、支撑业务、创造价值为导向,对企业资金等金融资源进行实时监控和统筹调度的现代企业治理机制。

其次,《央企司库体系建设意见》阐明了司库体系建设的目标、原则与模式。在统一总体目标下,对不同资质企业提出不同的分阶段要求。其中,总体目标是力争2023年年底前所有中央企业基本建成"智能友好、穿透可视、功能强大、安全可靠"的司库信息系统,所有子企业银行账户全部可视、资金流动全部可溯、归集资金全部可控,实现司库管理体系化、制度化、规范化和信息化。司库建设要坚持效益性、安全性、合规性、智慧性和协同性的工作原则。中央企业要围绕资金等金融资源的管理流程，梳理明确集团总部各部门、总部财务部门与财务公司、资金中心等管理平台在司库管理中的职能边界和职责权限，建立总部统筹、平台实施、基层执行"三位一体"的司库管理组织和"统一管理、分级授权"的司库管理模式。

最后，《央企司库体系建设意见》明确了资金等金融资源管理重点。其一，在资金等金融资源的有效管理方面，中央企业司库要全面覆盖银行账户、票据管理、资金结算等操作类业务，资金集中、债务融资等运营类业务，以及供应链金融服务、战略决策支持和境外资金管理等战略及资源配置类业务，持续加强银行账户统一管理、集团资金集中管理、资金预算约束管理、债务融资严格管理、资金结算规范管理、票据使用高效管理、应收款项清收管理、借款与融资担保管理、境外企业资金管理、供应链金融服务管理和战略决策支持管理共11项管理工作。其二，在资金管理的风险防控方面，通过信息系统固化和规范资金管理内控流程，中央企业司库要全面防范资金舞弊风险、合规性风险、流动性风险和金融市场风险。其三，在司库信息系统的建设开发方面，中央企业要切实做好司库信息系统的规划设计、软硬件开发、运行维护和安全保密等工作，加快与生产等业务信息系统兼容互通、数据共享，推动与子企业财务等信息系统联接贯通、信息穿透，实现全集团"一张网、一个库、一个池"、全过程信息监控和全级次穿透式监管。其四，在司库体系建设的工作保障方面，中央企业要从加强组织领导、强化考核评价、严格监督问责等方面做好工作保障。

二、案例资料

中国石油天然气集团有限公司（以下简称"中石油"）是中央直接管理的国有特大型企业，隶属于国务院国资委。中石油是国有重要骨干企业以及全球主要的油气生产商和供应商之一，是集油气新能源、炼化新材料、支持服务、资本金融、科技创新等业务于一体的综合性国际能源公司，在全球32个国家和地区开展油气投资业务。2024年8月5日，2024年《财富》世界500强排行榜发布，中石油位列第6。

中石油主营业务范围覆盖石油天然气行业的上中下游，包括国内油气勘探开发、炼油与化工、成品油销售、天然气与管道、海外勘探开发、国际贸易、工程技术服务、石油工程建设、石油装备制造和金融十大板块，是专注油气上游业务，同时涉足油气全产业链的综合性国际能源公司。

中石油司库体系建设以制度建设为基础、流程建设为核心、系统建设为抓手，坚持"理念升级、制度升级、管控升级、平台升级"原则，全面稳步推进。

(一)制度建设与流程梳理

按照全面系统、管控到位、界面清晰、责权对等的原则,设计与综合性国际能源公司司库体系相配套的制度规范,根据国资委 2022 年下发的《意见》及司库体系建设检查验收标准等,以《中国石油天然气集团有限公司司库管理办法》为统领,下设 5 大类各项具体管理办法,健全全面、统一的司库管理制度体系,包括 10 项资金管理、10 项融资管理、2 项银行账号管理、2 项应收账款与票据管理、3 项风险管理及其他制度。

在梳理原有数百个流程的基础上,按照"标准化、程序化、规范化"原则设计、优化上百个端到端司库业务流程,并逐一通过内控部审核共计 85 项,其中 40 项流动性管理流程、23 项融资管理流程、7 项投资管理流程、15 项风险管理流程。

(二)业务架构

司库体系的业务架构包括业务操作层、司库管理层和决策支持层三个层次。如图 10-1 所示,最上层"决策分析"属于决策支持层。本层服务于集团最高管理层,通

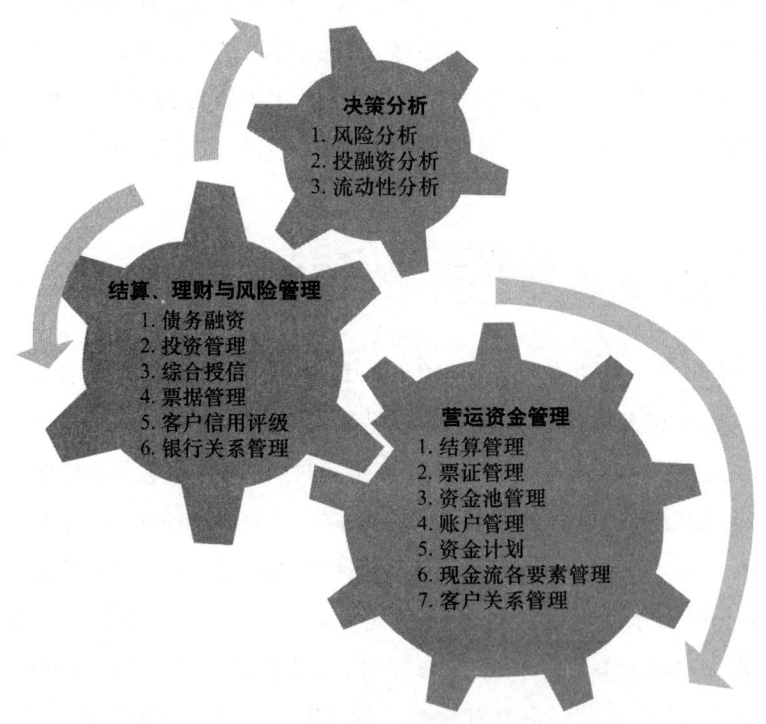

图 10-1 司库体系的业务架构

资料来源:刘跃珍:《集团大司库管理体系与信息化建设——基于中国石油财务管控的实践探索》,《管理会计研究》2022 年第 2 期。

过司库管理指标体系、司库运行状况分析等为风险分析、投融资分析和流动性分析等提供决策支持信息。中间层"结算、理财与风险管理"属于司库管理层。本层服务于集团总部和财务公司,在债务融资、投资管理、综合授信、票据管理、客户信用评级和银行关系管理等方面实施集中金融管控。最下层"营运资金管理"属于业务操作层。本层在结算管理、票证管理、资金池管理、账户管理、资金计划、现金流各要素管理和客户关系管理等方面开展工作。

在实现资金收支两条线集中管理的基础上,集团全面推进司库信息系统建设,将银行账户、资金结算、资金计划、统一票据、投融资、担保授信、境外资金集中、客户信用、全面风险管控、决策支持等十大内容纳入司库信息系统,对集团金融资源进行垂直管理,基本实现了"上市与未上市一体化、境内与境外一体化、本币与外币一体化"的资金管理目标。

(三) 司库管理要点

1. "总分账户"管理模式

(1) 集团公司合作银行为工商银行、建设银行、农业银行、中国银行、昆仑银行、交通银行、招商银行七家,财务公司在签约银行开立总账户,所属企业在签约银行开立分账户,分账户与总账户联动;同时,所属企业在财务公司开立内部结算户,与分账户建立对应关系,实现总分联动,在财务公司形成集团统一资金池。

(2) 总分账户实现资金收入实时归集,支出实时划拨;所属企业可以在七家签约银行范围内自主选择开户银行,上下级企业可以在不同银行开户。

(3) 所属企业所有收支结算业务依托财务公司平台办理,同行结算实现 7×24 小时服务,跨行结算取决于中国人民银行大额实时支付系统交易时间。

2. 资金池

(1) 收入。分账户资金收入实时划转至总账户,归集至集团统一资金池;维持所属企业资金所有权和使用权不变,维持集团总部资金调度权与管理权不变。

(2) 支出。付款由总账户划入分账户再对外支付,所有支付信息在财务公司全面归集。

3. 银行账户管理

所属企业开立、变更、撤销账户应在司库平台向总部提出申请,经总部批复后,方可在开户机构办理相关业务。目前,集团共有各类银行账户超万个,均纳入司库系统统一管理,在合作银行开立的账户占比超 95%。集中管理的账户与银行及财务公司等金融机构搭建了直联,各合作银行在中石油办公大楼部署了"一主一备"专线及加密机,保证了司库系统与银行系统顺畅运行。银行账户与会计核算科目联动,保证了账户与科目一一对应，防止资金体外运行。

4. 资金计划管理

资金计划管理的原则如下：① 以收定支、量入为出。坚持效益导向，资金优先流向投资回报高、效益好的项目。对超进度支出、限制性支出、非必要支出等项目进行严格审核与控制。② 依据投资、紧扣预算。加强资金预算和资金计划与投资安排、财务预算的有效衔接，原则上，所有单位的付现资本性支出不超过当年下达的投资计划。③ 细化项目、精细管控。按交易类型划分，资金收支项目分为股份公司封闭内、关联交易、未上市企业之间和对外结算四类；管理细化至产品分类和收支要素。④ 两上两下、严控缺口。总部对所属企业年度资金预算和资金计划逐家审核，上下结合、两上两下。

资金计划管理的措施如下：① 集团实行严格的资金预算约束管理，建立了年预算、月计划、周控制、日安排运行机制，并对资金计划执行情况进行严格的考核。② 所有完成业务审批及财务审核的满足付款条件的付款单，统一存放在司库待付池，对需要支付的付款单进行汇总并生成资金计划，资金计划经所属企业内部审批后上报集团总部进行审批，总部审批通过后方可对外支付。③ 会计核算系统对银行存款科目进行了统御，付款凭证不能手动录入，必须由总部审批后的付款单自动生成，否则不能进行账务处理，从而杜绝了无计划支付。④ 对于紧急用款事项，履行相应的审批程序后随时支付。

5. 集团统一票据池

通过财企、银企直联，实现与金融机构、票据交易所互联互通，实现司库系统开立票据、接收电子票据，集中统筹票据管理，开展票据周转、融资、交易等业务，依托昆仑银行、财务公司等实现票据集中运作，解决票据资金融通问题，实现票据保值增值。

6. 集团统一融资

（1）债务集中管理，总部统一对外融资。

（2）未经批准不得对外投资、对外借款、对外担保。

（3）根据集团年度资金预算，确定融资方案。

（4）优选融资平台（中石油集团、中石油股份、昆仑能源、财务公司等），进行多元化、多渠道融资。

7. 集团内部资金结算

要求实现股份公司与未上市企业、未上市企业之间关联交易结算，股份公司内部单位之间封闭结算统一流程、规范操作，加快结算进度，实现当日托收、当日到账和当日集中。

8. 客户信用管理

针对赊销客户,收集财务报表、信用状况、历史交易等信息,对客户进行评级授信,确定赊销额度,经审批后的赊销额度实时推送至 ERP(企业资源计划)系统,进行事前控制。

9. 授信全过程管理

授信额度由集团总部统一管理,通过系统实现"签署协议—切分额度—使用额度—额度到期"全闭环动态管理。

10. 担保业务管理

(1) 通过担保业务事前评价、事中监控、事后检测全过程操作链条的把控,实现业务、财务、法律、商务等多部门线上联合审核。

(2) 同步外部接口数据,实现全部历史遗留担保及新增担保的数据整合和资料留存,确保数据的时效性及资料的完整性。

(3) 规范担保流程,降低违规操作风险。

11. 境外融资管理

(1) 统一组织、集中管理。

(2) 按融资规划和年度计划实行总量控制。

(3) 根据项目具体特点,设计和安排项目贷款金额、币种、利率、期限以及相应的信用支持结构。

12. 外汇资金集中管理

(1) 在北京、香港、新加坡、迪拜组建四大外汇现金池。利用财务公司及其境外子公司平台,实现美元、欧元、英镑、港币、境外人民币集中管理。具体采用财务公司账户直接收付、现金收支两条线、限额上收等多种管理模式。

(2) 与选定银行建立直联。财务公司与六家境内银行(外币业务)(工商银行、中国银行、中信银行、交通银行、农业银行、建设银行)和六家境外银行(中银香港、花旗银行、渣打银行、摩根银行、美国银行、工银亚洲)实现直联对接,可实现账户余额及交易明细查询、账户资金监控及直联支付,免费为所属企业办理结算,结算覆盖 80 余个国家和地区。

(3) 统一结售汇。集团所属企业结售汇业务通过财务公司集中办理。

(4) 多种模式实现境外资金集中调剂。① 境外资金集中池:主要采用现金收支两条线、财务公司直接收付等方式,实现资金集中管理。② 跨境资金集中池:跨境资金集中主要有吸收外债和对外放款两种模式,财务公司向监管部门进行整体合同备案,参与所属企业每笔放款或外债无须再次报批,业务合规性由财务公司和主办银行共同控制,降低了所属企业的合规性风险。

13. 全面风险管控

注重建立完善五大风险体系:一是流动性风险。严格执行资金计划,财务公司制定支付应急预案,避免支付危机。二是操作风险。合理设置岗位、流程、权限,全过程监控事前、事中、事后业务。三是汇率风险。统一制定汇率风险管理政策,对所属企业进行业务指导和监督。四是利率风险。动态跟踪债务项下外币的利率走势,综合运用再融资工具及对冲工具。五是信用风险。建立客户信用评价制度,加强赊销客户准入管理和过程监控。

(四) 司库体系建设

司库体系由集团公司自主设计,拥有完全知识产权,体系建设由集团内部支持单位昆仑数智科技有限责任公司及外部协作单位普联软件股份有限公司完成。

体系建设的特征是集成架构,根据不同的业务场景,采用不同的接口方式,保证数据的共享及一致性。系统采用 Web Service(基于网络的模块化组件)、RFC(一系列以编号排定的文件)、中间库等方式,将会计核算、股份交易平台、集团交易平台、合同系统、加管(加油管理)系统、报销系统、HR(人力资源)系统、地区公司自建系统、FILENET(非结构化数据管理)系统等交互集成,通过银企交易平台与财务公司、商业银行进行集成,如图 10-2 所示。

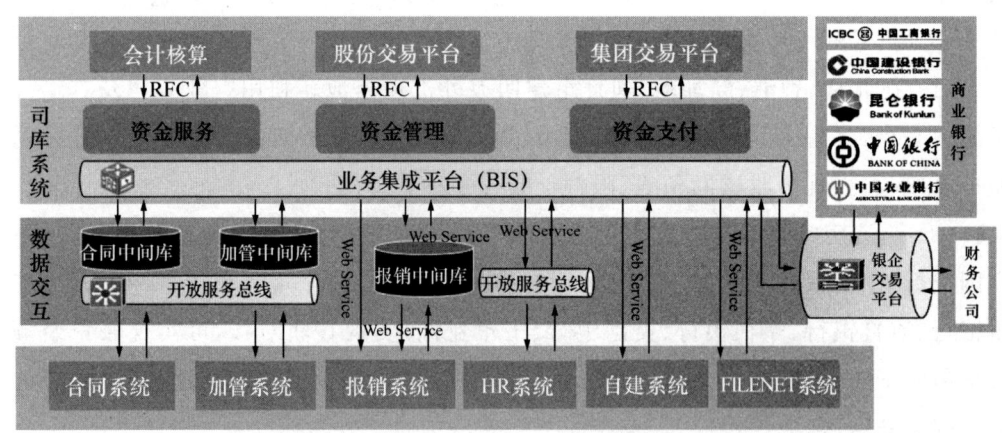

图 10-2 司库体系的集成架构

资料来源:刘跃珍:《集团大司库管理体系与信息化建设——基于中国石油财务管控的实践探索》,《管理会计研究》2022 年第 2 期。

目前,集团司库体系由营运资金、结算、理财、风险和决策支持五个子系统构成。

三、案例分析

（一）企业资金管理概念实现升级

在中国企业实践中，资金集中管理通常有收支两条线、内部银行、内部资金结算中心、现金池、财务公司等模式，其中又以内部资金结算中心和财务公司两种模式居多。与传统资金管理体系相比，司库体系所涉及的内容更为广泛。在国务院国资委《央企司库体系建设意见》中，司库体系的定义中包含"管理平台""信息技术""目标""导向""金融资源"和"企业治理机制"等关键词。这使得司库体系在概念上远远超越了现行财务理论中的"现金管控""资金管理""资金集中"等范畴，也不是现有西方跨国公司推行的国际司库中心和内部银行的简单复制，更有别于依托商业银行的委托贷款框架下的现金池运作模式。

特别值得说明的是，从财务理论角度划分，资金集中调剂与配置应属于集团内部资本市场议题。内部资本市场是企业集团内部资源配置的平台和重要机制，内部资本的归集和调配是内部资本市场的核心功能。但从中石油案例来看，虽然司库体系的根基仍在集团内部资本市场，但实际运作已经突破企业内部边界，强调司库要打通外部资本市场，实现全球化运作。司库管理在实践上已经超越"内部资金结算中心"等财务术语的范畴。因此，从制度要求和管理实践来看，新型的司库体系实现了中国企业资金管理概念的迭代升级。这种升级表现为，新型的司库体系实现了集团内资金业务相关方的集成化与一体化运作，凸显了结算集中、信息集中和资金集中，建成了全球（全国）统一资金池，实施多渠道融资、多元化投资和风险全面管控，优化了集团产融结合模式和金融资源配置模式，成为集团境内外资金运转安全、规范和高效的管理机制。

（二）以"支撑战略、支持决策、服务业务、创造价值、防控风险"架构司库管理制度

《央企司库体系建设意见》针对司库体系建设明确指出，在资金等金融资源的有效管理上，中央企业司库要全面覆盖操作类业务、运营类业务、战略及资源配置类业务。持续加强银行账户统一管理、集团资金集中管理、资金预算约束管理、债务融资严格管理、资金结算规范管理、票据使用高效管理、应收款项清收管理、借款与融资担保管理、境外企业资金管理、供应链金融服务管理和战略决策支持管理共11项管理工作。

从中石油案例可以看出，司库体系建设要突出：① 打造强势财务总部。在司库

体系的规划和建设过程中,必须通过"集中"的应用模式,实现对集团资金业务的集中监控、现金流的统一规划和调配、关键业务的审批、预算的控制、业务的事中控制和预警,在保持管理平台统一的基础上,发挥集团资金与业务的"垂直管控",形成强大的集团财务总部。② 管控全部资金业务。司库管理制度的核心职责就是强化集团资金业务的集中管理,使之形成集团资金管理的结算中心、监控中心、投融资中心、理财中心、数据中心和决策分析中心。③ 促进业财融合,协同整个供应链。司库体系建设从注重核心应用到发展全过程、全流程、全职能的应用,与供应商、经销商、客户、银行等联合打造全相关方业务系统的协同应用。同时,通过资金业务系统与财务核算、全面预算、合同管理、供应链、应收应付系统的"横向协同",实现业务流程共享和管理效率提升。④ 实时优化集团金融资源配置,重点是优化企业流动资产和流动负债管理,加强对应收应付账款、票据和存货的管理,以提升流动性。⑤ 管控集团全面风险。司库管理制度要在平台集中、数据集中、流程集中的基础上,通过预算控制、授信控制、交易控制、业务前端协同、指标预警、到期提示、多级审批等手段,负责对企业所面临的各类相关风险进行统一集中和专业化管理。如市场风险,包括利率、汇率等货币风险,商品价格风险,股权投资贬值风险等;信用风险,包括交易对手直接风险、结算风险、产业链金融风险等;流动性风险,包括市场流动性风险、融资渠道风险等;操作风险,包括执行录入错误、交易欺诈及系统故障错误等。对于这些风险,司库管理制度需要进行专业化的识别、度量和分析,并采取相应的防范措施。

(三)司库体系下的资金管理要把防控风险置于首要目标

集团司库体系建立的初衷是通过内部资本市场提升集团资金管理的效率,兼顾资金配置的效率与风险。相比之下,国务院国资委《央企司库体系建设意见》指出,企业要全面提升金融资源的管理水平,但更强调要把防控资金风险作为资金管理的重中之重,按照"统一管理、分级授权""不相容岗位分离"和"事权、财权分离"的原则,通过信息系统固化和规范资金管理内部控制流程,全面防范资金舞弊风险、合规性风险、流动性风险和金融市场风险。

在司库体系下,风险防控的概念体现了企业风险管理的制度升级:① 强调制度与流程至上,实现财务、合规、流程、风控的融合。明确要求扎紧扎牢制度的笼子,健全完善风险管理机制,以规则的确定性应对风险的不确定性。② 强调风险管理的系统设计与闭环施策。如中石油司库体系的风险子系统包括风险基础信息维护、限额管理、风险试算、风险分析与监测、客户信用等多个功能模块。③ 强调信息系统固化与内部控制流程的融合。如中石油司库体系在支付结算环节植入了众多的"红绿灯"预警规则等。④ 紧盯管理薄弱环节和短板,加强对重要子企业和重点业务的管控,针对不同类型、不同程度的风险,建立分类、分级风险评估和应对机制。⑤ 兼顾内部资本市场与外部资本市场运作风险,尤其是汇率风险、期权期货风险、供应链金融风险、债务风险等。显然,通过司库体系,做强做实集团内部资本市场,是中石油应对外部资本市场风险的坚实后盾。

(四)强化司库信息系统建设,着力构建数智化司库管理平台

集成、智能、灵敏的司库信息系统是司库管理的重要支撑,也是企业实现信息集中的重要基础。国务院国资委《央企司库体系建设意见》指出,要充分利用司库信息系统与其他信息系统互联互通形成的数据资源,建立集团统一的数据仓库和数据集市,实现全集团"一张网、一个库、一个池"。对内覆盖集团所有单位,对外打通银企、政企、税企、企企互联的通道,实现全过程信息监控和全级次穿透式监管。不断增强和完善司库信息系统功能,借助智能化信息技术深度挖掘数据,对资金头寸、融资成本、利率汇率等进行多维度、全方位的分析研判,实现资金分析场景化、动态化和智能化,推动管理决策链、生产经营链、客户服务链更加敏捷高效。

司库信息系统、司库管理平台是中石油司库体系的重要组成部分。全方位嵌入数智化的司库体系已成为当下中国企业集团资金管理的重要特征。从制度设计方面,数智化司库体系彰显集团资金管理在以下三个方面的升级:① 通过"大智移云物区"的数字信息技术,资金管理从数据的生产者和集成者转变为大数据的应用者和推行者。司库体系构建重在持续优化集团数据管理机制,以数据融合一体化、业务处理自动化、价值洞察智能化为实施路径,打造司库体系的数据引擎,全面提升数据获取能力、数据连接能力、数据感知能力和数据运用能力。② 资金管理分析报告从纸面文档分析或 PPT 报告迭代为驾驶舱、商业智能。司库体系着力构建基于大数据的可视、可知、可管、可控、可溯、可预警的资金管理分析体系。比如通过发挥敏捷商业智能工具的优势,利用其丰富的算法模型以及雷达图、玫瑰图、指标卡等多种分析图形,实现了分析模式的可视化展现和智能切换功能,既能便捷地实现多维度、穿透式分析,又能多情景预判分析和适时风险预警提示,提高了管理决策的智慧化程度。③ 全集团资金从物理共享发展为虚拟共享。在数智化情景下,司库体系通过云端平台统一管理标准、规则、流程、数据、服务,打破了地域和系统限制,实现了资金收付各项流程线上敏捷操作和资金全闭环在线智慧管理。

讨论题

1. 为什么说司库体系是集团资金管理创新机制？
2. 你对本案例中"司库体系的业务架构分为业务操作层、司库管理层和决策支持层"的设计有何评价？
3. 为什么司库体系下的资金管理要把风险防控置于首要目标？
4. 为什么推进有效的司库体系需要打造强势集团财务总部？
5. 在司库体系的建设与运作中如何融合数智化？

小案例

国家电网司库管理体系

国家电网有限公司（以下简称"国家电网"）司库管理体系（见图10-3）由"1233"管理架构、"全方位、实时性、可视化"数字平台、"三位一体"组织（集团总部、内部金融机构和各级单位）保障等共同构成，推动实现资金管理数字化、智能化，促进存量资金高效运作、流量资金精益管理、增量资金集中管控，持续提升资金管理效率、效益和安全水平。

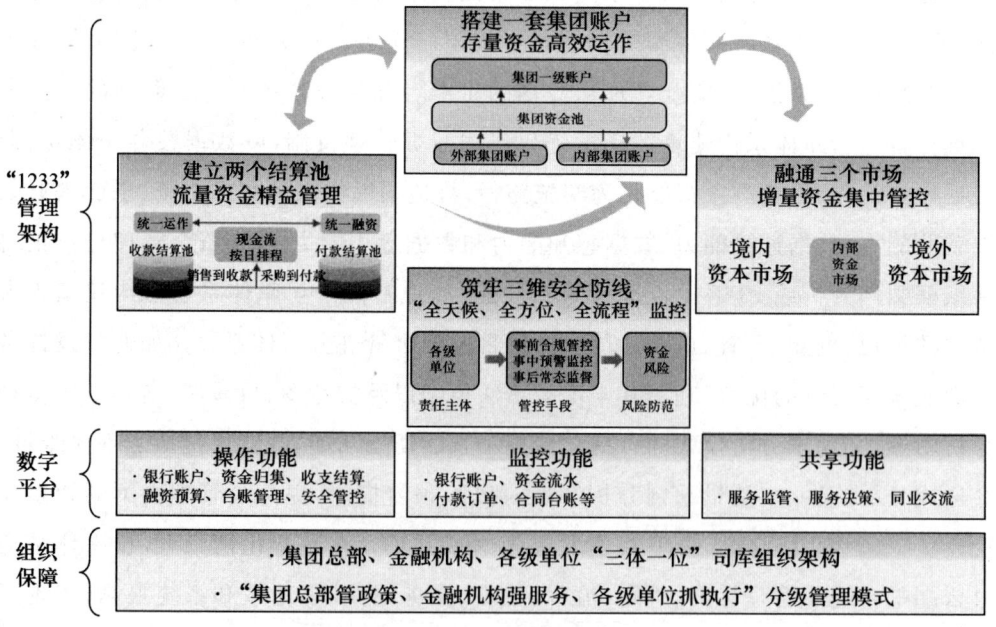

图10-3 国家电网司库管理体系

资料来源：方剑华等：《国家电网司库管理体系建设实践》，《财务与会计》2021年第23期。

(一)构建"1233"管理架构

1. 搭建一套集团账户,实现存量资金高效运作

为了克服账户管控和资金集中难题,国家电网发挥外部商业银行和内部财务公司的作用,建立外部和内部集团账户,打通内外部账户互联通道,构建具有司库理念的公司级集团账户,形成集团资金池,推动资金运行和结算模式实现重大转型。主要做法如下:

(1)各级单位账户实现全覆盖、紧串联、强实时,"由珍珠变成项链"。压降银行账户,制定账户分级分类标准并在线严控,银行账户数量降幅超70%。各级单位除专用账户外的所有账户均纳入集团账户,纵向上按照账户层级递次挂接、资金余额实时归集,横向上按照资金权属镜像映射、可用余额实时记录至集团账户。

(2)各级单位资金实现大集中、零余额、广调度,"由小溪汇成大海"。除监管受限资金外,各级单位分散资金实时归集至集团账户,汇聚至集团资金池,做到资金应归尽归、全时段实时集中;二级及以下单位资金零余额、账面余额可随时调用,总部可大范围调度全集团资金。

(3)各级单位结算实现内循环、低备付、高安全,"由付款变为记账"。集团内部单位之间通过集团账户实施交易封闭结算,做到"只记账、不动钱、无备付",大幅提升了结算效率和安全性。

2. 建立收款、付款两个结算池,实现流量资金精益管理

国家电网应用大数据分析等技术,结合历史每日电费资金流入规律,建立日电费收入预测模型,形成集团统一收款结算池,科学预测资金流入时序;坚持业财融合,统一规范购电费、工程物资、员工报销等8大类付款订单,通过汇聚各级单位付款订单信息,形成集团统一付款结算池,合理安排资金流出节奏。

(1)实施现金流"按日排程",实现由"月度预算"升级为"按日排程"。坚持以收定支等原则,由司库管理系统自动匹配两个结算池中每一天的资金流入与流出,按月生成现金流预算、按周平衡融资需求、按日排程资金余缺,实时监控资金流量变动,支撑资金余缺统筹调度、资金曲线"削峰填谷"。

(2)推行收付款"省级集中",实现由"分层分级"升级为"省级集中"。结合电网业务同质性特点,统一设立省级收入和支出账户,成立27家省级资金集约中心,将地市、县、供电所的电费收入、大额支付全部集中到省级层面处理,实现省电力公司"钱袋子"出入口统一且在线智能处理,大幅提升自动化比例。

3. 融通内部、境内和境外三个市场，实现增量资金集中管控

为满足多目标融资管理要求，国家电网应用现金流"按日排程"结果，以集团总部统一融资为主，高效融通内部资金市场和境内外资本市场，实现"保供应、控负债、降成本"。

(1) 坚持"先内后外"，做大盘活内部资金市场。拓展并表资金归集范围和路径，加大吸收非并表资金力度，进一步拓宽内部市场资金来源。

(2) 坚持"先低后高"，做强用活境内资本市场。发挥集团总部资信优势，实施融资统筹管理，建立"金融机构利率报价最低价中标"的公开竞价机制，并统筹衔接年度融资预算和现金流"按日排程"，合理确定融资品种、渠道与合作金融机构，有效降低境内融资成本，加深银企合作关系。

(3) 坚持"合作共赢"，做实激活境外资本市场。打造境外项目投融资"两头在外"发展模式。开拓国际市场，积极维护境外债券投资者关系。创新"公募债＋私募债＋过桥贷款"多元组合融资方式，有力支撑国家电网国际业务发展。

4. 筑牢三维安全防线，实现"全天候、全方位、全流程"监控

筑牢以各级单位安全责任主体、"事前—事中—事后"闭环管控手段、资金风险防范为三维的立体安全防线，全面强化资金全过程安全管控。

(1) 事前"合规管控"。制定资金管理"一本制度"，严格账户、资金、结算、安全等制度管控。建立数百条业务内部控制规则，并植入司库管理系统，确保所有付款订单由前端业务发起、在线审批、严防篡改，从源头上保障业务合规。

(2) 事中"预警监控"。把好资金支付"最后一道关口"，在司库管理系统支付结算环节植入异常支付、大额支付、MAC 地址（媒体存取控制地址）重复等近 20 类"红绿灯"预警规则，在线校验每笔资金支付，"红灯"拦截退回、"黄灯"预警复核、"绿灯"通过放行，有效保障资金支付安全。

(3) 事后"常态监督"。围绕账户、资金、融资等核心业务，设置账户活跃度、银企对账、收支余监控等 10 多类监督规则，系统 24 小时在线巡检各级单位资金运行状态，并在线开展分级分类督办。围绕银行账户、货币资金、不相容岗位落实、支付安全、票据管理、投融资等六大方面定期开展线下专项检查和安全后评价，及时发现、督办整改和闭环跟踪资金风险事项，全面提升风险防范能力。

（二）打造司库管理数字平台

国家电网依托企业中台，应用先进的信息技术，在财务公司核心业务信息系统、资金结算信息系统、财务管控信息系统等现有系统开发司库模块，共同构成"全方

位、实时性、可视化"司库管理数字平台(见图10-4),对内贯通和集成内部系统、对外互联金融机构和监管部门,为资金业务操作、安全监控和信息共享提供系统支撑。

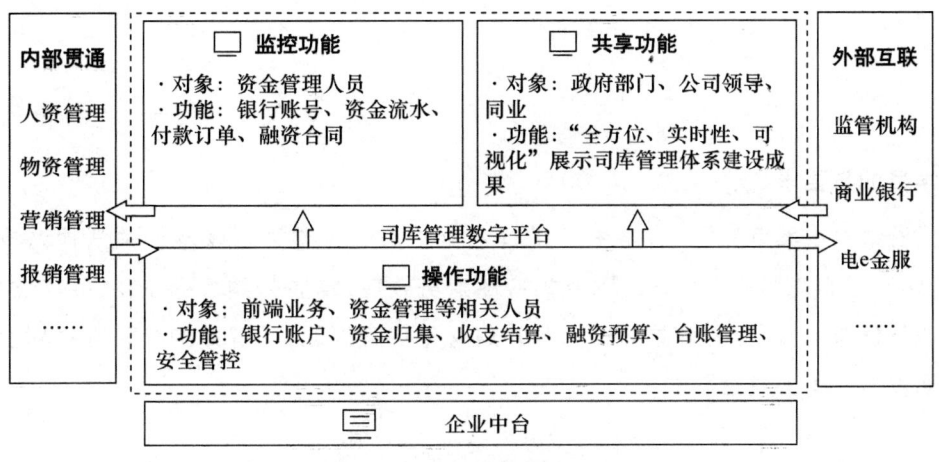

图 10-4　司库管理数字平台

资料来源:方剑华等:《国家电网司库管理体系建设实践》,《财务与会计》2021年第23期。

讨论题:如何评价案例中设计收款和付款两个结算池的做法?

案例十一　上海电气收购宁笙实业

教学目的与要求

通过对本案例的学习，学生应了解企业并购的主要类型以及相关法律法规规定，熟悉企业并购的不同方式以及相应的财务效应，掌握并购目标企业、并购方式、并购估值与定价、资金来源与支付等并购财务决策议题，了解并购战略选择对企业长期发展产生的复杂影响。

一、背景知识

（一）并购的动机与类型

并购是兼并（merger）和收购（acquisition）的简称。兼并又称吸收合并，是指两家或更多的独立企业、公司合并组成一家企业，通常由一家占优势的企业吸收一家或更多的企业；收购是指一家企业用现金或有价证券购买另一家企业的股票或资产，以获得对该企业的全部资产或某项资产的所有权，或者获得对该企业的控制权。从兼并和收购的含义来看，它们具有细微的差别，但在实际中，我们通常不做这种区分，而将两者统一称为并购。

1. 并购的动机

企业进行并购的动机主要表现为以下几种：

（1）获得协同效应。从效率上讲，并购的协同效应可以简单分为管理、经营和财务三大类。管理上的协同效应体现在管理效率的提升上，具有较高管理效率的企业并购效率较低的企业并通过提高目标企业的管理效率而获得收益。其方式是并购方利用自身的能力充分发挥被并购方原本没有被充分利用的管理资源。经营上的协同效应主要体现为规模经济性和范围经济性，规模经济性的并购动机主要体现在横向并购中，范围经济性的并购动机则主要体现在纵向并购和混合并购中。而财务上的协同效应主要是指并购后企业通过纳税筹划、会计处理以及证券交易等途径而产生效益。

(2) 降低代理成本。原先在被并购方可能存在的代理问题会因外部并购方的公开收购或代理权争夺造成的接管而导致现有经理和董事会成员改选,进而解决代理问题,降低代理成本。

(3) 获得特殊资产。对于某些存在行政垄断或技术壁垒的行业而言,获得特殊资产往往是企业重要的并购动机。特殊资产是指对企业获得核心竞争力至关重要的专门资产,例如土地、专业人才梯队、专有技术、品牌、商标等资产。

(4) 实现战略重组,开展多元化经营。企业若想实现多元化经营,则可以通过内部积累或外部并购两种途径实现。但是在多数情况下,由于企业内部积累的速度比较慢,而企业面临的市场竞争环境却是变化非常快的,因此企业往往会选择并购途径快速进入被并购方增长速度较快的行业,并可以利用被并购方在市场中的市场份额和战略资源来实现盈利。

2. 并购的类型

并购可以按照以下几种标准进行分类:

(1) 按照并购双方所处的行业位置划分,并购可以分为横向并购、纵向并购和混合并购。其中,横向并购是指并购方与被并购方处于同一行业、生产或经营同一种产品,并购可以使资源或市场份额集中于某一领域的企业并购。纵向并购是指并购方与被并购方处于同一产业链的上下游,是生产与销售过程中互为购买者和销售者的企业并购。混合并购是指并购方与被并购方的产业领域、产品属于不同的市场,且其生产不存在特殊生产技术联系的企业并购。

(2) 按照收购目标企业股份的方式划分,并购可以分为协议收购和要约收购。其中,协议收购是指并购方与目标企业的股东通过协商方式签订股份转让协议,并购方取得目标企业股份达到一定比例,并获得目标企业控制权的行为。协议收购是并购方与目标企业股东之间私下协商后,通过协议方式取得目标企业的控制权,因此其通常属于善意收购方式。协议收购是目前我国上市公司并购的主要方式。要约收购是指并购方对目标企业所有股东发出收购上市公司全部或部分股份的要约,以特定价格收购股东手中持有的目标企业股份的行为。要约收购是对企业的公开收购行为,并购方通过公开收购股份,达到一定比例就可以获得目标企业的控制权。因此,要约收购通常被视为一种敌意收购行为。

(二) 对目标企业的评估方法及目标企业定价的影响因素

1. 对目标企业的评估方法

依据《资产评估准则——基本准则》《资产评估执业准则——资产评估方法》,评估资产价值的方法包括市场法、收益法和成本法(资产基础法)三种基本方法及其衍生方法。收益法是指将预期收益资本化或折现,确定评估对象价值的评估方法。采用收益法对企业价值进行评估,强调的是企业的预期获利能力。市场法是指将评估对象与可比上市公司或可比交易案例进行比较,确定评估对象价值的评估方法。采用市场法对企业价值进行评估,具有评估数据直接选取于市场、评估结果说服力强的特点。资产基础法是指以被评估单位评估基准日的资产负债表为基础,合理评估企业表内及可识别的表外各项资产、负债价值,确定评估对象价值的评估方法。采用资产基础法对企业价值进行评估,可能存在并非每项资产和负债都可以被充分识别并单独评估价值的情形。

2. 目标企业定价的影响因素

企业定价的影响因素不仅包括企业的内在价值,在实践中还要综合考虑以下因素来确定被并购方的资产价格:

(1)并购双方在此次并购谈判中所处的地位。在实践中,许多时候被并购方的内在价值与并购价格偏离的原因在于被并购方更需要通过被并购来盘活资产、打破经营困境,因此往往并购方相较于被并购方更有议价能力。

(2)产权市场的供给情况。如果被并购方的资产质量优良,就会吸引多家并购方对其进行并购,进而推高被并购方的资产价格;反之,如果被并购方无人问津,那么被并购方的资产价格将会进一步下跌。

(3)其他附加条件。在并购谈判中,并购双方通常会就一些并购条件进行协商,而并购的附加条件往往会被视为并购价格的一部分。

(三)并购中支付方式的选择

并购中涉及的支付方式主要有以下几种:

(1)现金收购,是指并购方通过向被并购方的股东支付现金来取得被并购方控制权的支付方式。现金支付可以分为一次性支付和分期支付。

(2)换股收购,是指并购方通过向被并购方定向发行新股而不是支付现金来取得被并购方股权的支付方式。

(3)杠杆收购,是指并购方通过举债来获取被并购方的控制权,再用被并购方未来的现金流量偿还债务的支付方式。其基本做法一般是由并购方专门成立一家绝对控股的公司,再由该公司以其现有资本和未来被并购方的资产或未来收益为抵押,向金融机构借款来完成并购对价的支付。管理层收购和员工持股计划是最常见的杠杆收购方式。

二、案例资料

(一) 主并企业上海电气的概况

上海电气集团股份有限公司(以下简称"上海电气")为A+H股上市公司(A股,上海电气601727;H股,上海电气02727),是全球领先的工业级绿色智能系统解决方案提供商。公司核心产业聚焦能源装备、工业装备、集成服务三大板块,形成了比较完整的工业自动化和工业装备系统,为众多高端设备提供全生命周期服务,引领多能互补、能源互联的发展方向,致力于为全球客户提供集绿色、环保、智能、互联于一体的技术集成和系统解决方案。

上海电气是中国最大的综合性装备制造企业集团之一,主要拥有三大核心竞争优势,包括流程贯通工艺技术支撑下的极限制造能力、集成创新技术支撑下的首台成套装备实现能力和工业与能源协同技术支撑下的综合方案解决能力。

2024年上半年,上海电气实现营业总收入498.69亿元,较上年同期下降6.0%;毛利率为19.2%,较上年同期增加1.9个百分点;归属于母公司股东的净利润为6.02亿元,较上年同期上升2.0%;基本每股收益为0.039元,较上年同期上升2.6%。此外,公司实现新增订单836.6亿元,其中能源装备484.5亿元,工业装备225.8亿元,集成服务126.3亿元。

上海电气控股集团有限公司(以下简称"电气控股")为上海电气的控股股东。同时,上海电气自动化集团有限公司(以下简称"自动化集团")是上海电气的全资子公司(见图11-1)。

(二) 目标企业宁笙实业的概况

上海宁笙实业有限公司(以下简称"宁笙实业")成立于2019年,是一家专注于工业机器人相关业务的持股管理平台。截至2024年6月30日,宁笙实业的核心资产包括持有的上海发那科机器人有限公司(以下简称"发那科机器人")50%股权和上海发那科国际贸易有限公司25%股权。发那科机器人为日本发那科公司和宁笙实业分别持股50%的合营企业,主要产品为工业机器人以及工厂自动化解决方案。

发那科机器人是中国领先的工厂自动化解决方案提供商,以其强大的工程服务能力,为广大制造业用户提供工业机器人、智能机械及自动化成套生产系统的销售、安装和服务,主要业务包括工业机器人及周边产品。截至2024年6月30日,发那

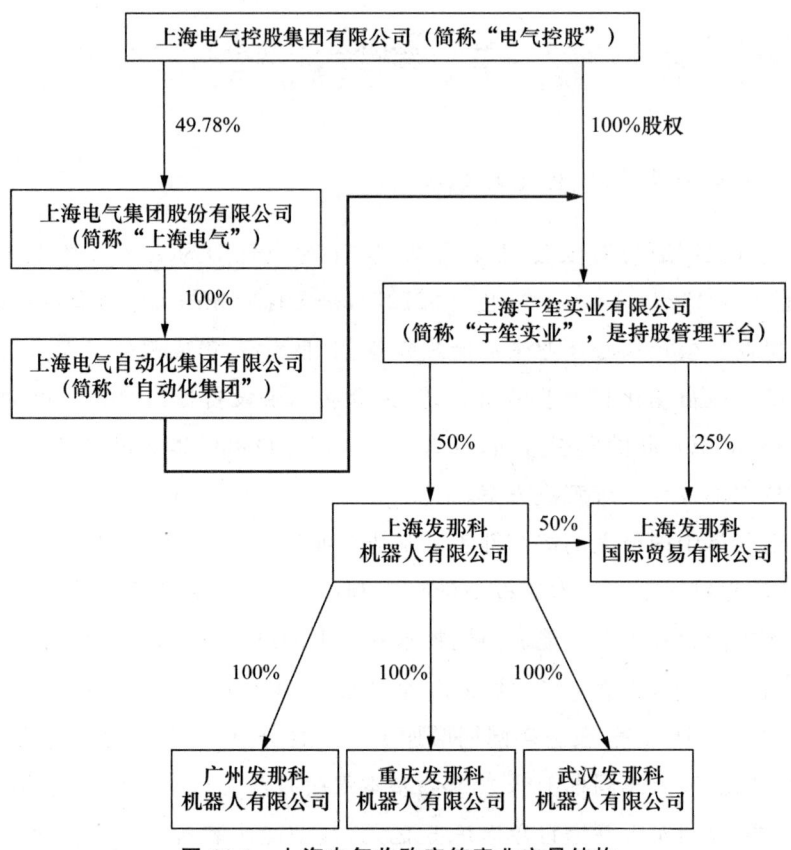

图 11-1 上海电气收购宁笙实业交易结构

科机器人 50% 股权对应的净资产为 258 563.57 万元，占宁笙实业净资产的比重为 83.7%。2024 年 1—6 月，宁笙实业持有发那科机器人 50% 股权的投资收益为 17 845.77 万元，占宁笙实业净利润的比重为 109.4%。

发那科机器人 2022—2023 年及 2024 年一期的合并报表口径主要财务数据如表 11-1 所示。

表 11-1 发那科机器人 2022—2023 年及 2024 年一期的合并报表口径主要财务数据

单位：万元

财务指标	2024 年 1—6 月	2023 年度	2022 年度
资产总额	700 261.46	763 143.47	775 790.74
负债总额	183 134.33	229 213.24	280 244.72
净资产	517 127.13	533 930.23	495 546.02
财务指标	2024 年 1—6 月	2023 年度	2022 年度
营业收入	307 658.82	738 945.15	759 280.91
利润总额	40 770.21	119 122.34	152 516.69

（续表）

财务指标	2024年1—6月	2023年度	2022年度
净利润	35 691.54	104 989.28	133 210.13
扣除非经常性损益后的净利润	35 686.75	105 005.62	133 269.86

资料来源：上海电气并购公告文件。

（三）本次收购过程的基本资料

1. 交易概览

2024年10月18日，上海电气董事会审议通过《关于上海电气自动化集团有限公司收购上海电气控股集团有限公司所持有的上海宁笙实业有限公司100%股权暨关联交易的议案》，同意自动化集团以现金方式收购电气控股持有的宁笙实业100%股权，以2024年6月30日为评估基准日，宁笙实业100%股权的评估值为328 242.11万元（最终以经国资有关部门备案的评估值为准）。自动化集团于2024年10月18日与电气控股、宁笙实业就本次交易签署《股权转让协议》。

2. 关联交易

电气控股为上海电气控股股东，本次交易构成关联交易。本次交易资金来自上海电气自有资金和并购贷款，不存在使用募集资金的情形。本次交易未构成《上市公司重大资产重组管理办法》所规定的重大资产重组。

3. 收购动机

本次交易完成后，发那科机器人将成为自动化集团间接持股50%股权的重要合营企业。发那科机器人与自动化集团的经营战略高度契合，自动化集团将在市场开拓、产品研发等方面与发那科机器人实现进一步协同。本次交易通过整合双方优势资源，特别是在锂电池生产、光伏电池片生产和航空自动化装配等关键领域，针对客户需求，开展产线工艺、设计等联合攻关，不仅能提高自动化集团在智能制造关键领域的集成水平，还能增强自动化集团在智能制造领域的市场竞争力，提高自动化集团盈利能力。

4. 定价情况及支付方式

本次交易价格以上海东洲资产评估有限公司（以下简称"东洲评估"）出具的标的资产评估值为依据，由交易各方协商确定，最终以经国资有关部门备案的评估值为准（标的资产评估基本情况如表11-2所示）。

表 11-2 标的资产评估基本信息

评估基准日：2024 年 6 月 30 日　　　　　　　　　　　　　　　　　　　　金额单位：万元

项目	账面价值 A	评估价值 B	增值额 C=B－A	增值率 D=C/A×100%
流动资产	37 072.69	37 072.69	0.00	0.00
非流动资产	272 029.92	291 182.61	19 152.69	7.04
长期股权投资	272 029.92	291 182.61	19 152.69	7.04
资产总计	309 102.61	328 255.30	19 152.69	6.20
流动负债	13.19	13.19	0.00	0.00
负债总计	13.19	13.19	0.00	0.00
所有者权益（净资产）	309 089.42	328 242.11	19 152.69	6.20

资料来源：上海电气并购公告文件。

2024 年 10 月 15 日，宁笙实业审议通过关于利润分配的方案，向股东分红共计 20 000.00 万元。本次交易价格以前述评估结果为基础，以评估值扣减上述利润分配金额后，经交易各方友好协商，宁笙实业 100% 股权交易价格为 308 242.11 万元。

（四）市场反应

2024 年 10 月 18 日，上海电气公告其全资子公司自动化集团拟以现金方式收购电气控股持有的宁笙实业 100% 股权，交易价格为 30.82 亿元。10 月 21—25 日，上海电气 A 股 5 个交易日内收获 4 个涨停板，市值接近千亿元。截至 2024 年 10 月 30 日，上海电气 A 股股票市盈率为 464.41 倍。中证指数有限公司官网发布的中国上市公司协会行业分类显示，上海电气所属的行业分类"34 通用设备制造业"最新市盈率为 30.31 倍，公司当前的市盈率显著高于行业平均水平。

三、案例分析

（一）从主并企业上海电气的收购动机分析

对于上海电气及其全资子公司自动化集团来说，新能源是其业务版图的重要组成部分。在新能源领域，上海电气布局了储能、氢能、风电、光伏。正如上述资料所介绍，上海电气是全球领先的工业级绿色智能系统解决方案提供商，公司核心产业聚焦能源装备、工业装备、集成服务三大板块，形成了比较完整的工业自动化和工业装备系统，为众多高端设备提供全生命周期服务，致力于为全球客户提供集绿色、环保、智能、互联于一体的技术集成和系统解决方案。

收购方自动化集团的主营业务为自动化、智能化等新兴产业,重点聚焦智能制造、智慧交通、城市数智化三大业务领域,重点面向锂电池、航空、光伏、汽车制造等市场。通过本次交易,自动化集团与发那科机器人将充分借助双方现有的市场优势,实现双方营销战略的进一步协同,共同提升客户服务能力,助力双方自动化业务的进一步发展,提升公司核心竞争力。

通过本次交易,上海电气可以将新能源等新兴领域的客户资源引入发那科机器人的客户网络,发那科机器人也可以助力上海电气在消费电子、3C 等智能制造领域拓展新业务,实现双方市场资源的互补和双向赋能。上海电气将可以聚焦主营业务发展,同时紧跟机器人产品迭代和具身智能技术革新发展趋势,积极布局特种机器人和智能机器人产品研制,聚焦特殊应用场景以及柔性制造场景,与发那科机器人在传统自动化领域的运动控制和机器人集成应用技术优势充分结合。

电气控股是上海电气的控股股东,本次交易相当于电气控股内部的资产腾挪。而自动化集团选择宁笙实业,有更深层次的战略考虑。宁笙实业拥有工业机器人业务,公司旨在提高锂电池、光伏电池片的生产能力。

(二)从目标企业宁笙实业的情况分析

宁笙实业的核心资产之一是持有的发那科机器人 50% 股权。发那科机器人的主要产品是工业机器人,公司拥有 260 多种机器人系列,供制造业用户使用。这些机器人能够满足制造业用户对机器人的各种需求,除此之外还有手抓、变位机、行走轴、转台、管线包等标准周边产品。截至 2024 年 6 月 30 日,公司机器人全球交付超 100 万台,在中国安装数量超 26 万台。

(三)从本次交易结构分析

本次交易的实际主并方并非上海电气,而是其全资子公司自动化集团。目标企业虽然是宁笙实业,但实际是发那科机器人。从宁笙实业的财报来看,公司没有经营业务,是一个平台公司,其核心资产和业务就是发那科机器人。

通常并购交易只有"双方",但本案例涉及"四方"。此交易结构设计具有特殊效果:一是 30 多亿元的收购资金由自动化集团支付,缓解了上海电气总部的现金压力。尽管这笔收购资金一定会体现在上海电气的财务报表中,但是自动化集团毕竟是独立法人,上海电气与自动化集团分开核算、独立经营。二是上海电气其实也是一家多业并举的集团公司,由其子公司自动化集团直接完成这次收购,也有利于对发那科机器人的经营业务进行整合与协同,实现并购的多重效果。三是如果被并购方不是宁笙实业而是发那科机器人,那么宁笙实业这个平台公司将成为一个空壳。从资料来看,宁笙实业和发那科机器人其实是两个法人,一个经营单元经营一个业务。

另外,本次交易未构成《上市公司重大资产重组管理办法》所规定的重大资产重组。根据规定,上市公司重大资产重组是指上市公司及其控股或控制的公司在购买、出售或置换资产时,若达到下列标准之一,则构成重大资产重组:① 购买、出售的资产总额占上市公司最近一个会计年度经审计的合并财务会计报告期末资产总额的比重达到50%以上。② 购买、出售的资产在最近一个会计年度所产生的营业收入占上市公司同期经审计的合并财务会计报告营业收入的比重达到50%以上,且超过5 000万元人民币。③ 购买、出售的资产净额占上市公司最近一个会计年度经审计的合并财务会计报告期末净资产额的比重达到50%以上,且超过5 000万元人民币。

(四) 股权价值评估方法与模型分析

依据《资产评估执业准则——企业价值》,"执行企业价值评估业务,应当根据评估目的、评估对象、价值类型、资料收集等情况,分析收益法、市场法、成本法(资产基础法)三种基本方法的适用性,选择评估方法","对于适合采用不同评估方法进行企业价值评估的,资产评估专业人员应当采用两种以上评估方法进行评估"。

资产评估报告显示,本次交易对标的资产——发那科机器人的价值采用收益法进行评估。这是指将评估对象预期收益资本化或折现以确定评估对象价值的评估思路。收益法的基本公式为:

股东全部权益价值=经营性资产价值+溢余资产价值+非经营性资产价值-负债价值

其中,经营性资产价值(P)=明确的预测期期间的股权现金流量现值+明确的预测期之后的股权现金流量现值,即

$$P = \sum_{i=1}^{n} \frac{F_i}{(1+r)^i} + \frac{F_n \times (1+g)}{(r-g) \times (1+r)^n}$$

式中,F_i 为未来第 i 个收益期股权现金流量;n 为明确的预测期间,指从评估基准日至企业达到相对稳定经营状况的时间;g 为明确的预测期后预计未来收益每年的增长率;r 为所选取的折现率。本次交易最终选取的评估折现率为12%。这个取值已经很高,换言之其评估结果会偏低。可以看出,本次评估结果的增值率只有6.2%,不算高。

（五）收购价款与现金支付

公告资料显示，本次交易价格以评估结果为基础，以评估值扣减利润分配金额后，宁笙实业100%股权交易价格为308 242.11万元。双方商定，自动化集团于合同生效后的5个工作日内将股权转让对价支付至电气控股指定账户。

这是一个收购价格直接依据评估值确定的案例，从前面的估值分析和本次收购后的市场反应来看，证券市场的反应是"积极"的。

本次交易资金来自自动化集团自有资金和并购贷款，不存在使用募集资金的情形，从而使得收购资金支付操作简便。

讨论题

1. 结合本案例资料，为什么本次交易是上海电气收购宁笙实业，而不是直接收购发那科机器人？
2. 本次交易对标的资产发那科机器人采用了收益法进行评估，为什么不采用资产基础法？
3. 结合本案例资料，说明主并方应如何选择目标企业。
4. 本案例资料显示，本次交易价格以评估结果为基础，以评估值扣减利润分配金额后的数额为股权交易价格。请讨论收购前向投资者实施现金分红的合理性。
5. 结合本案例资料，如何理解并购的协同效应？

小案例

海南天然橡胶收购HAC公司

2022年11月16日，海南天然橡胶产业集团股份有限公司（以下简称"海南橡胶"）发布公告称，海南橡胶拟以支付现金的方式，通过境外SPV（特殊目的载体）收购Sinochem International (Overseas) Pte. Ltd.（以下简称"中化新"）所持有的Halcyon Agri Corporation Limited（以下简称"HAC公司"）574 204 299股已发行普通股股份（约占HAC公司已发行普通股股份的36.00%）。本次收购价格为0.315美元/股，对应的交易对价为180 874 354.19美元。

2023年2月3日，海南橡胶境外全资子公司中国橡胶投资集团有限公司（以下简称"橡胶投资"）已向中化新支付1.81亿美元，并根据新加坡证券交易所的相关规定完成过户程序，通过境外SPV持有HAC公司36.00%已发行普通股股份，成为HAC公司的间接控股股东。

2023年2月24日,橡胶投资向持有标的公司剩余股份的中小股东发出了列明强制要约的全部条款和条件并随附相关接受表格的要约文件,开始接纳股份。截至2023年4月24日,要约接纳已结束,自2023年2月24日(含当日)至2023年4月24日(含当日)的要约期内,橡胶投资合计接纳了HAC公司512 051 726股股份,约占HAC公司已发行普通股股份的32.10%。本次要约完成后,橡胶投资合计持有HAC公司1 086 256 025股股份,约占HAC公司已发行普通股股份的68.10%。

海南橡胶主要从事橡胶的种植、加工与销售业务,是国内最大的天然橡胶种植企业,亦是集天然橡胶研发、种植、加工,橡胶木加工与销售,贸易,金融,仓储物流,电子商务及现代农业等于一体的大型综合企业集团,以销售天然橡胶的初加工产品为主要收入来源,胶园主要分布在海南省和云南省。

而标的公司主要从事天然橡胶和乳胶的种植、加工、销售及贸易等业务,与海南橡胶属于相同行业。本次交易完成后,海南橡胶将得以迅速获取天然橡胶及乳胶的境外加工产能,有助于海南橡胶进一步提升天然橡胶国际市场话语权及影响力;同时,海南橡胶将获得标的公司的下游客户资源,并利用标的公司的欧美贸易网络进一步切入全球天然橡胶贸易,扩大公司的天然橡胶贸易业务规模。

讨论题:通过本次交易,如何实现地方企业海南橡胶与中化新的互利共赢?

案例十二　中国平安股票回购

教学目的与要求

股票回购是中国平安基于行业特征、公司战略和资本市场环境等多方面因素而做出的决策,中国平安一共进行了两次股票回购,均在短期内对股票价格有正面影响。通过对本案例的学习,学生应能够了解和掌握股票回购的基本理论、股票回购的动因,并且评估股票回购对公司财务状况、股东价值、股票价格等的影响。

一、背景知识

(一)股票回购的基本介绍

股票回购是指上市公司利用现金等方式,从股票市场上回购本公司发行在外一定数额的股票的行为。这种行为将减少企业流通在外的股票数量,从而达到市值管理、股权激励、稳定股价等目的。企业回购股票的资金来源主要有两个:一是内部资金,包括企业日常经营获得的净利润或者政府减税、返税等现金来源,以及企业原有的留存收益等自有资金;二是外部资金,企业通过发债等方式借钱加杠杆实现股份回购。

(二)股票回购的方式

1. 根据回购场所分类

根据回购场所的不同,股票回购可以分为场内公开回购和场外协议回购。

场内公开回购是指在交易所内进行的标准化回购业务。上市公司以普通投资者的身份,将自己流通在外的部分股票以当前的市场价格予以回购。这种回购方式的优势在于整个回购过程标准化程度高、透明度高、风险相对较小。

场外协议回购是指上市公司通过柜台市场与特定的投资者直接协商,协商内容包括但不限于股票回购的价格、回购数量、回购时间等。这种回购方式的优势在于回购程序简化,执行回购的成本较低,使得回购过程更加灵活多变。劣势在于透明度较低,客观上违背了我国证券市场公平、公正、公开的原则,且风险较高。

2. 根据筹资方式分类

根据筹资方式的不同,股票回购可以分为借债回购、自有资金回购和混合回购。

借债回购是指上市公司通过发行债券或向银行等金融机构借款而获得资金来进行股票回购,其目的通常是通过借入资金来加大公司的财务杠杆,降低资本成本。部分公司为了抵御恶意并购,会采用借债回购的方式使自身财务状况恶化,迫使并购成本上升,达到抵御恶意并购的目的。

自有资金回购是指上市公司使用自身的累积利润或现金流来进行股票回购。这种回购方式不会加大公司的财务杠杆,因此财务风险相对较低。自有资金回购通常被看作公司管理层认为公司股票被低估的一种信号,或者是公司现金流充足且没有更好的投资机会时的一种选择。

混合回购是指上市公司股票回购的资金一部分来自公司自有资金,另一部分来自金融机构借款。混合回购可以让公司在不完全依赖外部债务的情况下,进行较大规模的股票回购。

3. 根据回购价格确定方式分类

根据回购价格确定方式的不同,股票回购可以分为荷兰式拍卖回购和固定价格要约回购。

荷兰式拍卖回购在回购价格和回购数量上比较灵活,上市公司先设定一个价格区间和计划回购的股票数量,股东在该区间内投标,公司根据所有投标确定最终回购价格。这种回购方式先将股东的投标结果进行汇总,然后根据实际回购数量确定最终的回购价格。

固定价格要约回购是指上市公司通过公开要约的方式,以固定价格(一般高于市场价格)在特定时间内回购一定数量的股票。

(三)股票回购的主要动因

1. 传递公司股价被低估的信息

由于信息不对称的客观存在,投资者掌握片面的信息会导致其低估公司的成长前景和股票价值。管理者认为公司的股价被市场低估时,会在适当的时间以特定的价格回购本公司股票,这暗示股票当前的市场价格未能准确反映公司的价值,股票回购旨在矫正市场对公司股票的估值偏差,促进股票价格向其内在价值回归。

2. 实施股权激励

公司将回购的股票用于内部治理中的股权激励计划,通过设定某些条件,将这些股票赠予或者以低价出售给其核心员工,使他们形成主人翁意识,从而有效降低公司的代理成本,促进公司的长期发展。

3. 现金流管理

当公司有充足的现金流而缺乏合适的投资机会时,股票回购可以作为一种有效的现金流管理方式。公司可以通过回购股票来避免资金闲置,提高资金使用效率。相较于现金股利,股票回购具有税收层面的优势,同时向市场传递出公司现金流健康的信号。

4. 优化资本结构

通过回购股票,公司可以减少流通在外的股票数量,从而提高每股收益(EPS),优化财务指标,增强公司的财务表现。通过调整资本结构,公司可以使其资本结构向最优资本结构靠近,进而降低资本成本,提升公司价值。

(四)股票回购的主要影响

1. 市场效应

上市公司发布股票回购提示性公告,会向市场传递出积极的信号,即公司管理层对公司未来发展充满信心,促使投资者对公司的前景保持乐观态度,可能会进一步促使公司股价上涨。通常情况下,股票回购带来的股价上涨短期效果显著而长期效果不足。

2. 财务效应

股票回购之后注销流通股,能够直接提升每股收益,提高净资产收益率(ROE),增加股东财富,并且相较于现金股利,股票回购具有税收优势。但是源于负债所得的回购资金对公司的偿债能力有负面影响,会增大公司的财务风险,从而对债权人产生不利影响。

3. 股东财富效应

股票回购行为在短期内对公司股价产生的正面影响,能够为选择在此时出售股票的股东带来显著的超额收益。然而,长期而言,股票回购的财务正面效应并不总是持续显著,可能会随着公司财务杠杆的增大而引起股东对公司财务稳定性的担忧。此外,存在一种观点认为,大股东以股票回购为手段进行财富转移或盈余管理,从而会损害中小股东的利益。

(五)我国上市公司股票回购的主要进程

1. 萌芽期(1992—2004年)

1992年大豫园协议回购小豫园所有股份是我国资本市场上的第一起股票回购

事件。早期我国股票回购相关制度限制条件严格,实施股票回购的上市公司寥寥无几,且股票回购的行政色彩较为浓厚。上市公司大多通过股票回购方式,响应国家"推进国有资产合理流动和重组,调整国有经济布局和结构"的发展方针,增强自身发展后劲。

2. 制度探索期(2005—2007年)

这一阶段股票回购的目的开始多样化,既存在因配合股权分置改革等历史问题而进行的股票回购,又存在以辅助上市公司实施股权激励计划而进行的股票回购,还存在以优化股权结构、解决大股东资金侵占的"以股抵债"等为目标的股票回购。这标志着我国的股票回购迈上新台阶、步入新阶段,逐步褪去行政色彩,显得更加市场化。股票回购日益成为上市公司财务管理的手段。

3. 市场化推进期(2008—2017年)

在2008年股市大幅下行背景下,证监会发布《关于上市公司以集中竞价交易方式回购股份的补充规定》(中国证券监督管理委员会公告〔2008〕39号),简化了回购审批程序,将行政审批改为备案制,进一步提高了股票回购的市场化程度,但同时对回购价格和回购时间进行了限制。2013年,国务院办公厅发布《关于进一步加强资本市场中小投资者合法权益保护工作的意见》(国办发〔2013〕110号),提出要引导上市公司承诺在出现股价低于每股净资产等情形时回购股份,可以看出股票回购对提振股价的作用受到监管层重视。这一阶段上市公司的股票回购完全褪去行政色彩,逐步走向市场化。

4. 快速发展期(2018年至今)

2018年《中华人民共和国公司法》的修正,增加了股份回购的适用情形,完善了回购决策流程,建立了库存股制度,提高了回购后可持有的本公司股份数量,并将用于员工持股计划或股权激励、可转债转股和维护公司价值及股东权益的回购股份持有时间延长至3年,这标志着我国股票回购进入快速发展阶段。证监会于2023年12月15日正式发布修订后的《上市公司股份回购规则》,进一步放宽回购条件和降低回购门槛。

股票回购的特征和趋势表明,随着回购制度的不断完善,A股市场的股票回购规模逐渐增大,特别是在2018年之后,回购规模逐年创新高。东方财富Choice数据显示,2023年A股共有1370家上市公司实施股票回购,累计金额超868亿元,创历史新高。

二、案例资料

(一) 中国平安基本情况介绍

1. 简介

中国平安保险(集团)股份有限公司(以下简称"中国平安")是我国第一家股份制和地方性保险公司。2004年中国平安在香港联合交易所上市(股票代码:02318),2007年在上海证券交易所上市(股票代码:601318),A股募资金额超过1092亿元,创下了当时我国A股市场的IPO最高纪录。目前,中国平安已成为我国代表性的综合金融服务集团,涉及金融保险、银行以及投资等业务。中国平安在2019年中国服务业企业500强榜单中位列第3,在2019年全球保险品牌价值100强排行榜中位居榜首,在2022年《财富》世界500强排行榜中位列第25,2023年在国内外主流ESG(环境、社会和公司治理)评级中保持中国领先、行业领先的地位。

2. 股权结构演变

1988年,中国平安在深圳蛇口片区成立。其中,蛇口社会保险公司(为招商局集团有限公司下属公司,以下简称"招商局")持有51%股份,中国工商银行深圳市信托投资公司(以下简称"中国工商银行")持有49%股份。这一股权结构在形式上赋予了中国平安国有股份制企业的特质。

1989年9月20日,中国平安向中国远洋运输(集团)总公司(以下简称"中国远洋")定向增资,此时中国远洋持有25%股份,招商局持股摊薄至38%,中国工商银行持股摊薄至37%。

1991年8月29日,中国平安增资引入深圳市财政局,持股约15%。

1992年,中国平安增资引入股东平安职工合股基金(深圳市新豪时投资发展有限公司的前身,以下简称"新豪时"),持股10%。

1993年,中国平安以资本公积转增股本向原5个法人股东增资扩股,且在当年吸收美国的摩根士丹利和高盛公司参股。

截至1995年年底,中国平安经过扩股,注册资本达到15亿元,股东单位共计54名。其中,招商局持股18%,中国工商银行持股26%,中国远洋持股12%,深圳市财政局持股8%,新豪时持股9%,摩根士丹利和高盛分别持股8%,其他持股11%。

1997年,中国平安进行增资,股本从15亿股增至25亿股,其中包括2.8亿股外资股。

2002年,中国平安向汇丰控股有限公司(以下简称"汇丰")增发外资股,增资额为 6 亿美元,由于国家政策和相关业务问题,中国远洋、中国工商银行、招商局三家国有企业相继减持离场。

2004 年,经过多次公积金转增股本和股权转让之后,中国平安在香港联合交易所上市,注册资本增加至约 62 亿元。

H 股发行之后,因有涉及国有股东的股权转让发生,中国平安国有股权结构发生变化。截至 2006 年年底,中国平安股本中国家股占 9.51%,国有法人股占 5.93%。其中,汇丰接手了摩根士丹利和高盛的中国平安股份,持股上升至 19.9%,成为中国平安第一大股东;深圳市投资管理公司(受让中国工商银行持有的股份)持股 8.77%;新豪时持股 6.29%;源信行投资有限公司(受让部分招商局持有的股份)持股 6.13%;深圳市景傲实业发展有限公司(员工持股平台)持股 5.34%。自此中国平安成为非国有企业。

2007 年,中国平安在上海证券交易所上市,汇丰持股摊薄至 15.57%,仍为第一大股东。

2010 年,中国平安推出员工持股计划,激励员工购买公司股票,员工持股大幅上升至 11.51%。此时三大员工持股平台分别是深圳市新豪时投资发展有限公司、深圳市景傲实业发展有限公司和深圳市江南实业发展有限公司。

2012 年,中国平安已经陆续从摩根士丹利、高盛和汇丰中吸收最前沿的管理理念与管理思路,公司效率大大提升。但汇丰出于触发和规避风险的原因,宣布将其持有的 15.57%中国平安股份转让给正大集团,于是正大集团成为中国平安第一大股东。正大集团不干涉中国平安的经营,此后中国平安步入发展快车道。

2014 年,三大员工持股平台解禁,中国平安旗下平安资产管理有限责任公司正式开启新一轮员工持股计划,并陆续在 2014—2018 年间实施。

通过三十年的沉淀,中国平安已经深谙员工持股之道。2018 年年底,中国平安通过员工持股计划,期望将股权结构改革的成果扩大到更多员工身上,达到员工、股东、公司战略一致。

截至 2024 年 6 月 30 日,中国平安长期服务计划持股 1.93%。

总体来说,中国平安的股权结构经历了多个阶段的变化,员工持股计划一直伴随着中国平安的发展壮大。

(二)中国平安股票回购历程

截至 2024 年 6 月 30 日,中国平安一共进行了两次大规模的股票回购计划,分别是 2019 年 A 股回购和 2021 年 A 股回购,下文将具体说明两次股票回购情况。

1. 2019年A股回购

回购概述

2019年A股回购是中国平安第一次股票回购。中国平安拟使用不低于人民币50亿元且不超过人民币100亿元(均包含本数)的自有资金,以不超过人民币101.24元/股的回购价格回购本公司A股股份,且回购股份将全部用于公司员工持股计划,包括但不限于公司股东大会已审议通过的长期服务计划。此次股票回购的期限为2019年4月29日至2020年4月28日。

截至2020年4月28日,中国平安完成了此次回购,累计回购了普通股70 006 803股,约占中国平安总股本的0.383%,共耗资合计人民币5 993 765 118.20元(不含交易费用)。回购价格在人民币79.27元/股至91.43元/股之间,平均价格为85.62元/股,整体符合回购方案的设定。此次股票回购所得股份将全部存放至相关的专用证券账户,公司内部股权激励计划的实施都将会用到此次回购所得的股份。

回购动因

(1) 传递股价被低估的信号。根据信号传递假说,在市场低迷时期,投资者可能会因股价低迷而失去信心,选择卖出股票。这不仅会削弱公司的市场竞争力,还可能对公司的经营产生负面影响。2018年,A股市场持续低迷,全年都呈下跌态势。在这样的背景下,中国平安的股价也出现了下降。横向对比2018年行业的市盈率、市净率,中国平安均低于行业平均水平,可以认为中国平安的股价确实存在被市场低估的情况。为了稳定股价并增强投资者信心,中国平安管理层采取股票回购策略,向市场传递出公司管理层对公司未来发展充满信心以及当前股价被低估的信号。

(2) 现金流管理。自由现金流假说认为,上市公司可以采用股票回购来减少公司过多的闲置资金,避免管理层将闲置资金投资于效益较低的活动,或者用于为自己谋取私利。中国平安是保险行业龙头企业,如表12-1所示,截至股票回购前一年年末,即2018年12月31日,中国平安的货币资金为4 740.59亿元,总资产为7.14万亿元,净利润为309.63亿元,现金储备充足。中国平安在股票回购前的2018年中,集团综合偿付能力充足率均超过了200%,远超证监会要求的100%的最低标准。该指标主要衡量核心资本与附属资本的关系,指标值越高,说明中国平安的核心资本和附属资本越多,其可自由支配的资金越多,资金安全性越高。中国平安的现金资产比率指标在股票回购前的2018年中不断增长,说明中国平安在股票回购前有充裕的现金及现金等价物,能够为股票回购提供资金保障。

表 12-1 中国平安股票回购前财务指标对比

项目	2018-06-30	2018-09-30	2018-12-31	2019-03-31
集团综合偿付能力充足率	217.31%	—	216.42%	—
现金资产比率	0.048	0.056	0.079	0.074
货币资金(亿元)	5 300.42	4 982.53	4 740.59	4 464.91
净利润(亿元)	358.19	247.19	309.63	493.24
总资产(亿元)	68 514.31	69 109.35	71 429.60	74 121.52

资料来源：Wind 数据库。

综合分析表明，中国平安在执行股票回购计划之前，拥有充裕的现金储备。公司利用这些资金进行股票回购，不仅能够提升资金使用效率，确保每一分钱都发挥出最大的效益，而且能够有效降低代理成本。通过这种方式，中国平安展现了其对股东利益的重视，同时也传递了对公司未来发展充满信心的积极信号。此举不仅优化了资本结构，还增强了市场对公司股价稳定和增长的预期，从而为股东创造了更大的价值。

(3) 实施股权激励。由委托代理理论可知，公司将回购所得的股票用于公司内部的治理计划，通过股权激励或员工持股计划等措施，将管理层和核心员工的利益与公司及其股东的利益更好地绑定，提升员工工作的积极性，帮助公司更好地留住核心人才。自 2015 年起，中国平安便前瞻性地实施了核心人员持股计划，这一计划覆盖了集团内上千名关键员工，体现了公司对人才的高度重视。该计划巧妙地设置了分阶段、分批次的股票归属规则，旨在鼓励核心人员持续长期地为集团贡献力量。表 12-2 为核心人员持股计划的基本介绍。

表 12-2 中国平安核心人员持股计划基本介绍

计划参与对象	核心关键人员
资金来源	计划持有人的合法薪酬和业绩奖金额度
额度提取规则	设定的净利润增长目标的实际达成情况按比例计算
股票锁定期	不少于 12 个月
股票归属	结合公司与个人业绩达成情况确定归属额度，分年分批归属

资料来源：根据中国平安公告整理。

2020 年 4 月中国平安延长了其核心人员持股计划存续期，目前该计划的存续期已延长至 2027 年 2 月。该计划设定了不少于 12 个月的锁定期，而且将基于公司内部的业绩考核机制，由该计划的持有人提出股票归属申请。表 12-3 为中国平安核心人员持股计划的实施情况。

表 12-3　中国平安核心人员持股计划实施情况

年份	参与人数	当期购买数量(股)	占总股本比重(%)
2015	839	4 050 253	0.044
2016	773	14 803 850	0.081
2017	1 157	16 419 990	0.090
2018	1 296	9 666 900	0.053
2019	1 267	8 078 395	0.044
2020	1 522	7 955 730	0.044
2021	1 754	9 162 837	0.050

资料来源:根据中国平安公告整理。

2018年,中国平安进一步强化内部激励,又设立了一项长期服务计划。该计划主要面向对中国平安的发展起到重要作用的公司员工,在额度允许的范围内授予一定额度,作为他们薪酬的组成部分。而且该计划的最终归属需要参与人在退休时提出,这可以更好地鼓励公司的核心人才长期服务,保证人才团队的稳定发展。表12-4为中国平安长期服务计划的实施情况。

表 12-4　中国平安长期服务计划实施情况

年份	参与人数	当期购买数量(股)	占总股本比重(%)
2018	股东大会审议通过长期服务计划		
2019	31 026	54 294 720	0.297
2020	32 022	49 759 305	0.272
2021	90 960	57 368 981	0.314

资料来源:根据中国平安公告整理。

中国平安通过实施核心人员持股计划和长期服务计划,展现了其对人才的高度重视和对内部激励机制的精心设计。随着参与员工的逐期增加,这两个计划不仅反映了公司规模的持续扩张,还表明了员工对这些计划的高度认可。这些计划的实施预期将带来积极的效果,进一步激发员工的工作热情,并通过股票回购方式,使用公司自有资金将股份以优惠条件授予或售予员工。这不仅增强了员工的归属感和忠诚度,还为公司吸引了更多的优秀人才。

此外,这种以股权为纽带的激励方式有助于完善公司治理结构,确保员工利益与公司利益的一致性,从而推动公司与员工共同成长和进步。通过这样的机制设计,中国平安不仅能够促进员工的个人职业发展,还能够在竞争激烈的市场环境中保持公司的竞争力和创新力。

回购影响

(1)股价影响。选取股票回购前后中国平安的收盘价来判断公司的股价情况,如图 12-1 所示。2019 年 3 月 12 日,也就是股票回购公告发布的前一天,中国平安的股价为 69.25 元/股,仍然处于较低点。2019 年 3 月 13 日股票回购公告发布,之后中国平安的股价开始快速上升,短期拉升至近两个月的最高点 87.00 元/股,说明此次股票回购公告的公布在短期内产生了较为明显的积极的市场效应。但随后股价开始下跌,直到 2019 年 6 月中国平安首次在市场上实施股票回购之后才开始扭转下降的趋势。2019 年 9 月 12 日,公司股价达到自股票回购公告发布以来的最高点 92.34 元/股。整体上看,中国平安此次股票回购对股价的提升起到了巨大的推动作用,公司股价的涨幅超过三成。

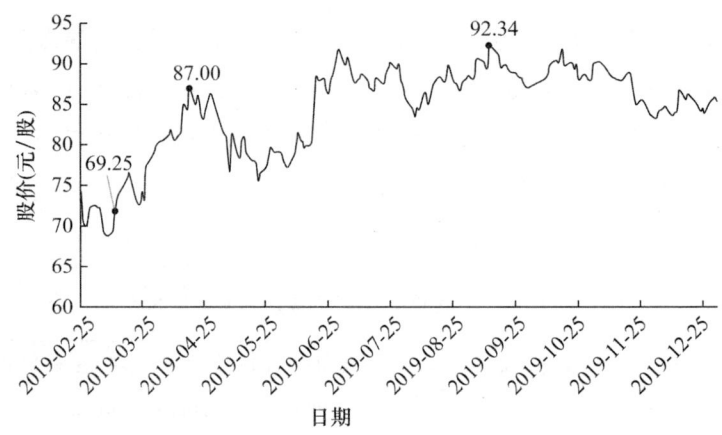

图 12-1 中国平安股票回购前后股价变动情况

资料来源:Wind 数据库。

(2)财务影响。选取相关时期的财务指标对此次股票回购进行分析,如表 12-5 所示。2019 年,中国平安的净资产收益率呈现上升趋势,这一积极变化很可能源自公司整体经营状况的强劲表现。这一年,中国平安的寿险、科技等核心业务均实现了稳健增长,带动了营业收入和利润的同步上升,净利润率也展现出了积极的增长势头。然而,到了股票回购计划完成的 2020 年,公司净资产收益率却遭遇了下滑。这一现象部分可以归因于 2020 年新冠疫情的全球暴发,它给中国平安的业务增长带来了挑战,影响了公司利润水平,进而拖累了净资产收益率的表现。此外,股票回购计划的实施在 2019 年年末一度提升了公司基本每股收益,但由于 2020 年净利润未达到预期,基本每股收益也出现了下降。在现金流量方面,中国平安在股票回购期间动用了约 60 亿元的自有资金,这一筹资活动导致的现金流出显著减少了公司年末的现金及现金等价物余额,导致公司现金资产比率显著下降。

表12-5 中国平安2019年股票回购前后重要财务指标

重要财务指标	2018-12-31	2019-06-30	2019-12-31	2020-06-30	2020-12-31
净资产收益率(%)	20.90	—	24.40	—	20.00
基本每股收益(元)	6.02	5.48	8.41	3.88	8.10
资产负债率(%)	90.43	89.90	89.63	89.58	89.63
现金资产比率	0.079	—	0.059	—	0.046
净利润率(%)	12.33	16.54	14.06	12.06	13.08

资料来源:根据中国平安年报整理。

总体来看,中国平安2019年的股票回购出于多种动因,包括但不限于提升股价、保护投资者利益、配合实施员工持股计划、完善公司内部治理、提高闲置资金使用效率以及降低代理成本,对提振股价具有较大的促进作用。此次股票回购向市场参与者传递积极信号,对稳定和提升公司股价、增强投资者信心起到了正面作用。

2. 2021年A股回购

回购概述

2021年上半年,中国保险行业整体呈现以下几个特点。

第一,保险行业保费收入增速有所放缓。受新冠疫情和宏观经济环境的影响,2021年上半年中国保险行业保费收入增速有所放缓。中国保险行业协会数据显示,2021年1—6月,全行业原保险保费收入达到2.87万亿元,同比增长8.1%,增速比上年同期回落5.7个百分点。

第二,保险公司盈利能力提升。中国保险行业协会数据显示,2021年1—6月,全行业原保险业务收入同比增长9.9%,保险公司综合成本率下降2.02个百分点,盈利水平有所提升。

第三,险资运作稳定。2021年1—6月,保险公司投资收益率为3.34%,较上年同期有所回升,投资结构也更加优化。同时,受新冠疫情影响,健康险市场迅速发展。中国保险行业协会数据显示,2021年1—6月,全行业健康险保费收入同比增长20.5%,增速较快。

综上所述,2021年上半年,中国保险行业保费收入增速放缓,但保险公司盈利能力提升,险资运作稳定,健康险市场迅速发展。

中国平安在2021年3月初宣布对其持有的华夏幸福基业股份有限公司(以下简称"华夏幸福")部分股权计提减值,主要是基于华夏幸福房地产业务的风险评估以及中国房地产市场的不确定性因素,向市场传递出了一些公司经营不佳的信号。

2021年8月28日,中国平安发布《关于审议回购公司股份的议案暨回购报告书》,拟使用不低于人民币50亿元且不超过人民币100亿元(均包含本数)的自有资金,以不超过人民币82.56元/股的回购价格回购本公司A股股份,且此次回购的股份将全部用于本公司员工持股计划,包括但不限于本公司股东大会已审议通过的长期服务计划,本次回购期限为自本次回购方案经本公司董事会审议通过之日起不超过12个月。

此次中国平安股票回购自2021年8月27日开始实施,到2022年8月26日完成回购,历时一年,如表12-6所示。中国平安于2021年8月27日实施第一次股票回购,此后相继进行了五次回购,实际完成此次股票回购的时间为2022年5月31日。此次股票回购共计回购了中国平安在A股市场发行的0.56%的股票,回购共计102 592 612股股票,使用公司自有资金50亿元。此次股票回购规模较大,回购较为集中,回购股票全部存放于公司回购专用证券账户,并将全部用于公司员工持股计划,包括但不限于公司股东大会已审议通过的长期服务计划。

表12-6 中国平安股票回购进程

截止日期	累计回购数量(股)	占公司总股本比重(%)	累计回购金额(万元)
2021-08-27	570 416	0.003 12	2 937.41
2021-08-31	33 165 822	0.181 43	165 929.37
2021-09-30	56 878 274	0.311 15	286 650.86
2021-10-31	62 883 274	0.344 00	316 646.19
2021-11-30	77 765 090	0.425 41	389 944.11
2022-05-31	102 592 612	0.561 22	500 000.14

资料来源:根据中国平安公告整理。

回购动因

此次股票回购动因与2019年动因类似,均有提升股价、现金流管理、股权激励的因素。

(1)提升公司股价。2021年前三季度,中国平安的股价呈现持续下跌的状态,由最高点近80元/股到回购前跌幅近四成。在此时间段内,上证指数变动处于合理水平,但中国平安的股价持续下跌,最后下跌到50元/股,说明中国平安此次股价下跌是自身经营状况恶化导致的,而不是因为宏观经济形势不佳。中国平安2019—2021年的净资产收益率和归属于母公司股东的净利润如图12-2所示。此次股票回购前,中国平安业绩大幅下滑,2020年净资产收益率同比下降17.98%,归属于母公司股东的净利润同比下降4.22%。这一业绩下滑反映了公司经营状况一定程度的恶化,与股价走势的一致性表明了市场对公司业绩的反应。

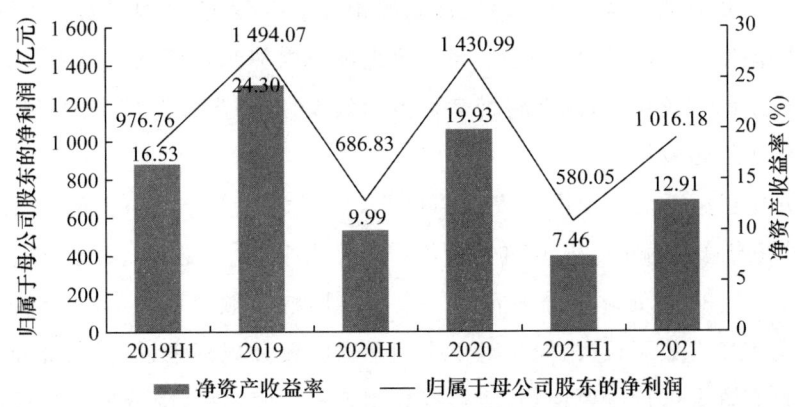

图 12-2 中国平安 2019—2021 年净资产收益率和归属于母公司股东的净利润

资料来源：Wind 数据库。

市盈率可以用来衡量市场对公司未来盈利能力的预期，通常来说，市盈率较低的公司股票价值可能被低估。表 12-7 选取了 2021 年与中国平安同行业的公司进行市盈率比较。由表 12-7 可以看出，中国平安市盈率为 6.78 倍，行业均值为 11.27 倍，并且中国平安与其他同类企业市盈率相差较大，表明中国平安在股票回购之前，股票价值存在被低估的现象。

表 12-7　中国平安 2021 年与同行业对比企业市盈率

证券名称	总市值（亿元）	市盈率（倍）
中国平安	14 094.07	6.78
中国人保	4 241.08	11.26
中国太保	3 084.7	10.35
中国人寿	8 004.56	16.68
行业均值		11.27

资料来源：Wind 数据库。

面临股票价值被低估的挑战，中国平安管理层依然对公司的未来发展持有信心。因此，中国平安管理层希望通过股票回购计划传递出积极的信号，增强投资者对公司未来发展的信心，从而提升公司的市场形象和股价表现。

（2）员工持股计划。中国平安的核心人员持股计划作为一个长期的激励计划，覆盖范围包括公司的核心高管和关键员工，具体包括公司的高管、核心骨干员工、销售代表和顶级顾问等人员。随着公司业务的不断拓展和发展，该计划不断调整和优化，以更好地适应公司发展需要。2018 年，中国平安发布了自 2015 年以来的第二个员工持股计划——长期服务计划，单期总金额更大，人数覆盖面更广，非高管占比更大，旨在鼓励核心人才长期留存、长期服务，形成激励员工的长效机制。购股资金来自员工的收入和业绩奖金额度。以上计划的相继推出,表明中国平安在不断完善公司股权激励制度,展现了其对人才的高度重视和对内部激励机制的精心设计。这些计划受到员工的广泛认可,预期将带来积极的效果,进一步激发员工的工作热情,促进公司更快更好地发展。

(3)分配超额资金。中国平安市值巨大,公司自有资金充裕。截至2021年上半年,公司资产总额为98 876.68亿元,货币资金为5 513.2亿元,归属于母公司的股东权益为7 918.36亿元。中国平安第二次股票回购金额范围为50亿~100亿元,在股票回购市场中数额较大,但相对于中国平安的资金规模来说,所占比重并不大。选择使用自有资金进行股票回购,能够提高闲置资金使用率,降低公司代理成本。

回购影响

(1)股价影响。中国平安股票回购期间公司股价走势如图12-3所示。股票回购在一定程度上展示了公司对自身价值的肯定,以及向市场传递出的一种积极信号。然而,股票回购对股价的提振作用可能受到公司自身经营状况和宏观经济环境的制约。2021年,中国平安的股价虽有波动,但整体呈现下降趋势。在这一背景下,中国平安的股票回购计划虽然体现了公司对长期价值的承诺,但在短期内可能难以完全逆转由宏观经济环境和公司特定事件引起的股价下跌趋势。投资者在这一时期对中国平安的股票持谨慎态度,股票回购虽有积极意图,但其对股价的实际拉升效果相对有限。其背后原因可能是公司对持有的华夏幸福投资资产计提了超大数额的减值,其对中国平安报表影响的税前金额高达432亿元,资本市场对公司发展信心下降。

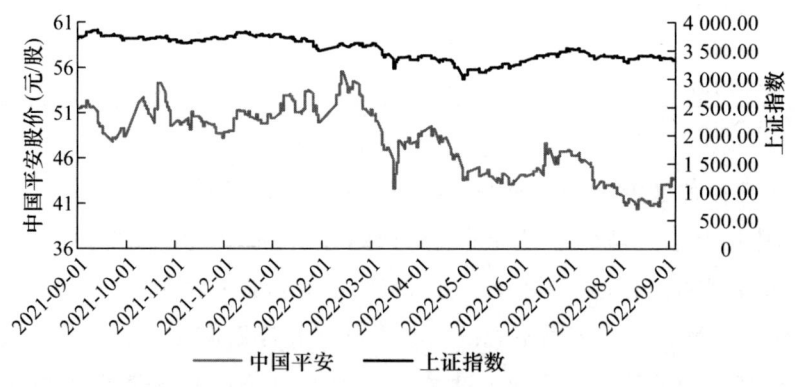

图12-3 中国平安股价及上证指数在股票回购期间的走势

资料来源:Wind数据库。

(2)财务影响。由表12-8可以看出,中国平安的基本每股收益在股票回购期间整体呈现下降趋势,原因在于中国平安的营业收入和营业利润受到宏观经济环境的影响存在小幅下跌的情况,此次股票回购的积极作用没有在基本每股收益指标上体现出来。与此同时,净资产收益率、资产负债率等指标均呈现下降趋势,说明中国平安的经营情况恶化。

表 12-8 中国平安 2021 年股票回购前后部分财务指标

重要财务指标	2020-12-31	2021-06-30	2021-12-31	2022-06-30	2022-12-31
净资产收益率(%)	20.00	—	13.00	—	13.20
基本每股收益(元)	8.10	3.29	5.77	4.05	6.36
资产负债率(%)	89.63	89.59	89.37	89.55	89.23
产权比率	8.645	8.610	8.411	8.574	8.283
净利润率(%)	13.08	10.69	10.32	18.10	15.31

资料来源:根据中国平安年报整理。

总体来看,中国平安 2021 年的股票回购对股价的正向影响较弱,或是由于宏观经济不振,亦或是由于公司的经营状况和行业地位不比当年,投资者对中国平安的股票持谨慎态度。

讨论题

1. 请总结上市公司股票回购效应的作用机理。
2. 中国平安 2019 年、2021 年的两次股票回购有哪些相同之处和不同之处?
3. 中国平安的股票回购能够改善公司的财务状况吗?

小案例

美的集团股票回购

美的集团股份有限公司(股票代码:000333,以下简称"美的集团")自 2015 年以来进行过多次股票回购,具体情况如下:

2015 年 7 月,美的集团通过集中竞价的方式,以自有资金回购股份共计 2959.16 万股,回购价格为 30.69~35.74 元/股,耗资约 10 亿元。回购的股份予以注销,减少公司的注册资本,并提升每股收益水平。

2018 年 7—12 月,美的集团通过集中竞价的方式,以自有资金累计回购股份 9510.50 万股,回购价格为 36.49~48.40 元/股,耗资约 40 亿元,回购金额达到计划最高限额。按照计划,回购的股份已被注销,以减少公司的注册资本。

2019 年 2 月—2020 年 2 月,美的集团再度以自有资金累计回购 6218.11 万股公司股份,回购价格为 45.62~55.00 元/股,耗资 32 亿元,相关股份已被用于实施股权激励计划和员工持股计划。

2020年2—10月，公司回购4 182.61万股股份，回购价格为46.30～74.99元/股，耗资近27亿元。上述股份也被用于激励员工。值得注意的是，本次回购价格上限原本为65.00元/股，后因股价持续高于回购价格而又调整为74.99元/股。

2021年2—4月，公司回购9 999.99万股股份，回购价格为80.29～95.68元/股，耗资86.64亿元。本次回购的股份将全部用于实施股权激励计划和员工持股计划。

2021年6—8月，公司回购7 197.62万股股份，回购价格为61.43～69.47元/股，耗资近50亿元。本次回购的股份已全部注销完毕。

2022年3月—2023年3月，公司累计回购股份4 855.89万股，占公司总股本的0.6927%，最高成交价为60.05元/股，最低成交价为48.08元/股，共耗资26.37亿元。本次回购的股份将全部用于实施股权激励计划和员工持股计划。

美的集团多次进行股票回购，其目的是市值管理，推动股票价值合理回归，通过实施股票回购的方式向投资者传递公司经济实力和实际发展状况非常乐观的信息，达到增强投资者信心的目的。回购股份的用途主要有两种：一是注销回购股份以减少流通股数量并向资本市场传达信心来提升股价；二是用作员工股权激励计划。表12-9为美的集团2015—2023年的主要财务指标。

表12-9 美的集团2015—2023年主要财务指标

主要财务指标	2015年	2016年	2017年	2018年	2019年	2020年	2021年	2022年	2023年
营业总收入(亿元)	1 393.5	1 598.4	2 419.2	2 618.2	2 793.8	2 857.1	3 433.6	3 457.1	3 737.1
归母净利润(亿元)	127.1	146.8	172.8	202.3	242.1	272.2	285.7	295.5	337.2
净利润率(%)	9.84	9.97	7.73	8.34	9.09	9.68	8.50	8.67	9.07
净资产收益率(%)	29.06	26.88	25.88	25.66	26.43	24.95	24.09	22.21	22.23
资产负债率(%)	56.51	59.57	66.58	64.94	64.40	65.53	65.25	64.05	64.14
现金流量比率	0.372	0.299	0.205	0.214	0.267	0.161	0.157	0.168	0.230
基本每股收益(元)	2.00	2.29	2.66	3.08	3.60	3.93	4.17	4.34	4.93

资料来源：根据美的集团年报整理。

讨论题：结合美的集团的财务指标评价美的集团的股票回购行为。

案例十三　兵工集团边界管控体系

教学目的与要求 >>>

兵工集团构建的边界管控体系用于平衡企业财务资源配置绩效与风险，即保持企业规模扩张、绩效提升和财务管控之间的动态平衡。通过对本案例的学习，学生应了解企业财务资源包括的具体内容，把握企业财务资源配置能力的分析思路，熟知评价企业财务资源配置绩效与风险的方法、管控手段的基本要点。

一、背景知识

财务资源优化配置是财务决策的基本问题。资源配置的关键是在企业快速扩张的趋势下，保持资产、负债、权益等财务资源之间的平衡关系。企业进行财务资源配置应遵循以下基本原则：① 以投资高回报和价值增值为主要目标及评价原则；② 服从企业的整体战略；③ 恪守量入为出、财务稳健的原则；④ 实施动态整合，平滑资源供应与效果。在坚持以上原则的基础上，企业根据产业筛选与评价结果确定整体战略，同时将相应的发展战略及投资战略细化为资源配置目标，并通过年度预算指标体系来指导资源配置的具体实施。

评价财务资源配置绩效的基础作用不在于确定个别企业的价值到底是多少，而在于关注各企业是否具有创造价值的能力，并通过这种能力的预警关注企业未来的价值成长。评价财务资源配置绩效可以从增长（收入）、盈利（利润）、现金流三方面着手，识别企业价值驱动因素，判断各项业务或投资对企业资源的整体利用效率。具体而言，评价企业财务资源配置绩效的指标有很多，比如净利润、利润总额、营业利润、经济增加值和扣除非经常性损益的各种利润等绝对数指标，以及净资产收益率、资产报酬率、财务资本回报率、成本费用利润率等相对数指标，或者以相对数指标建立的财务分析体系，如杜邦分析体系。

在追求财务资源配置绩效的同时，企业也必须充分考虑财务资源配置风险问题。从防范风险的角度，企业需要根据外部环境的变化不断调整和优化财务资源结构，努力使其负债保持在一个合理的水平上，控制在自身可承受的范围之内，确定恰当的长短期负债比例,达到优化资本结构和负债结构的目的。预测企业财务资源配置风险与危机的方法也有很多,例如净利润/股东权益、营运资本/资产总额、留存收益/资产总额、息税前利润/资产总额、股东权益/负债总额、销售收入/资产总额等指标,或者建立 Z 评分模型;此外,还有 ZETA 评分模型、多元逻辑回归方法等。

因此,如何保持企业规模扩张、绩效提升与财务风险管控之间的动态平衡,是每个企业都要面临与解决的经营管理问题。

二、案例资料

中国兵器工业集团有限公司(以下简称"兵工集团")的前身是 1931 年创立的人民兵工,后经多次改制与企业变更,目前兵工集团是一家国有独资企业。兵工集团是中央直接管理的特大型国有重要骨干企业,是负责三军装备发展、推进军民融合深度发展等国家安全方面的重要中央企业之一。集团下设 50 余家子集团和直管单位,并在全球 70 余个国家和地区设立了 100 余家境外分子公司和代表处。

在面临宏观经济波动与集团经营状况恶化的双重压力下,2009 年起兵工集团着手思考如何在扩张集团经营规模的同时,防控财务风险等问题,并探索性地提出"边界管控"体系。兵工集团首先在集团总部和管理基础较好的下属成员子公司试点实施边界管控,然后在集团内部全面铺开实施并取得明显成效。边界管控体系构建的核心要点包括:

(一) 边界管控体系的核心框架与思路

边界管控的核心框架与思路是:以企业财务资源要素管控为主线,以保军品供应能力和创造经济价值为目标,以全面预算管理为平台,采用"负面清单"的管理思路,将突破财务结构安全边界、超越既定主业范围明确为禁止行为,厘清集团与下属单位的管控责任边界,确保企业始终在战略方向上、在财务结构安全边界内释放经营活力。

在具体操作层面,边界管控体系对资产负债类、主营业务收入类指标实施安全边界管控,对损益类指标及部分结构类指标实施标准管理。同时,兵工集团创新性地提出了财务增加值指标。财务增加值是指企业将各种要素投入生产经营活动后所形成的新增价值,等于企业当期实现的营业收入扣除原材料等原始生产投入、各项必须发生的费用支出(包括各项税收)等之后的余额,是企业可以自主决策分配的财富。边界管控体系框架具体如图 13-1 所示。

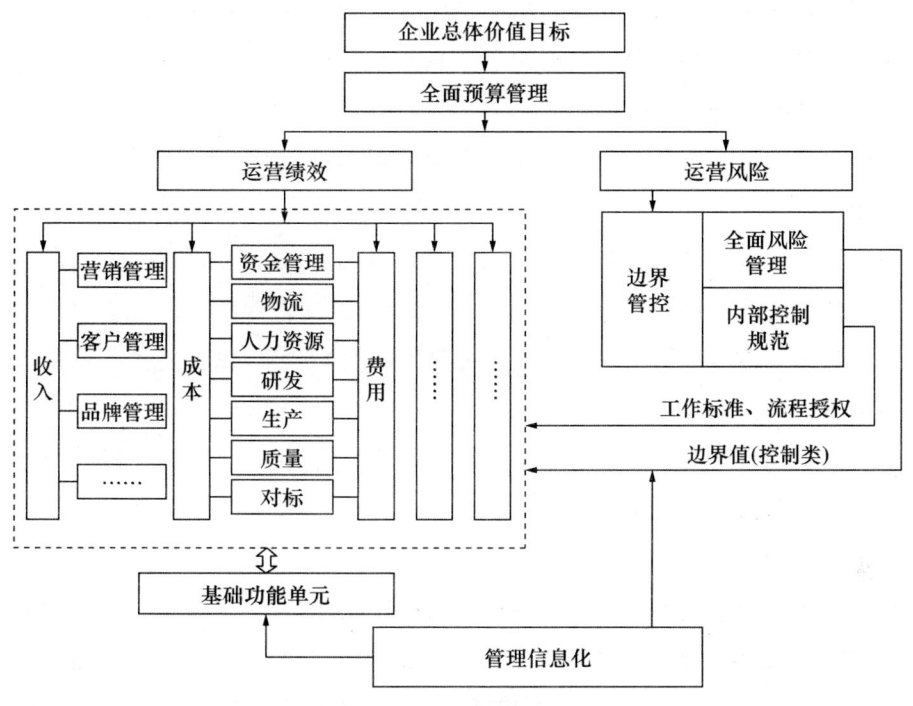

图 13-1　边界管控体系框架

资料来源：罗乾宜：《边界管控：兵器工业集团整合管理会计工具的创新探索》，《会计研究》2017 年第 10 期。

（二）边界管控体系的指标构建

边界管控体系的指标包括边界类和标准类两类。边界类指标的测算目的在于界定底线，标准类指标的测算目的则在于确定合理值。边界类指标包含有息负债总规模、"两金"占用总量、资本性支出总额、担保总量、资产负债率等结构类指标，以及主营业务收入、经营活动现金净流量等发展类指标。标准类指标包含损益类指标，现金流动负债比率、"两金"占用等结构类指标，以及主营业务成本费用率等发展类指标。构建思路具体如下：

1. 边界类指标构建

有息负债总量边界值主要是确定企业能够承受的最大有息负债总量。在该限度范围内，企业负债相对安全，一旦超出边界，就需要给予预警。企业有息负债总量边界值等于短期有息负债边界值和中长期有息负债边界值之和。

"两金"（应收账款与存货）是企业生产经营性财务资源占用的关键因素，直接影响企业收益与风险状况。"两金"占用总量边界值等于集团各所属工业企业一定时期内筹集的可快速变现的财务资源总量(M_0)与短期有息负债边界值之和。

资本性支出总额和担保总量这两个结构类指标的边界值按照兵工集团出台的相关制度和专项管理要求确定。

资产负债率边界值等于测算的无息负债总量与有息负债总量之和除以测算的资产总额。

主营业务收入的最低界限是企业维持最低经营活动所需的成本费用。在最低界限确定的情况下,可相应地根据企业回款比例确定主营业务收入边界值。主营业务收入增长率边界值依据主营业务收入边界值的测算结果,以上年主营业务收入的实际值为基数进行确定。

经营活动现金净流量边界值是企业维持最低经营活动所需的现金流,与企业维持最低生产经营活动所必须支出的成本费用相对应。

2. 标准类指标构建

损益类指标标准值的测算借助置信区间估计原理,利用 t 分布先统计均值或中位数,再据此确定标准值。具体而言,兵工集团根据各类子集团的不同性质将其大致分为特化类、石化类、光电信息类、车辆总装类、弹箭总装类和一般机械类共六类进行测算,再以各类子集团的三级工业企业的年度研发费用、人工成本、销售费用和管理费用占财务增加值的比重为样本进行标准值测算,最终得出各类企业的标准值。分类确定标准值既考虑了共性,又兼顾了集团各所属工业企业的个性特征。

与损益类指标标准值测算类似,在制定现金流动负债比率标准值时,兵工集团首先使同类企业的指标分布逐渐趋于 t 分布,再以指标均值或中位数为基础测算标准值,并与行业水平比较,进行改进和优化。其中,行业水平根据国务院国资委考核分配局制定的《企业绩效评价标准值》确定。

"两金"占用中,应收账款占用资金标准值,即维持赊销业务所需资金,为应收账款平均余额与销售成本率的乘积。兵工集团针对自身情况测算出标准值后,再与行业水平进行比较,合理调整应收账款占用资金。存货占用资金标准值以非速动资产为衡量的出发点,并结合短期负债予以确定。

此外,企业发展类指标标准值,如主营业务成本费用率标准值,则在沿用损益类指标中有关各类子集团分类的基础上,参照行业标准值制定。

(三)边界管控体系的实施与效果

兵工集团注重从总体上管好资产负债表,结构上建立风险隔离机制。边界管控体系指标模型测算出的指标边界值和标准值并非一成不变,而是在操作中根据外部环境对边界值进行浮动管控,保持一定弹性。外部环境宽松时,突出追求财务增加值;反之,则强调风险管控,但无论松紧都不能突破预定的财务结构安全边界。同时,兵工集团要求下属单位安排好业务之间的债务关联(垫款、担保等),不做"保姆型股东",把防范集团内部的风险传递作为构建风险隔离机制的重要内容。

边界管控制度的实施主要通过盘活存量资源、控制投资规模、控制业务规模、开放资本结构以及退出低效业务这五个途径展开,同时通过不断优化财务增加值的分配,确保持续提升集团绩效。

以西北工业为例,该子集团根据集团总部要求,在边界管控共性模型的基础上,对边界值和标准值的测算与使用进行个性化调整及优化,使之与西北工业的实际情况更加接近,更具有可操作性。

三、分析思路

(一)边界管控体系中财务资源与能力的识别模型

边界管控体系的主体对象是企业财务资源。在识别企业财务资源的过程中,兵工集团首先确定企业能够调动的可快速变现的财务资源总量 M_0,包括可抛售的交易性金融资产、可供出售的金融资产、货币资金和部分可贴现的应收票据。在可快速变现的财务资源总量 M_0 的基础上,增加企业部分可处理存货、部分可供出售应收账款、留存净收益以及其他资产项目,估计企业能够调动的财务资源总量 M。以企业财务资源总量为基础,核算短期有息负债与中长期有息负债之和,构成企业有息负债总额。

图 13-2 中的模型表明了兵工集团财务资源主要集中于资产类财务资源,如存货、应收账款等营运资金,同时说明了兵工集团各类资产变现的能力也是财务资源识别与管理的对象,表现为企业主营业务收入、付现成本节约、经营性现金流等相关指标的大小。对企业财务报表的综合考察,包括对企业商业运作、经营绩效、资本性支出、资产盘活、再融资、资本运作等财务活动的全面关注,是识别企业财务资源的基本方式。这种对财务资源的识别方式,是企业进行战略规划、财务决策、经营分析与风险控制的逻辑起点。

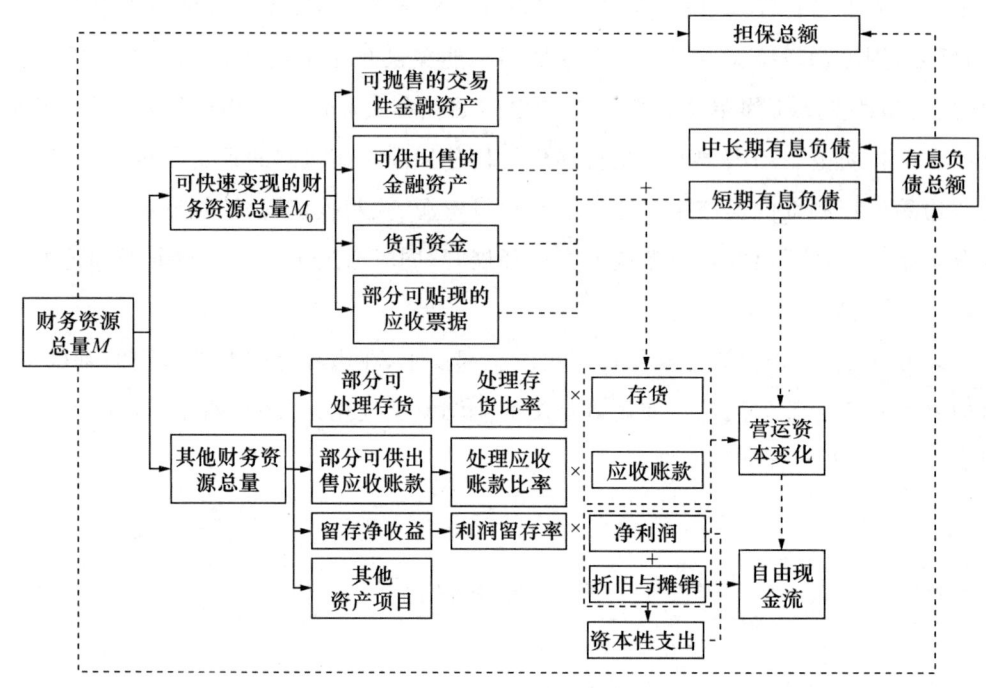

图 13-2　兵工集团边界管控展示的企业财务资源识别模型

资料来源：罗乾宜：《边界管控：兵器工业集团整合管理会计工具的创新探索》，《会计研究》2017年第10期。

（二）边界管控体系对企业财务资源配置绩效与风险的测量

在边界管控体系中，兵工集团既选取了传统财务报表利润指标、EVA（经济增加值）指标，还选取了其自创的财务增加值指标。财务增加值指标的特点在于：一是更加直观简捷，便于沟通理解；二是完全基于会计核算，数据容易获得并且更具准确性；三是从价值分配的视角分析要素成本，有利于平衡要素分配关系，优化内部管控。

长期以来，中国企业主要围绕业务与投资规模扩张配置财务资源，这往往避免不了企业资金短缺问题，而且容易放大财务风险。兵工集团边界管控体系以财务资源总量为基础，按照短期、中长期有息负债占比，分别确定企业短期有息负债、中长期有息负债，以及有息负债总额的边界。以企业可调动的财务资源总量为基础的有息负债边界，可以保证企业偿债能力与偿债规模实现适度匹配，在帮助企业规避债务违约风险的同时，也控制了资本成本。

在风险识别与测量中，兵工集团以业财融合为设计原则，特别关注"两金"占用，以解决企业短期财务资源占用的绩效与风险问题。企业"两金"占用的增加可能从以下两条路径引发财务风险：①"两金"占用增加可能使企业出现周转资金缺口，从而增加企业负债总额。一方面，财务费用增加将导致利润降低；另一方面，企业债务负担加重很可能引发应收账款坏账或存货贬值问题，导致现金流断裂。②"两金"占用增加引起的周转资金缺口还可能引发企业恶意拖欠供应商货款，导致产品供应体系出现三角债问题，使产品受损进而失去市场，诱发企业信用风险。

除长短期有息负债和资产类财务资源外，边界管控体系还考虑了其他负债性质的财务资源。企业预收账款与应付账款等无息负债更多地依靠企业间的商业信用，相对而言更难直接观察与控制。此外，企业担保也可能带来一些隐性或有负债，影响企业财务安全。兵工集团一方面在集团内部强调执行业内信用政策的重要性，要求集团公司和子公司不得恶意拖欠，维护好本公司商业信用；另一方面从净资产和有息负债两个途径对担保总额边界进行限制，提高企业运行稳健程度。

（三）边界管控体系中关键财务资源的边界值测算

边界管控体系发挥制度效果的重要环节是对影响财务结构的重要性指标设置标准值与边界值，并保证在企业运营过程中在不超越边界值的前提下，逐渐向标准值靠拢。这些重要的财务指标包括有息负债总量、"两金"占用总量、资本性支出总量、担保总量、资产负债率等结构类指标，以及主营业务收入、经营性现金净流量等发展类指标。

"两金"占用边界值等于可快速变现的财务资源总量 M_0 与短期有息负债边界值之和。企业短期有息负债边界值按照"短期有息负债边界值＝财务资源总量 M × 短期有息负债占比 × (1 + 短期有息负债利率)"参考模型进行测算，并按照"短期有息负债边界值＝流动资产÷资产总额×有息负债边界值"测算值进行调整。应收账款和存货各自的占用边界值，则依据应收账款和存货在"两金"中所占的比重，分别分解出应收账款和存货各自的占用边界值。例如，应收账款占用边界值＝"两金"占用边界值×应收账款在"两金"中所占的比重。兵工集团现行担保管理办法要求担保总量不得超过上年净资产的60%。但从稳健角度考虑，担保总量边界值还需按照有息负债边界值与已占用的有息负债及应付票据的差额进行调整。资产负债率边界值的测算主要依据负债总额边界值和资产总额边界值两个数值。前期模型测算是在假设企业资产总额保持不变的前提下进行的，这可能出现企业实际有息负债总量与有息负债边界值差异较大、资产负债率边界值过高（或过低）的问题。此时需要对资产负债率按照倒推法进行修正。例如，工业企业可以最高65%为边界，倒算出负债总额及有息负债边界值，从而对前期测算的有息负债边界值及"两金"边界值进行修正，修正后的资产负债率更接近企业实际值。

在边界管控体系中,兵工集团以可快速变现的财务资源总量 M 与短期有息负债边界值之和为"两金"占用边界值,一方面可以避免出现高成本的长期资金运用到盈利能力较低的流动资产上,降低企业整体的盈利水平;另一方面可以限制随营业规模增大而增加的"两金"占用。

在长期资金占用方面,资本性支出总额和资本金比例是核心指标。资本性支出如固定资产、无形资产等,可以在相对较长的会计期间影响企业资金流动。资本金比例即股东自有资产投资占总投资的比重,衡量了投资中不承担债务与利息的资金比例。资本性支出边界值是企业净利润与折旧、摊销等非付现费用之和。以净利润与折旧、摊销之和为限,本质上是在明确企业发展能力的前提下,限制企业投资项目,避免企业盲目扩张可能引发的财务风险。

(四) 边界管控体系的闭环管理与权变实施

管理者必须使管控制度构成一个封闭式的环状结构,包括战略计划、预算、执行与绩效衡量等活动。边界管控体系以平衡绩效与风险为集团战略发展目标,通过全面预算管理平台,对财务结构指标与利润指标进行监测预警和调整反馈,并将指标执行情况与经营年度和任期薪酬考核直接挂钩,形成完整的闭环管理系统。

边界管控体系是兵工集团对集团化管控方式的积极探索。作为母公司的兵工集团主要管控子公司的战略发展方向和财务结构安全边界,其他都应尽量交由子公司自行决策和管理,保证子公司在方向明确、边界明晰的条件下,努力地追求效率与企业发展,从而避免陷入传统的放管矛盾循环怪圈。例如,母公司对风险控制较好、运行绩效和效益处于优秀水平的子公司,围绕主业可以配置更多的资源;而对运行风险较高的子公司,要严格地控制担保、投资、资产处置等事项,将控制风险作为管控的主线。

兵工集团在调整各财务要素和财务指标的过程中,需要在不同项目间、不同子公司间分配实现目标值所需要的资源,实现有效配置资源的战略目标。由于各子公司的具体战略、经营能力、运行绩效等特征不同,边界管控体系中的关键财务要素和财务指标需要据此进行细化与个性化完善,针对不同子公司展开差异化的资源配置,实施个性化管控。同时,兵工集团通过实时监督各财务要素和财务指标的调整情况,评估战略目标执行度,也为集团公司和各子公司实施业绩评价提供依据。

讨论题

1. 你认为企业财务资源应包含哪些内容?
2. 通过本案例,你认为平衡企业财务资源配置绩效与风险的要点是什么?

3. 如果其他企业打算复制兵工集团的边界管控体系，你认为应该注意哪些问题？

小案例

中国石油：坚守净利润为正和自由现金流为正两条底线

中国石油天然气集团有限公司（以下简称"中国石油"）早在 2019 年就推出了《持续推进开源节流降本增效工程行动纲要》（以下简称《行动纲要》）。

《行动纲要》具体部署了四个行动计划，包括：① 实施净利润提升三年行动计划，突出净利润在业绩考核中的主导作用，以净利润大幅缩小与同行业企业的差距为目标，强化预算指标引领，细化制定持续提升各业务净利润的工作计划和措施。② 实施降本控费三年行动计划，坚持低成本发展不动摇，细化制定各业务分阶段的成本管控目标，持续提升油气产业链核心竞争力。③ 实施亏损治理三年行动计划，巩固亏损企业治理成果，已亏损企业要走出循环治亏"怪圈"，实现本质扭亏。④ 实施全员劳动生产率提升三年行动计划，将全员劳动生产率指标纳入业绩考核体系，强化员工总量管控，实现全员劳动生产总值增长与效益增长相匹配。

《行动纲要》提出，总的目标是公司盈利能力和高质量发展指标稳步提升，产业链竞争力指标和财务状况持续向好，公司规模实力和行业排名保持稳定。具体来讲，就是利润、净利润、净资产收益率等指标持续提升，原油和天然气单位完全成本、吨油加工成本、吨油营销成本与行业先进水平差距持续缩小，资产负债率、资本负债率控制在合理范围内，自由现金流始终为正并逐年改善，资产总额得到有效控制，营业收入稳定增长，世界 500 强排名和油气行业排名稳居前列，确保国务院国资委考核达到 A 级。

《行动纲要》提出，要认真贯彻国资委要求，确保降杠杆减负债工作方案落实到位。加强有息债务和无息债务管控力度，利用债务上限、差异化负债资金利率等手段，引导企业落实主体责任，确保资产负债率、资本负债率控制在年度管控目标以内。严格落实"两金"压降主体责任，确保"两金"压降目标全面达成，压减存量应收账款余额，严控应收账款增量，健全存货管控长效机制，2019 年存货净额力争实现零增长。

《行动纲要》强调，要完善四项经营机制，确保保障工程取得扎实成效：一是完善投资与自由现金流和油价联动机制，按照"自由现金流为正"的底线要求，根据油价走势和自由现金流状况，统筹安排投资计划。二是完善生产经营"一本账"协调机制，坚持以市场为导向、以公司整体效益最大化为原则，实现产、炼、运、销、储、贸各环节协调优化运行。三是完善内部市场化价格传导机制,发挥市场在资源配置中的决定性作用,构建内部市场化运行体系。四是完善考核激励机制,以业绩考核、薪酬分配的正向激励为手段,调动各层级开源节流、降本增效的积极性。

2020年3月26日,中国石油制定并下发《中国石油天然气集团有限公司2020年提质增效专项行动方案》。公司将多年来持续开展的开源节流降本增效工程与国资委提质增效专项行动有机衔接、融合推进,制定了行动方案。该方案的总体原则是:坚守净利润为正和自由现金流为正两条底线,统筹国有企业使命担当与公司高质量发展,兼顾业绩目标实现与公司可持续发展,传导业绩压力与激发创效动能并重。

讨论题:你认为"坚守净利润为正和自由现金流为正两条底线"的行动纲要隐含着财务管理学中的哪些理论逻辑?其他企业如何复制这套行动纲要的制度要领?

参考文献

[1] Baker M., Wurgler J. A., "Catering theory of dividends", *Journal of Finance*, 2004, 59(3):1125-1165.

[2] DeAngelo H., DeAngelo H., and Stulz R., "Dividend policy and the earned/contributed capital mix: A test of the lifecycle theory", *Journal of Financial Economics*, 2006, 81(2):227-254.

[3] Farrar D. E., Selwyn L. L., "Taxes, corporate financial policy and return to investors", *National Tax Journal*, 1967, 20(4):444-454.

[4] Gordon J., "Optimal investment and financing policy", *The Journal of Finance*, 1963, 18(2):264-272.

[5] Modigliani F., Miller M. H., "The cost of capital, corporation finance and the theory of investment", *The American Economic Review*, 1958, 48(3):261-297.

[6] 卜照坤:《中国铁塔基于绩效考核与评价引导的全面预算管理实践探讨》,《中国总会计师》2020年第1期。

[7] 付建敏:《基于大数据的TT通信公司固定资产管理信息系统应用研究》,硕士论文,中国财政科学研究院,2019年。

[8] 韩慧博等:《基于共享理念与业财融合的管理会计创新应用——中国铁塔的案例研究》,《中国管理会计》2020年第4期。

[9] 贺小滔、孙健、梁莉:《数字化转型赋能财务转型升级——基于中国石化西北油田分公司的案例研究》,《管理会计研究》2020年增刊第1期。

[10] 胡少峰:《坚持财务数智化赋能实现企业高质量发展》,《管理会计研究》2022年第6期。

[11] 李丽娜:《打造以价值创造为导向的战略适配型财务管理体系,赋能世界一流企业建设》,《中国管理会计》2022年第4期。

[12] 刘梅玲等:《中国铁塔的数字化建设和运营之路》,《中国管理会计》2018年第3期。

[13] 刘岳华等:《企业财务业务一体化与财务管理职能转型——基于江苏省电力公司的调研分析》,《会计研究》2013年第10期。

[14] 戚聿东、肖旭:《数字经济时代的企业管理变革》,《管理世界》2020年第6期。

[15] 汤谷良:《"对标世界一流企业"彰显中国企业管理制度的创新发展》,《中国管理会计》2021年第2期。

[16] 汤谷良、夏怡斐:《企业"业财融合"的理论框架与实操要领》,《财务研究》2018年第2期。

[17] 佟吉禄等:《深化业财一体化建设 构建数字化运营体系——中国铁塔财务数字化建设和运营实践》,载于中国企业改革与发展研究会编:《中国企业改革发展优秀成果2019(第三届)上卷》,中国商务出版社2019年版。

[18] 张少峰:《构建战略型集约化财务管控体系——中国石化打造世界一流企业财务管理体系的探索与实践》,《中国管理会计》2022年第4期。

[19] 张少峰:《坚持理念先行 突出价值引领 以一流数智化财务推动国企高质量发展》,《管理会计研究》2022年第2期。

[20] 赵东、张新民:《管理会计报告的创新与实践——来自中国石化资产分类管理报告的经验》,《中国管理会计》2021年第2期。

教辅申请说明

　　北京大学出版社本着"教材优先、学术为本"的出版宗旨，竭诚为广大高等院校师生服务。为更有针对性地提供服务，请您按照以下步骤通过**微信**提交教辅申请，我们会在 1~2 个工作日内将配套教辅资料发送到您的邮箱。

◎扫描下方二维码，或直接微信搜索公众号"北京大学经管书苑"，进行关注；

◎点击菜单栏"在线申请"—"教辅申请"，出现如右下界面：

◎将表格上的信息填写准确、完整后，点击提交；

◎信息核对无误后，教辅资源会及时发送给您；
如果填写有问题，工作人员会同您联系。

温馨提示：如果您不使用微信，则可以通过以下联系方式（任选其一），将您的姓名、院校、邮箱及教材使用信息反馈给我们，工作人员会同您进一步联系。

联系方式：

北京大学出版社经济与管理图书事业部

通信地址：北京市海淀区成府路 205 号，100871
电子邮箱：em@pup.cn
电　　话：010-62767312 /62757146
微　　信：北京大学经管书苑（pupembook）
网　　址：www.pup.cn